本书为中国青少年研究中心、中国青少年研究会“十四五”期间重大研究课题项目“厚植红色基因——新时代少先队教育改革的理论与实践研究”的理论成果。

项目编号：ZDHZ-22-2S-3066。

劳动创造幸福

小学校内劳动教育课程实践

殷淑贵 主编

河北大学出版社

·保定·

出 版 人：马　力
责任编辑：田　阳
装帧设计：王占梅
责任校对：蔡文涛
责任印制：常　凯

LAODONG CHUANGZAO XINGFU
XIAOXUE XIAONEI LAODONG JIAOYU KECHENG SHIJIAN

图书在版编目（CIP）数据

劳动创造幸福：小学校内劳动教育课程实践 / 殷淑贵主编. -- 保定：河北大学出版社，2024. 6. -- ISBN 978-7-5666-2387-4（2025.4重印）

Ⅰ. G623.92

中国国家版本馆CIP数据核字第2024U25K74号

出版发行：河北大学出版社
地址：河北省保定市七一东路2666号　邮编：071000
电话：0312-5073003　0312-5073029
网址：www.hbdxcbs.com
邮箱：hbdxcbs818@163.com
经　　销：全国新华书店
印　　刷：涿州市般润文化传播有限公司
幅面尺寸：185 mm × 260 mm
字　　数：430 千字
印　　张：22.75
版　　次：2024 年 6 月第 1 版
印　　次：2025 年 4 月第 2 次印刷
书　　号：ISBN 978-7-5666-2387-4
定　　价：68.00 元

编委会

校内劳动教育课程的研发思路（序一）

2021年《中共中央关于全面加强新时代少先队工作的意见》中指出，强化少先队实践育人作用，全面加强新时代少先队工作，以习近平新时代中国特色社会主义思想为指导，着力强化劳动实践，帮助少先队员树立劳动最伟大、劳动者最光荣的意识，培养勤俭、奋斗、创新、奉献的劳动精神。2022年5月《义务教育劳动课程标准（2022年版）》（以下简称《标准》）正式发布，标志着我国劳动教育进入以课程标准引领高质量发展的新阶段。

廊坊市第一实验小学一直高度重视劳动教育工作，坚持以育人为导向，以劳立德。“会做人、会学习、会劳动、会健体”的校训，充分显示了学校把劳动教育作为学生全面发展体系的重要组成部分。学校将劳动实践融入学生的校园生活和日常生活中，最大限度提升学生的参与度、认同感，切实发挥劳动教育对学生成长成才的重要作用。基于多年对于劳动课程实践探索的基础，2022年起，由“殷淑贵少先队名师工作室”牵头，研发出了具有廊坊特色的校本劳动教育实践课程，在系统学习劳动课程知识的同时，与学生学习实际相结合，融入廊坊本土特色，撰写了《劳动创造幸福——小学校内劳动教育课程实践》一书。本书体现了课程研发中的一些思路，希望能为各小学就如何开发出具有本地文化特色的校本劳动课程提供启发。

一、在课程研发前，一定要先明确劳动教育课程目标

《标准》中对劳动教育课程目标明确了四个维度的要求，即劳动观念、劳动精神、劳动能力和劳动习惯，这也提示我们的劳动教育课程体系在具体目标制定、内容设计、实施规划和评价标准研制时应考量这几方面内容。

具体而言，产生劳动兴趣即学生能够对劳动有好奇心，能够通过教师指导、同伴互助、家长引导等多种方式积极参与生活劳动、生产劳动及社会服务性劳动。

养成劳动习惯即学生知道人人都要劳动，能够自觉自愿地实现生活自理，适度参加生产生活和服务性劳动。

具备劳动技能即能熟练使用特定劳动工具，完成简单劳动任务。

领悟劳动精神即懂得劳动最光荣，热爱劳动人民，崇尚勤奋、勤俭等劳动精神品质。

我校根据小学 6 个年级学生的年龄特点和劳动教育的目标要求，设置了不同层级、不同类别的劳动教育课程，将劳动教育课程的目标设置聚焦于生活、生命和社会三个方面。通过劳动教育课程培养学生的生活态度，引导学生形成良好的道德品质；通过劳动教育课程促使学生感悟生命，感受生命的价值，引导学生回归生命本真；通过劳动教育课程使学生明确劳动与社会的密切关系，培养社会责任意识、合作创新精神和实践竞争能力。

二、根据劳动教育的课程目标，精选劳动教育校本课程的内容

基于劳动教育的课程目标，学校将必要的烹饪技术、农业生产技术、传统手工技术等融入课程中，从体力和智力两方面入手，强化学生体力训练与劳动技巧培养。学校设置了有助于深化学生劳动体验的课程，如持续的种植或养殖课程、传统手工实践体验等。为了能够在劳动实践中实现创新劳动，教师在教授基础劳动技能的同时给予学生自由发挥的空间，启发学生的创新思维。

三、梳理劳动教育校本课程研发思路

（一）劳动教育与学科教学相联结

劳动教育与课堂教学相联结，使课堂教学的内容在劳动中找到落脚点，实践跨学科和五育融合的学习方法。

以项目式学习为例，种植草莓的方法比较简单，可把学生分成若干组，使他们进行比较探究，细化观察记录，发现特点异同，得出科学结论。通过对比每天浇一次水与每天浇两次水、每天一小时日晒时间与每天两小时日晒时间等，进行科学实验、对比观察，用数学知识统计草莓的生长速度，用语文知识描述种植和管理过程，以绘画方式完成自然笔记制作，将科学实验过程进行对比分析，培育科学素养。

（二）劳动教育与非遗传承相联结

根据《标准》的要求，将廊坊市传统手工艺，比如安次皮影、永清秸秆扎刻、安次第什里风筝、霸州木贴花、安次糖画、固安相子、固安柳编、安次五谷粮食画、景泰蓝掐丝珐琅等传统美术、传统制作技艺类非遗项目体验活动作为课程研发的对象，聘请非遗传承人作为劳动课程指导教师，来校入班进行示范课讲解，并组织老师听课学习，培训后由校内老师在各班级实践落地，将专业技能与课内教育教学相结合，同时结合小学生的年龄特点、认知水平，打磨成可以由校内劳动教师带领完成的、符合

学生发展水平与能力的课程。最后，总结从创新课程设计到实操落地的新方法。让生产劳动、生活劳动与廊坊本地特色的传统手工艺制作，通过学校老师真正落地，形成持续性与学科结合的特色劳动课程。

（三）劳动教育与生活创意相联结

日常生活中有许多盆盆罐罐，丢弃掉就是垃圾，利用起来则可以变废为宝。这些原料成本不高且易找，便于我们的老师研发日常生活劳动课程。比如将废弃布娃娃变斜挎包，用废弃矿泉水瓶制作浇水神器，把废弃毛衣拆后制作编织挂饰，等等。同时，在课程研发过程中，可融入废物回收利用的环保理念进行环保宣传，在制作的过程中注重知识的内在关联以及与生活实际之间的联系，全面提高劳动教育的综合育人价值。

四、制定基于目标的劳动教育评价方案

随着教育改革的深入，评价领域正从侧重结果的测试文化向强调过程的评价文化转型。

（一）学生评价

鉴于劳动教育参与性、实践性、体验性的特质，劳动教育学生评价应以表现性任务评价为主。

评价设计应依托劳动课程，结合学校育人目标，将劳动课程内容、劳动学科核心素养两个层面融会贯通。

从自主参与劳动、劳动参与态度、劳动作品完成质量、体现劳动创新、劳动技能提升、体现劳动观念与精神六个维度形成全方位评价。

在具体实践中，以学校少先队红领巾奖章“劳动章”争章活动为载体，激励学生热爱劳动、积极参与劳动，进而形成良好的劳动态度、劳动习惯，掌握劳动技能，增强学习校内劳动的光荣感、幸福感。

（二）教案及课堂效果评价

通过在校内开展持续性劳动教育活动分析影响劳动教育效果的因素，并以问卷调查的方式反映各因素对劳动教育效果的影响。教案开发质量、教师培训质量直接关系到教学活动的组织与教师授课质量。

教师授课质量的优劣，直接关系到教学效果。我们尝试制定了详细的教案及课堂效果质量评价管理办法，对教学教案、培训质量、课堂教学质量实施全面管理。

结束语

校本劳动教育课程的研发要因地制宜，结合实际开发劳动项目，形成校本化劳动

清单。廊坊市第一实验小学开发的校本劳动教育课程围绕廊坊市非遗传承和创新劳动教育出发，开拓了“廊坊孩子，爱廊坊”的特色课程，弘扬了精益求精的工匠精神。建构校本劳动教育课程体系要引导师生超越只关注劳动技能的单一性评价，实现育人导向的多元过程性、发展性、差异性劳动教育观。在这个过程中，推动了家庭、学校、社会之间的联动，建立了课程完善、资源丰富、模式多样、机制健全的校内劳动教育体系，形成了热爱劳动、崇尚劳动、尊重劳动的教育氛围。

校内开展劳动教育的实践与探索（序二）

2020年3月20日，中共中央、国务院发布了《关于全面加强新时代大中小学劳动教育的意见》，同年7月7日，教育部发布了《大中小学劳动教育指导纲要（试行）》。两份文件的出台，为构建德智体美劳全面培养的教育体系、推进劳动教育扎实落地提供了前进的方向。2022年5月，《义务教育劳动课程标准（2022年版）》正式发布，标志着我国劳动教育进入以课程标准引领高质量发展的新阶段。

廊坊市第一实验小学一直致力于通过多种方式来开展校内劳动教育实践活动，如开展每周一次的劳动必修课、策划劳动周、组织校外劳动实践活动等。但因为劳动教育专业性强，有自身的特点和规律，学校还没有形成系统的课程，提高劳动教育质量和水平需要对师资培养和课程连续性做统筹安排，才能确保劳动课持续、有效地进行。2022年10月，在廊坊市第一实验小学德育处领导下，由“殷淑贵少先队名师工作室”牵头，学校德育处、教研室、劳动教育工作室教师以及校外劳动专家、能手组成劳动教研团队，对校内劳动教育的开展工作进行了总体规划，提出要结合学校自身资源，立足廊坊本土特色，打造出特色的校内劳动教育课程体系。通过整合各界资源，开发出有本地特色的劳动教育课程体系并进行实践，通过在实践中改进，最后形成成熟的、具有实践指导意义的、可全市推广的校内劳动实践课。经过一年的实践与探索，我们总结了以下经验。

一、校内开展劳动教育课程必须具有系统性和连续性

劳动教育课程的顶层设计至关重要，如果顶层设计就缺乏系统性，则会出现课程内容片面化、课程目标不统一、课程没有循序渐进、课程节奏不紧凑等问题。劳动教育一定是从量变到质变的过程，如果劳动教育课程不连贯，很难让学生的劳动观念和劳动精神从思想到行为有所转变。

我校劳动教育教研组首先对劳动教育的理论进行系统学习和梳理，对与劳动教育课程开发有关的理论进行全面分析，明确劳动课程开发要坚持系统性和连续性原则，并结合学校特色，设计了从一年级到六年级不同学段的课程体系，涉及学校、家庭、

社会三种不同场景。

二、校内开展劳动教育要重视对学生精神层面的引领

劳动教育不能仅仅理解为劳动能力培养，忽略对学生劳动习惯、劳动精神、劳动价值观的塑造。在校内劳动教育实践活动中我校通过榜样激励、劳动评价体系设定、评选优秀班级和优秀个人、通过演讲比赛分享劳动感受等形式，使学生树立正确的劳动观念和态度，养成良好的劳动习惯，形成坚定而持久的劳动精神。践行实践一年后，我们感受到劳动带来的变化如同春风化雨，悄无声息地提升着学生的劳动品质，营造出良好的校园氛围，为学生的健康成长注入源源不断的活力。学生们挥汗如雨，精心打理着校园的每一寸土地、每一株花草、每一个角落。他们认真地对待每一堂劳动课程，完成每个劳动作品。他们的脸上流淌着汗水，却也绽放着满足和喜悦。因为他们在劳动中找到了自己的价值，体验到了生活的真谛。更为重要的是，这样的教育实践活动教会了学生尊重劳动、尊重劳动人民，明白了生活中每一个微小的改变都需要付出汗水和努力。这种对劳动的尊重和珍视将会影响他们的一生，让他们懂得珍惜生活，懂得感恩社会、报效祖国。

三、校内开展劳动教育要注重培养学生的动手实践能力

经过一年的课程开展，我们体会到劳动课和其他学科不同，在劳动课程开展过程中，学生们必须亲自动手参与各种劳动实践活动，只有亲身体验才能接受锻炼，磨炼意志。恩格斯曾经提出劳动创造人类本身的著名论点。劳动能够使个体产生深刻体验，能够丰富个体的生命体验，能够使个体在劳动中真切感受到生命的力量，也能够使其通过劳动反思生命的意义。所以，劳动课程中的感受必须亲自体会才能获得丰富的直接体验，才能够更加深刻地理解劳动的意义。《义务教育劳动课程标准（2022 年版）》指出，“劳动课程强调学生直接体验和亲身参与，注重动手实践、手脑并用，知行合一、学创融合，倡导‘做中学’‘学中做’”。动手实践的劳动教育课程可以提高学生的动手能力和创造力，并掌握基本的劳动技能。

四、校内开展劳动教育要尽可能地创造劳动实践的场所

学校因为场地的制约无法提供足够的设施和场所支持多样化的劳动教育实践活动是一直困扰我们的问题，这也无疑给劳动课程的开展带来了很大的挑战。我校通过“校园 + 教室”的模式尽可能为学生提供劳动实践的场所和满足劳动实践的场地。“校园 + 教室”是学校将闲置教室改造成劳动教室，作为校内劳动课程的授课场所，还利

用校园的角落、走廊、绿化带等边边角角的场地作为学生劳动种植课程的场地，并通过任务分包的方式，结合校园植物养护、校园垃圾分类、校园日常清洁等工作设置不同的“劳动岗位”研发课程，融入劳动教育课程体系中。由于劳动教室数量少不足以满足全校学生每周一次的劳动课程要求，学校通过研发劳动课程材料包来满足劳动课程上课需要，使用材料包可以直接在本班教室授课，材料包涵盖种植材料包、传统工艺制作材料包等。随着学校教研组不断听课、评课，材料包的内容也在不断完善。

结束语

一直以来，劳动教育对培养德智体美劳全面发展的建设者和接班人起着至关重要的作用。“殷淑贵少先队名师工作室”发挥带头引领作用，在校内劳动教育的实践上，积极探索形成了实验一小的劳动教育校本特色。未来，学校需要加强对劳动教育成果的监测与评估，以确保校内劳动实践课程能够更好地开展和实施，并不断改进校本课程的内容和形式，增加劳动课程的趣味性和吸引力，吸引更多的学生参与其中。同时，加强与家长和社会的沟通与合作，实现德智体美劳“五育”的有机融合，实现家庭、学校、社会各方面一体化、协同实施。相信在全体师生的共同努力下，廊坊市第一实验小学的校内劳动教育实践课程将会越来越有特色，并在廊坊市起到一定的引领和示范作用。

目　录

一年级

二年级

三年级

四年级

五年级

六年级

一年级

❖ 生活劳动

整理与收纳——穿系鞋带

一、课程概况

（一）课程时长

1 课时。

（二）学习目标

1. 劳动观念：了解鞋带对于鞋子穿着舒适性的重要作用，树立劳动创造美、劳动改变生活的观念。

2. 劳动能力：掌握鞋带的穿系方法，通过动手穿系鞋带，锻炼手指的灵敏性和协调性，促进动手能力和思维能力，学习新的生活技能，增强自我服务的能力。

3. 劳动精神：通过对穿系鞋带方法的学习，感受自我服务的快乐。

4. 劳动习惯：在操作过程中注意安全，按照老师的步骤与规范操作，操作结束后把台面整理干净。

（三）学习重点

穿系鞋带的方法。

（四）学习难点

打结的方法。

二、教学设计

（一）课前

物品准备：带鞋带的运动鞋 1 双或鞋子形状的教具。

安全提示：轻拿轻放，注意安全。

（二）课中

【课程引入】

同学们，这种系鞋带的鞋子，谁能够从穿鞋带到系鞋带全程自己完成？

【课程讲解】

如果鞋带松了会怎样？（播放视频《海绵宝宝摔跤了》）

在生活中，我们常常会和海绵宝宝一样碰到鞋带散开的情况，这时，如果没有及时系好鞋带，就很容易摔跤，相信有不少同学跟海绵宝宝一样会为系鞋带而苦恼。

相信大家见过各式各样系好的鞋带，但大多是只见其貌，不知其法，无法自己独立系好鞋带，需要家人的帮助。

系鞋带是一项基本的生活技能。系好鞋带可以把鞋束紧，走起路来轻便舒服。系鞋带的方法有很多种，今天，我们就学习一种简单的穿系鞋带的方法，循序渐进地提高动手能力和生活自理能力。

【淬炼操作】

1．穿鞋带。

同学们，鞋带的穿法有很多种，比如斜交叉绑法、楼梯状绑法、直线绑法、大型交叉绑法、内交叉绑法、回环绑法、密集绑法、超简便绑法等。

今天，我们学习一种最基础的穿鞋带方法。

（1）将鞋带两端从背面穿过第一排的鞋带孔，然后将两端对齐（如果练习时用的是自己穿的鞋子，就从正面穿过第一排的鞋带孔）。

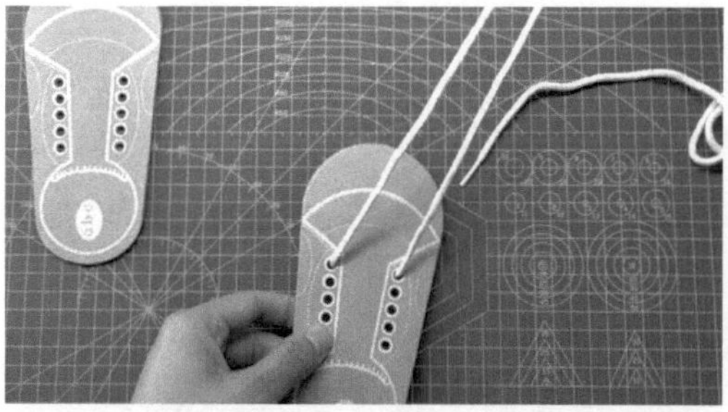
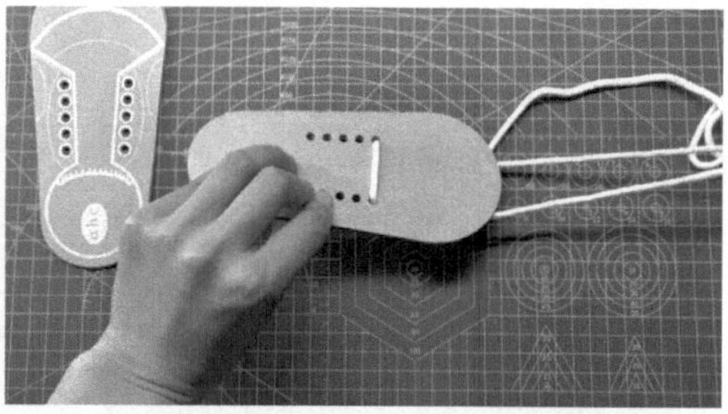

（2）将鞋带两端交叉叠放，分别从外往内穿进两边的鞋带孔；正面每穿插一次，背面就要顺着同一方向往下穿一个鞋带孔。

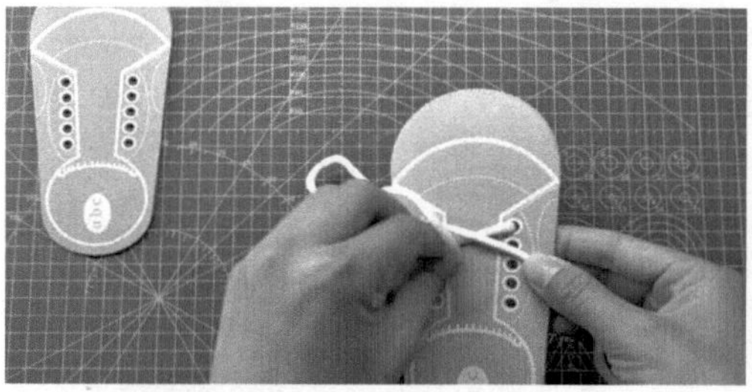
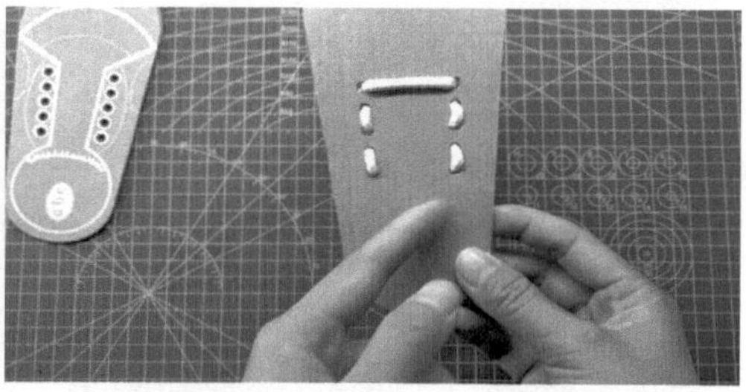

（3）继续交叉穿孔，直到将鞋带孔全部穿好。

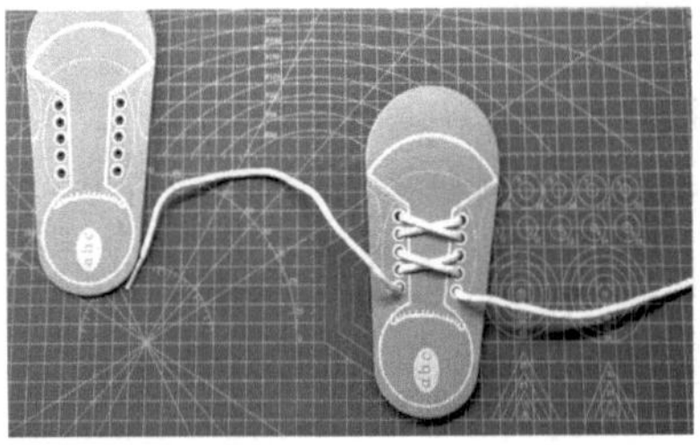

2. 系鞋带。

要想系好鞋带，先要学会打结，我们就从鞋带的常用系法——打蝴蝶结开始吧！请跟着老师的示范和讲解一步步来完成。

（1）两只手分别拿着鞋带的两端，将鞋带从中间交叉。

（2）将鞋带的一端绕过鞋带的另一端，从下方穿出。

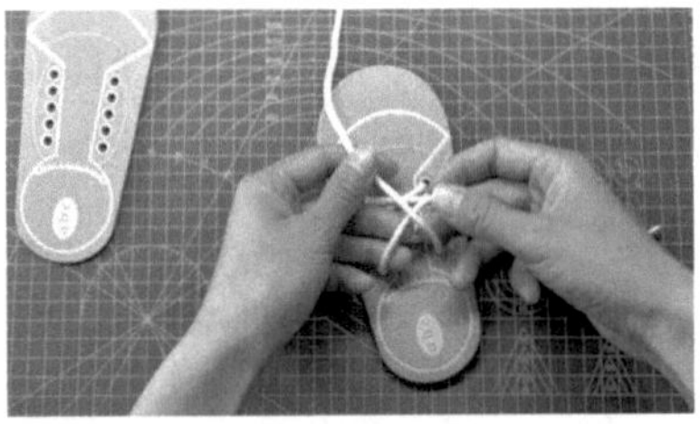

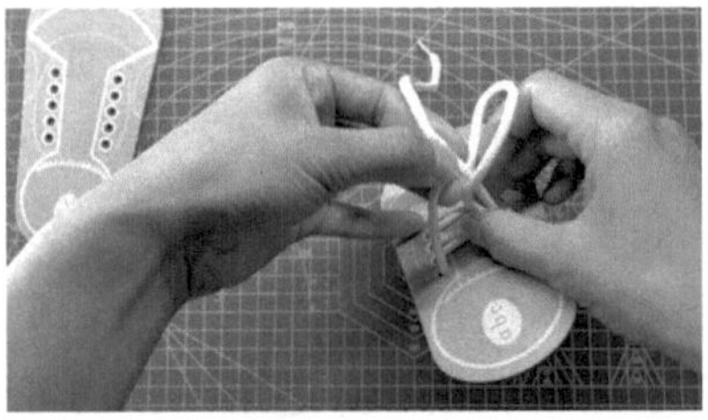

（3）抓住鞋带两端并拉紧。

（4）在鞋带两端的 1/3 处分别对折，形成一个小环，形状如“兔子耳朵”。注意，有胶棒的一端留得长一些。

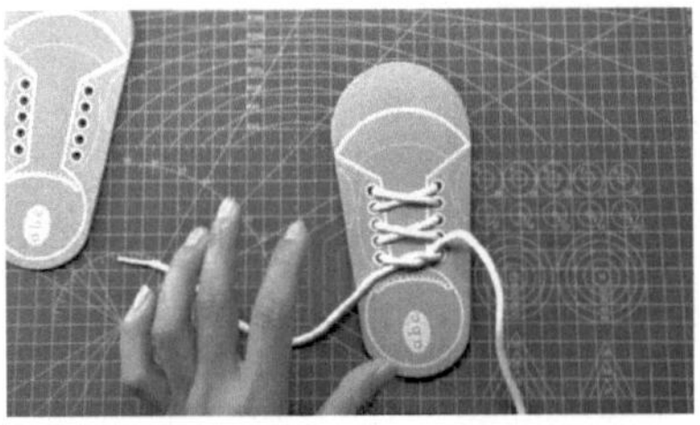

（5）重复第一步，将两根如“兔子耳朵”的鞋带交叉。

（6）重复第二步，将其中的一个“兔子耳朵”绕过另外一个“兔子耳朵”，从下方穿出。

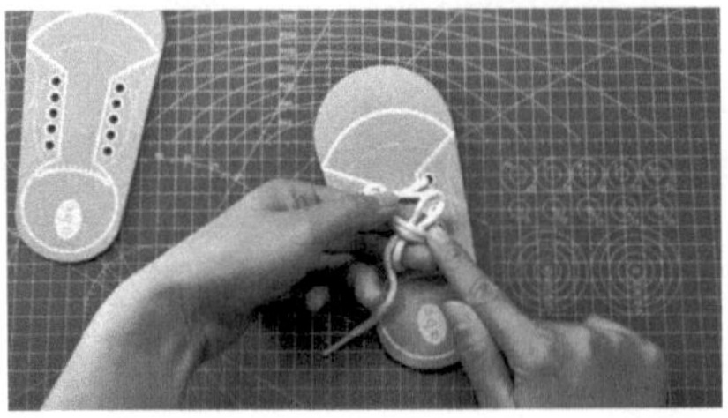

（7）将手指放在“兔子耳朵”的末端，抓住并拉紧，这样鞋带就系好了。

（8）完成后将鞋子摆放整齐。

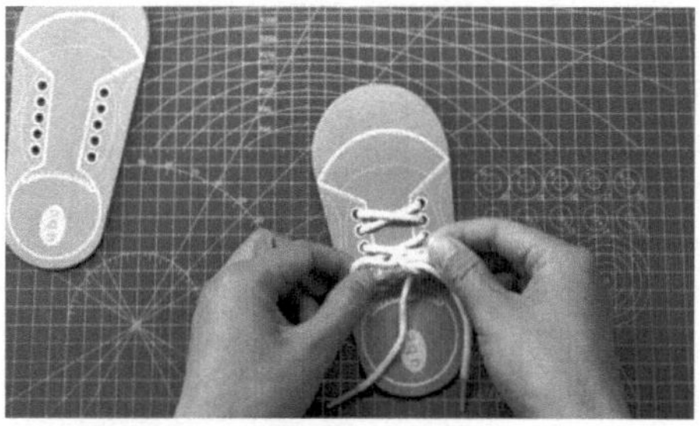

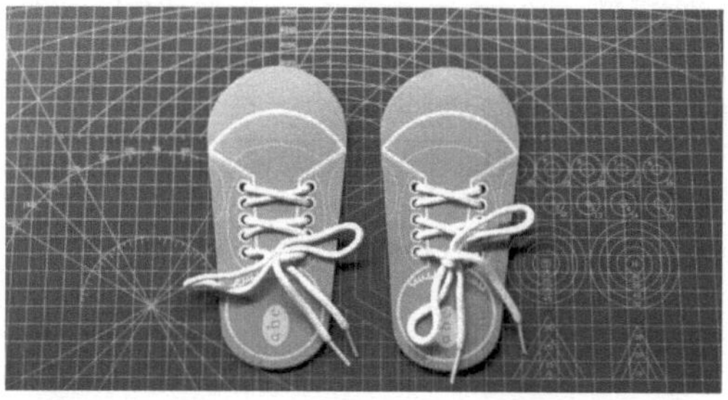

拉紧鞋带时，松紧要合适。

同学们，你们学会打蝴蝶结了吗？现在，让我们用刚刚学习的打蝴蝶结的方法来系鞋带吧！

【实践体验】

学生操作穿系鞋带时，老师应适时给予指导。

学生需要完成一双鞋子的穿系鞋带任务，鞋带要整齐、不打结，没有错穿、漏穿的情况，穿系美观、牢固有创意。

【分享总结】

同学们，相信你们都学会了如何穿鞋带、系鞋带，快来晒一晒自己的学习成果吧！可以将自己系好的鞋带给身边的同学展示展示，互相交流一下动手操作的详细过程和小窍门，并互相点评一下劳动成果吧！

【老师结语】

在路上如果鞋带散了，要先观察周围环境，然后到路边没有行人或车辆经过的地方蹲下系鞋带。

（三）课后

尝试用自己最喜欢的方法穿系鞋带，如双色平行系法、双侧边麻花纹系法、暗十字纹系法、网格系法、大小蝴蝶系法、人字花纹系法等。

三、学生评价表

学生评价表

评价维度	评价				
	评分内容	分数	自评	互评	师评
劳动观念	认同劳动最光荣、劳动最崇高、劳动最美丽	20			

续表

评价维度	评价				
	评分内容	分数	自评	互评	师评
劳动能力	劳动项目无缺失	10			
	按流程完成任务，符合标准要求	10			
	使用工具熟练，操作过程有效率	10			
	保质保量完成操作	10			
劳动习惯	做到工完场清，完成活动后清理台面、清洗工具、垃圾分类处理	5			
	爱护工具、设备，及时回收，使用后有序存放	5			
	积极参与总结与讨论，学生手册填写清晰、完整	5			
	积极回答问题，有合作意识，劳动氛围融洽	5			
劳动精神	具有崇尚劳动、热爱劳动、辛勤劳动、诚实劳动的精神	20			
总分		100			

❖ 生产劳动

农业生产劳动——水培大蒜

一、课程概况

（一）课程时长

2 课时。

（二）学习目标

1. 劳动观念：了解水培的发展史，感受农业发展的变化，对农业劳动有新的认识。通过对水培大蒜的观察和记录，感受生命的神奇，激发对自然知识探究的兴趣，从而更加尊重和珍惜生命。

2. 劳动能力：了解大蒜的基本特征、生长规律，学习基本的种植方法，提高动手操作能力。

3. 劳动精神：通过亲自种养大蒜，体会劳动的艰辛与快乐，培养学生爱劳动的精神。

4. 劳动习惯：养成及时整理工具、专注做事等劳动习惯，培养积极实践、勇于克服困难的劳动品质。

（三）学习重点

水培大蒜的管理。

（四）学习难点

了解水培的发展史。

二、教学设计

（一）课前

物品准备：塑料碗、大蒜、水。

安全提示：在剥完大蒜后要及时洗手，不可用手揉眼睛。

（二）课中

【课程引入】

同学们，我们每天吃的蔬菜都在长在哪里呢？

地里！有没有不长在地里的，有没有长在水里的呢？

谁见过？可以给大家分享一下。（互动）

大家说得都非常好！植物除了长在土里，还可以用水培、气雾培等多种方式种植，水培并不高深，我们在家里也可以操作。

【课程讲解】

水培是一种新型的室内植物无土栽培方式，又名营养液培，其核心是将植物根茎固定于定植篮内并使根系自然长入植物营养液中。这种营养液能代替自然土壤向植物提供水分、养分等生长因子，使植物能够正常生长并完成其整个生命周期。由于营养液看起来更加干净、整洁，所以使水培植物具有一定的观赏性。对营养液的反复利用，不会造成水和营养原料的浪费，更加环保。

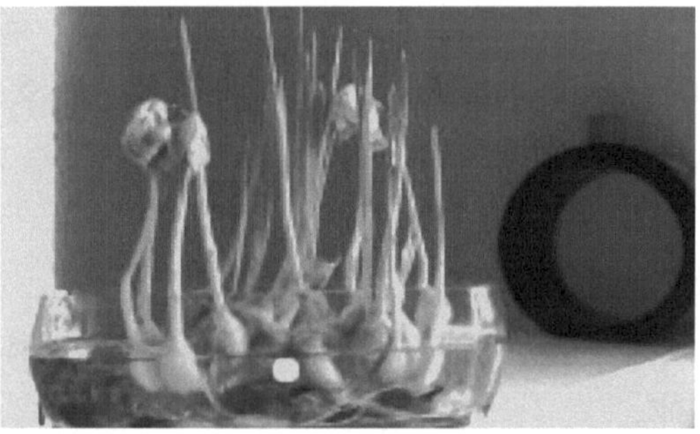

大家猜猜看，水培是什么时候开始出现的呢？

中国最早的水培记载是在1700多年前西晋嵇含的《南方草木状》中。1996年之后，我国主要进行水培花卉的种植，南星科植物居多。1975—1985年，国内科研单位开始从事水培实验、研究和生产工作，并成功研制出一系列无土栽培的种植系统。

在国外，1699年，英国科学家伍德华德用雨水、河水和园土浸出液来培育薄荷，人们开始意识到植物生长不是依赖于土壤，而是土壤中的某些物质。

1840年，德国化学家李比希在没做实验的情况下就提出了植物矿质营养学说，成为无土栽培的理论基础，而且在当时得到了很多人的支持。

1860年，德国科学家克诺普和沙克斯已经设计出了用营养液来种植植物的水培装置，他们称这种方法为水培法。

1933年，美国加州大学植物生理学家格里克取得了“水培植物设施”专利，他将设施命名为“水培法”，水培生产技术开始了快速的传播。

今天，再看水培种植，我们能够完全明白，只要有满足植物生长所需要的水、阳光、二氧化碳和养分，就能够让植物茁壮成长。

随着科技的发展，现代水培温室或者温室种植已经可以进行全方位的监控并实现自动化灌溉，水培种植的效率得到了极大的提升。2022 年，水培温室技术已经非常成熟，鱼菜共生、水培景观、水培餐厅等也得到了大家的认可和喜爱。

今天，老师就教大家如何水培大蒜。

【淬炼操作】

1. 拿出准备好的材料。

2. 挑选大的、完整的蒜瓣，将蒜瓣剥皮，注意不要用指甲伤到蒜瓣。

3. 将剥好的蒜瓣在水培大蒜的容器内摆放好，蒜瓣的尖部朝上，摆一层即可。

4. 加入清水，水位大概到蒜瓣的一半即可。

5. 过两天要再次浇水，水位仍然是到蒜瓣的一半即可。

6. 这样，今天的水培大蒜课程就完成了。

7. 后期观察记录。

（1）细心观察植物发芽状态，画一画你看到的大蒜成长状态。

（2）用尺子量一量蒜苗长多高，将数据记在观察记录表里。

水培大蒜观察记录表

观察时间	大蒜发芽状态	大蒜成长状态	你的发现

【实践体验】

分发材料，学生操作，老师适时给予指导。

【分享总结】

同学们，在水培大蒜的过程中，你遇到了哪些困难、发现了哪些问题、有哪些想法，可以和大家分享一下。

【老师结语】

通过本次活动，同学们了解了水培的发展史和水培的优点，并实际体验了水培大蒜的种植方法。通过水培大蒜，大家了解了植物生长所需要的元素，相信大家也感受到了原来水培种植并不复杂，我们用常见的材料和简单的步骤就可以完成。我们还要不断观察和照顾我们的水培大蒜。通过这次学习大家有哪些收获与感受呢？可以和同学们分享一下。

（三）课后

进行水培大蒜的后期管理、采收及美食制作。

三、学生评价表

学生评价表

评价维度	评价				
	评分内容	分数	自评	互评	师评
劳动观念	认同劳动最光荣、劳动最崇高、劳动最美丽	20			
劳动能力	劳动项目无缺失	10			
	按流程完成任务，符合标准要求	10			
	使用工具熟练，操作过程有效率	10			
	保质保量完成操作	10			
劳动习惯	做到工完场清，完成活动后清理台面、清洗工具、垃圾分类处理	5			
	爱护工具、设备，及时回收，使用后有序存放	5			
	积极参与总结与讨论，学生手册填写清晰、完整	5			
	积极回答问题，有合作意识，劳动氛围融洽	5			
劳动精神	具有崇尚劳动、热爱劳动、辛勤劳动、诚实劳动的精神	20			
总分		100			

四、知识链接

大蒜是百合科葱属多年生的草本植物，它和大葱在有些地方是相似的，比如都有独特的辛辣气味，长出的植株在一定时期外形上也很相近。

大蒜的刺激性气味，是它的一种防御机制。大蒜被切开或者捣碎，细胞就会被破坏，大蒜中的蒜氨酸和蒜氨酸酶融合在一起，就会产生大蒜素。这个大蒜素就是我们品尝到的大蒜的味道。这本来是大蒜用来保护自己减少被吃掉的可能，结果倒成了大蒜的独特风味。

大蒜素进入口腔后会被分解成多种化合物。其中，我们熟悉的难闻的气味是甲基

烯丙基硫醚的硫化物，它会长时间保留在口腔内。吃过大蒜后，尿液里也会有气味，所以吃过大蒜的人，很快就会被周围的人发现，因为他可能全身都散发着“蒜香”。这种气味一般需要16个小时以上才能被完全代谢。

为了避免社交尴尬，我们总是想着如何减轻蒜味。美国俄亥俄州立大学的课题组曾专门进行过一项研究，他们发现含有酚类化合物的食物，对于去除蒜味有效果。苹果、菠菜、芹菜、绿茶等都含有多酚物质，大家如果吃了大蒜，可以再吃点儿这些食物。大蒜虽然自己本身味道特别，但如果在煲汤、炖肉时放进几瓣蒜，却可以帮助食材去除异味。

大蒜虽好，但不要多吃，一般一天1—2瓣即可。

农业生产劳动——蛋托育苗

一、课程概况

（一）课程时长

2 课时。

（二）学习目标

1. 劳动观念：引导废弃物再利用的环保理念，树立热爱劳动的劳动观念。通过育苗劳动，践行探究问题、知而后行的劳动意识。

2. 劳动能力：掌握育苗的正确步骤和要点，以及后期管理规范，学会基本的劳动技能。

3. 劳动精神：通过育苗与废弃物循环利用相结合，感受劳动成果的来之不易，培养热爱劳动的劳动精神。

4. 劳动习惯：在操作过程中注意安全，按照老师的步骤与规范操作，操作结束将材料清洁后放在相应位置，把台面整理干净。

（三）学习重点

育苗的方法。

（四）学习难点

后期育苗管理。

二、教学设计

（一）课前

物品准备：基质、种子、蛋托、喷壶、水。

安全提示：撒基质和浇水的时候，都要尽量散在蛋托内部，不要弄脏操作台和衣物。

（二）课中

【课程引入】

同学们，大家从家里带来的蛋托，除了装鸡蛋外，还有哪些用途呢？（互动）

这些看似没用的蛋托，其实有很多妙用，如种菜、堆肥、做手工、收纳饰品、给电脑散热等。

【课程讲解】

今天，我们就要把蛋托利用起来种植蔬菜。

大家平时喜欢吃什么菜呢？你们知道的家常菜有哪些？（互动）

一般的家常菜讲究荤素搭配，这个“素”主要就是各种蔬菜。其中包括根菜类，如红薯、萝卜等；叶菜类，如生菜、大葱、韭菜、大白菜等；花菜类，如紫菜薹、芥蓝等；果菜类，如玉米、豆角、黄瓜等；茎菜类，如土豆、莲藕等。这些蔬菜可以提供人体所必需的多种维生素和矿物质。蔬菜的制作方式多种多样，可以说美味又健康。

如何种植蔬菜呢？

我们可以直接在菜地里播种，也可以选择育苗后定植到菜地里。

什么是育苗呢？

育苗就是培育幼苗。

同学们，请你们想一下，为什么要育苗？如果直接种不是也可以种出蔬菜吗，何必多此一举呢？

首先，幼苗都是很脆弱的，需要的环境相对比较复杂。比如在北方，天气还比较冷的时候，户外直接种植小苗很容易被冻死，可是如果在室内提前进行育苗，就可以让小苗在 3 月就开始生长，这样等到 5 月的时候，就可以把小苗种到菜地里去了。相比 5 月播种，提前育苗可以让作物更早的成熟，这样也能有效地提高土地利用率，增加单位土地面积产量，经济效益也会增加。

室内育苗的生长环境是可控的，适合的温度、湿度，让出芽率更高，生长情况良好，减少种子的使用，既节约了成本，还能让幼苗的质量变好。

所以，如果条件允许，我们大部分的蔬菜种植都可以采用育苗的方法。

怎么育苗呢？

首先，选择适当的育苗容器，一般会选择穴盘育苗。其次，选择好的基质，将基质倒入穴盘，种子均匀撒入穴孔中间，覆盖少量基质，再适当地浇水。对育苗容器的要求是透气性好，能装入一定量的基质或者土壤，满足种子生长需求。

为什么我们要选择蛋托来育苗呢？因为它和穴盘一样，透气性好，并能倒入一定的基质，而且蛋托是我们购买鸡蛋时附赠的，没有成本，也是一种废物利用的方法。

播种后，我们要进行浇水和日常管理，虽然蛋托内育苗不易发生虫害，但也要经常观察出苗及生长情况并做好记录。当小苗长到一定时期，就可以安排定植了。定植是将育好的秧苗移栽至生产田中的过程，定植要提前进行整地，包括除草、翻耕、施底肥、耙地、耢地、镇压、平地、耖田、起垄、作畦等。定植的过程中也有很多需要注意的事项，我们在后面的课程中会不断地学习。

今天，老师就教大家如何进行蛋托育苗。

【淬炼操作】

1. 拿出准备好的材料。

2. 将基质倒入蛋托，填满蛋托的 2/3 即可，留出播种及覆盖基质层的空间。

3. 蔬菜的种子很小，我们只需要放入 2 粒种子即可，种子之间需要间隔一段距离。

4. 轻轻地给种子敷上一层基质，再用手推平整。

5. 给喷壶里装上水，用喷壶对着蛋托内部的基质均匀的喷水，直至看到蛋托外侧有湿润的痕迹即可。

切记，不要直接用水杯倒水或者在水龙头处直接浇水，那样种子容易被冲到底层，不易发芽。

可以将蛋托放置在温度适宜且有阳光的位置，经常观察，并记录出苗的时间及生长情况。根据不同的蔬菜类型，长到一定的标准就可以移植了。

【实践体验】

分发材料，学生操作，老师适时给予指导。

【分享总结】

同学们，在蛋托育苗的过程中，你遇到了哪些困难、发现了哪些问题、有哪些想法，可以和大家分享一下。

【老师结语】

通过本次活动，同学们了解了蔬菜及育苗的相关知识，并体验了蛋托育苗的全过程。蛋托，是我们日常生活中经常会被当作废弃物扔掉的物品，用它来育苗，既节约了成本、减少了垃圾的产生，又有利于植物的生长，这种育苗方式很值得推广。一粒种子平凡无奇却孕育着生命，只要给它适合的土壤和水就可以发芽，长成比它体积大无数倍的植株。植物的生长过程是不是很神奇呢？

其实除了蛋托，生活中还有很多类似的物品，我们只要用心发现和利用，就可以让生活更加美好。

（三）课后

同学们回家后可以进行一些对比实验，如果我们分别把种子盒放在有阳光和没阳光的地方，它们生长的速度一样吗？如果我们给一个种子盒浇灌牛奶、一个浇灌普通的水、一个浇灌肥水，种子的生长速度会一样吗？大家可以自己试一试。

三、学生评价表

学生评价表

评价维度	评价				
	评分内容	分数	自评	互评	师评
劳动观念	认同劳动最光荣、劳动最崇高、劳动最美丽	20			
劳动能力	劳动项目无缺失	10			
	按流程完成任务，符合标准要求	10			
	使用工具熟练，操作过程有效率	10			
	保质保量完成操作	10			
劳动习惯	做到工完场清，完成活动后清理台面、清洗工具、垃圾分类处理	5			
	爱护工具、设备，及时回收，使用后有序存放	5			
	积极参与总结与讨论，学生手册填写清晰、完整	5			
	积极回答问题，有合作意识，劳动氛围融洽	5			
劳动精神	具有崇尚劳动、热爱劳动、辛勤劳动、诚实劳动的精神	20			
总分		100			

四、知识链接

蛋托除了可以育苗，还可以作为收纳盒，放置一些家庭用品中的小物件，适当搭配还具有装饰的效果；如果将蛋托制作成喂鸟器，里面可以放些谷物，也够小鸟吃一段时间呢；还可以参与创意手工，变换成不同的颜色……发挥想象，总有意想不到的惊喜！当然了，在方便的情况下，我们更建议购买散装鸡蛋，这样蛋托就可以被反复利用了。变废为宝，让我们从蛋托开始做起吧！

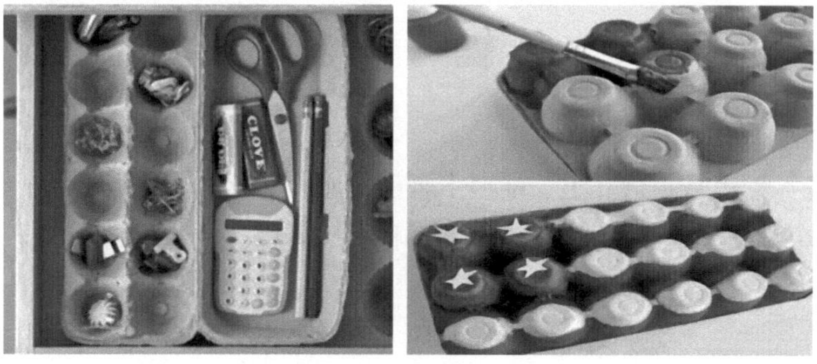

农业生产劳动——种植胡萝卜

一、课程概况

（一）课程时长

2 课时。

（二）学习目标

1. 劳动观念：理解耕种各环节间存在的因果关系，知道诚实劳动是基本的劳动伦理，只有通过辛勤劳动才能创造价值。树立尊重劳动、辛勤劳动的正确观念，感受劳动创造美好生活的劳动观念。

2. 劳动能力：了解胡萝卜的特征，掌握种植胡萝卜的方法，理解农耕劳动的连续性，锻炼发现问题、解决问题的能力。

3. 劳动精神：理解一根胡萝卜的长成，要经过漫长的辛勤劳动，感受劳动成果来之不易的内涵与意义。

4. 劳动习惯：在操作过程中注意安全，按照老师的步骤与规范操作，操作结束将材料清洁后放在相应位置，把台面整理干净。

（三）学习重点

胡萝卜的种植方法。

（四）学习难点

种植胡萝卜后的管理工作。

二、教学设计

（一）课前

物品准备：种植袋、营养土、胡萝卜种子、水杯、水。

安全提示：倒营养土时，尽量不要撒到种植袋外面，注意保持台面干净整洁。

（二）课中

【课程引入】

现在大家冬天餐桌上的蔬菜还和夏天一样丰富，那是因为有了现代种植技术，比如塑料大棚、保温技术等。但是在 50 年前的冬天，餐桌上的新鲜蔬菜可是少得可怜，只有一些抗冻、能长期保存的蔬菜可供食用，大家知道那个时候最常吃的是哪些蔬菜吗？——是萝卜、白菜。

“萝卜、白菜各有所爱”，不爱也没办法，实在是原来的冬天可选择性太少啦。

【课程讲解】

萝卜，在我们的生活中很常见。萝卜有很多种，比如胡萝卜的口感相对甜一些，白萝卜有些辛辣适合煲汤，青萝卜适合凉拌，红萝卜适合做腌菜，等等。

这些萝卜形状、颜色各异，但是它们有一个共同点，就是食用的都是植物的根部。

但是，植物分类里的“萝卜属”却是一大类食材的统称，包括我们常说的红萝卜、白萝卜、青萝卜等很多种萝卜，但却唯独不包括“胡萝卜”。

它们甚至都不是“亲戚”。在植物学上，所有植物都做了“界、门、纲、目、科、属、种”的种属分类。萝卜和胡萝卜，虽然同属双子叶植物纲，但萝卜是十字花目十字花科萝卜属，胡萝卜是伞形目伞形科胡萝卜属。

那胡萝卜为什么要冠以“萝卜”两个字呢？因为它是从“胡地”（北方少数民族地区）传来的，又长得像萝卜。那时候很多从其他地方来的植物都会加“胡”字。如胡豆、胡蒜、胡桃，其实就是我们现在的蚕豆、大蒜、核桃。

胡萝卜原产于亚洲的西南部阿富汗丘陵地带，只要有适宜的土壤，它都可以生长。2000 多年前，人类开始种植胡萝卜，12 世纪在欧洲栽种的胡萝卜就有各种颜色，如红色、黄色、橙色、紫色和白色。其实与胡萝卜同属于一个科的是芹菜和茴香。

胡萝卜的营养价值很高，含有胡萝卜素，以及维生素 C、维生素 B 等营养元素，具有增强免疫力、改善贫血、改善视力和预防便秘的作用。所以，我们平时要经常吃胡萝卜。

今天，老师就教大家胡萝卜的种植方法。

【淬炼操作】

1. 拿出准备好的材料。

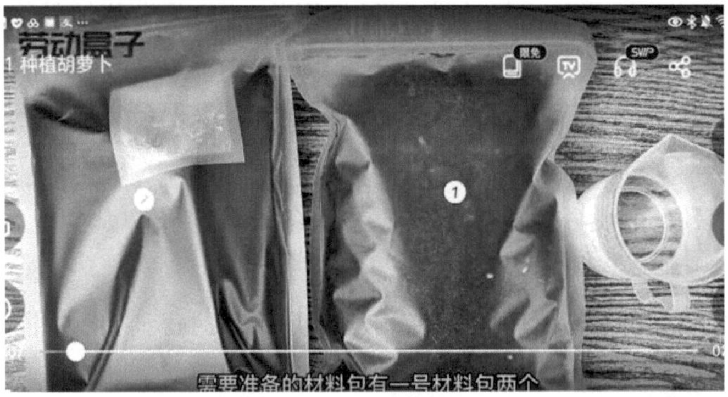

2. 将黑色种植袋打开，边缘卷下去一部分，方便操作。

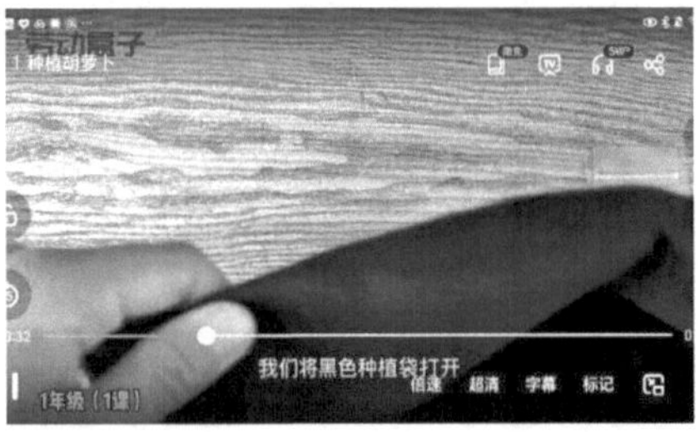

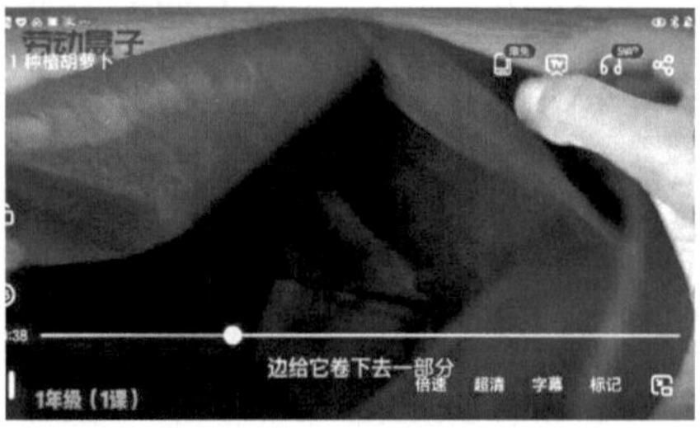

3. 将营养土倒入种植袋里，用手推平整。

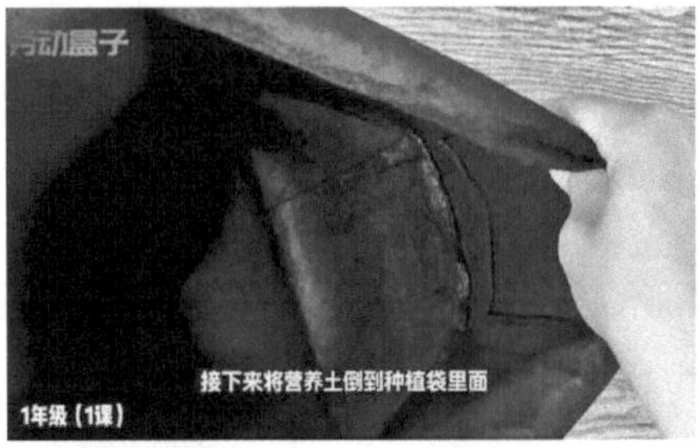

4. 用条播法种植，即在一条直线内，每隔 2 厘米，用手挖小坑，撒入 2—3 粒种子。注意，不要用力按压，否则不易出苗，小坑也不要太深，0.5 厘米即可。

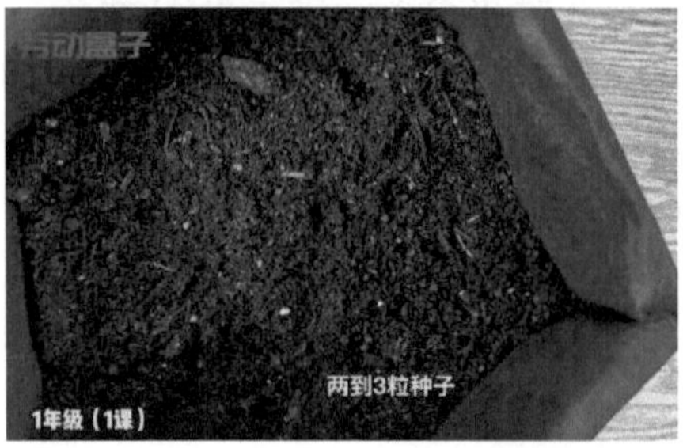

5. 给胡萝卜浇透水，看着土壤是湿润的即可。注意，不要过度浇水。

6. 胡萝卜发芽的适宜温度为 20 ℃—25 ℃，生长温度为 17 ℃—23 ℃，种植时需注意室温。在适宜的条件下，胡萝卜的种子就会发芽了。

7. 胡萝卜的管理方法如下。

（1）胡萝卜幼苗长出 4—5 片叶子时，可以进行间苗，大概每 2 株幼苗之间的距离为 5—6 厘米。

（2）长势差的胡萝卜苗要及时拔出，小苗拿来蘸酱或者做小青菜吃，都是不错的选择。

（3）始终保持土壤湿润。如果天气炎热或干燥，则每天都要给胡萝卜苗浇水。只是需确保不要把种子冲走，或由于水压过大把正在发芽的幼苗损坏了。

（4）当胡萝卜的叶子长得茂盛的时候，胡萝卜会从土中露出头，这个时候要进行培土。

（5）胡萝卜从播种到收获需要 3—4 个月。当能看到胡萝卜的根部微微冒出土面，直径大概为 2 厘米时，胡萝卜就成熟了。

在胡萝卜的生长过程中，同学们可以进行胡萝卜的种植观察。

种植过程中完成观察记录表，每周一次。

种植胡萝卜观察记录表

日期	劳动内容	胡萝卜的变化

【实践体验】

分发材料，学生操作，老师适时给予指导。

【分享总结】

同学们，在操作的过程中，你遇到了哪些困难、发现了哪些问题、有哪些想法，可以和大家分享一下。

【老师结语】

通过本次活动，同学们了解了胡萝卜与萝卜的关系，并体验了种植胡萝卜的方法。但播种只是种植的第一步，一定要认真地进行管理，让胡萝卜苗壮成长。

（三）课后

完成劳动实践手册，并用自己种植的胡萝卜制做美食吧！记得分享给你的家人和朋友，并在班会上说一说烹饪的过程。

三、学生评价表

学生评价表

评价维度	评价				
	评分内容	分数	自评	互评	师评
劳动观念	认同劳动最光荣、劳动最崇高、劳动最美丽	20			
劳动能力	劳动项目无缺失	10			
	按流程完成任务，符合标准要求	10			
	使用工具熟练，操作过程有效率	10			
	保质保量完成操作	10			
劳动习惯	做到工完场清，完成活动后清理台面、清洗工具、垃圾分类处理	5			
	爱护工具、设备，及时回收，使用后有序存放	5			
	积极参与总结与讨论，学生手册填写清晰、完整	5			
	积极回答问题，有合作意识，劳动氛围融洽	5			
劳动精神	具有崇尚劳动、热爱劳动、辛勤劳动、诚实劳动的精神	20			
总分		100			

四、知识链接

目前，世界上最重的一颗胡萝卜体长接近 1 米，重达 20 斤，是美国一名男子在他自己的农场里培育出来的“巨型蔬菜”。他热衷于此，种植的南瓜、冬瓜、卷心菜等都是“巨型蔬菜”，他种出来的南瓜最重的达 1000 多斤。想要培育出这种“巨型蔬菜”其实是非常不容易的，所需要的外在条件非常苛刻，为了种植出“巨型萝卜”他尝试了很多办法，用了 5 年多的时间才找对方法从而种植出世界上最大的胡萝卜。

农业生产劳动——养护校园植物

一、课程概况

（一）课程时长

2 课时。

（二）学习目标

1. 劳动观念：通过管理校园植物产生尊重劳动、尊重普通劳动者的意识，了解不同职业劳动者的辛苦与快乐，理解 360 行行行都和我们的生活息息相关。

2. 劳动能力：通过动手制作驱虫水，培养动手能力，并掌握制作驱虫水的方法；通过了解植物养护的知识，掌握养护植物的简单方法。

3. 劳动精神：通过对植物养护的了解，感受劳动要有智慧，通过体验感受养护人员的辛苦，感受日常工作中精益求精的劳动精神。

4. 劳动习惯：认真按照流程和要求完成劳动任务。在操作过程中注意安全，按照老师的步骤与规范操作，操作结束将材料清洁后放在相应位置，把台面整理干净。

（三）学习重点

植物的后期养护。

（四）学习难点

制作驱虫水。

二、教学设计

（一）课前

物品准备：喷雾瓶、侧柏粉、水。

安全提示：不要将驱虫水喷到自己或者其他人的眼睛里。

（二）课中

【课程引入】

同学们，我们看到校园、公园、绿化带的植物都长得特别好，它们是有专人在进

行管理吗？你认为管理校园植物的工人工作内容都有什么呢？（互动）

今天，我们就来学习一下管理校园植物的方法与技巧。

【课程讲解】

植物养护服务一般包括植物修剪、绿化养护、林木施肥、绿植浇水等。

绿化植物有净化空气、减少噪声、调节气候，防暑、防寒、防风、防尘、防噪声等作用。植物品种要因地制宜，选择适合当地生长的花草树木。为了增加层次感，会采用不同类型的植物进行搭配。乔、灌木、花、草、藤蔓类植物的有机组合，可以打造出安静、优美的场地，为晨读、游憩、课外运动等提供绿地空间。一般不会种植有难闻气味、有毒、有刺的植物。

植物修剪包括疏剪枝条、叶片、蕾、花和不定芽。枝条和叶片过多时要适当地减少，达到通风透光的作用。还可以通过修剪枝条让植物整体造景更好看，从而符合特定场景的要求。

绿化养护，即是将完成绿化施工后的后期浇水、修剪、除草、打药、补苗统称为养护。植物会生病虫害，就需要定期施药，还要浇水、除草让植物长得更好。这些工作都很细致，需要很多时间和精力来完成。

施肥是指提高土壤肥力、改善植物营养状况和促进植物生长的措施。根据植物的不同，施肥的种类、数量和时间间隔、方法也不相同。

维护校园绿化植物需要很多专业知识和劳动技巧，还需要有对植物的爱护之心。

在植物养护的过程中，病虫害防治是非常重要的。虫害多不仅植物长得不好，还会影响师生的日常教学活动。

病虫害发生的时间，贯穿整个植物生长的过程，根、茎、叶、花、果实、种子都可能遭受害虫的危害。如地老虎，住在土壤中，对种子或幼苗的根部、嫩茎和幼芽都会有危害；枝梢一般是蛾类和甲虫类，它们啃食植株的枝梢及幼茎；蚜虫用刺吸式的口器吸取植物汁液，影响其生长。

食叶害虫是以植株的叶片为营养的害虫，一般是蛾类害虫，它们会迅速吃掉大量叶片，造成植株停止生长，失去观赏价值。

蛀干害虫有天牛类和象甲类，其中以天牛的危害最重。它可在植株的本质部、韧皮部钻蛀取食，严重阻碍养分和水分的输导，导致植株生长衰弱，甚至成片死亡。

防治方法分类如下。

1. 物理预防。黑光灯诱杀、日光暴晒。黑光灯能够让害虫误以为是同类发出的信号，从而被吸引过来，进行诱杀。

2. 化学防治。不同的病虫害选择不同的农药和用量，以达到最佳的效果。

3. 生物防治。找到害虫的天敌，通过投放天敌达到消灭害虫的目的。

今天，我们采用天然植物，自制驱虫水来对校园植物进行养护。

我们要用到的材料是这个，大家猜猜看这是什么呢？（老师拿出侧柏）

大家可以闻闻侧柏有什么味道。

侧柏可有效地防治叶蝉、蚜虫、红蜘蛛、小飞虫等虫害。

侧柏对于生长环境要求不高，一般校园中都可以种植。为什么侧柏有驱虫作用呢？侧柏涂在木头上能起到天然的防腐性作用，同时侧柏植株里有高含量的卓酚酮，有天然的驱虫特性，这种芳香气体有清热解毒、燥湿杀虫的功效，还能让人精神松弛、稳定情绪。所以，侧柏很多时候也会被种植在寺庙里。

今天，我们就利用侧柏的这一特性制作驱虫水。

【淬炼操作】

1. 拿出准备好的材料。

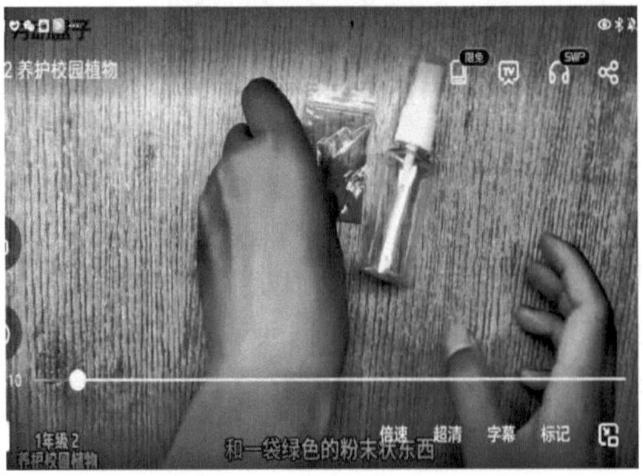

2. 在喷雾瓶中加入侧柏粉，覆盖住瓶底即可。

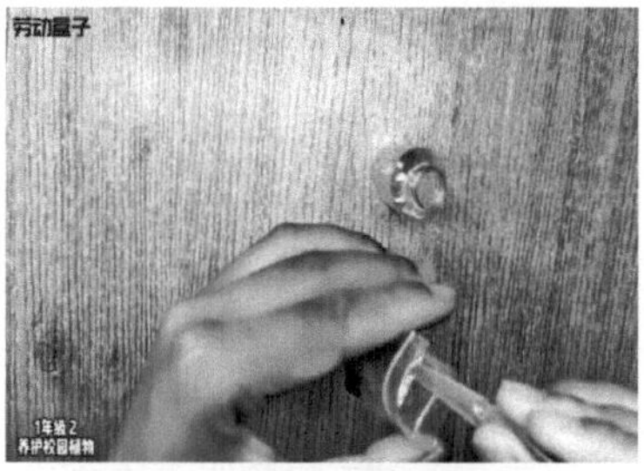

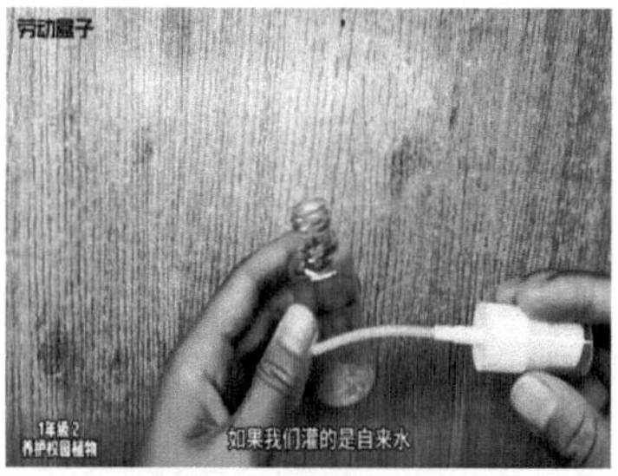

3. 瓶中加水后摇晃均匀。

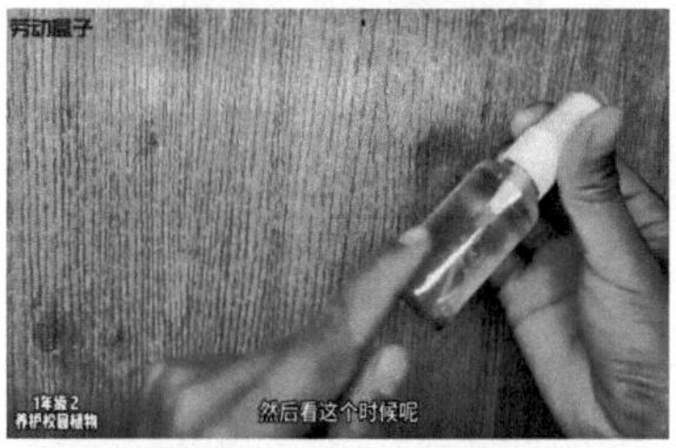

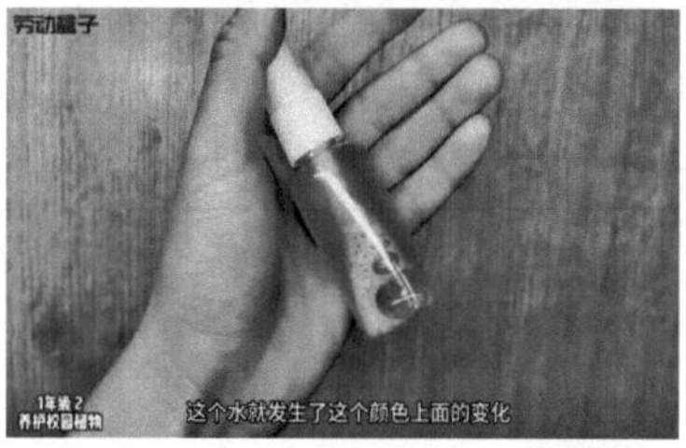

4. 拧紧瓶盖，每次喷之前要摇匀。

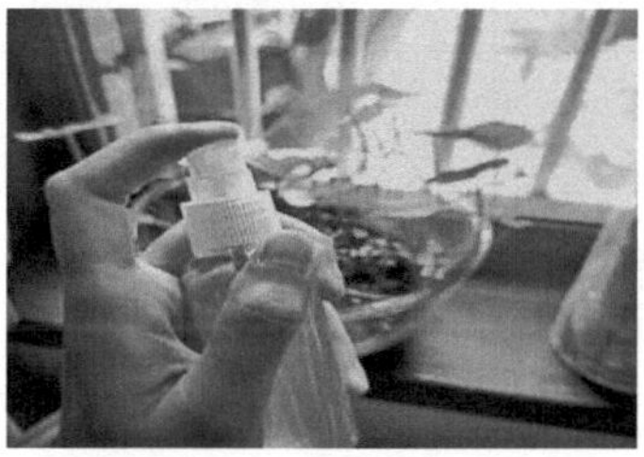

大家可以尝试给校园内或者教室里的盆栽喷一喷自制的驱虫水，看是否能够达到驱虫的效果。

【实践体验】

分发材料，学生操作，老师适时给予指导。

【分享总结】

同学们，在操作的过程中，你遇到了哪些困难、发现了哪些问题、有哪些想法，可以和大家分享一下。

【老师结语】

通过本次活动，同学们了解了校园植物养护的知识、认识了侧柏，并体验了制作驱虫水，掌握了病虫害防治的方法。

校园植物的养护工作其实非常繁杂，需要我们的工作人员运用专业的知识，并付出很多辛勤的劳动，才能营造出相对良好的生态环境给我们学习和活动。我们应该尽量爱护校园里的一草一木，保护环境，珍惜别人的劳动成果。

（三）课后

请在小区和家里进行植物养护，体会养护工作的不容易。

三、学生评价表

学生评价表

评价维度	评价				
	评分内容	分数	自评	互评	师评
劳动观念	认同劳动最光荣、劳动最崇高、劳动最美丽	20			
劳动能力	劳动项目无缺失	10			
	按流程完成任务，符合标准要求	10			
	使用工具熟练，操作过程有效率	10			
	保质保量完成操作	10			
劳动习惯	做到工完场清，完成活动后清理台面、清洗工具、垃圾分类处理	5			
	爱护工具、设备，及时回收，使用后有序存放	5			
	积极参与总结与讨论，学生手册填写清晰、完整	5			
	积极回答问题，有合作意识，劳动氛围融洽	5			
劳动精神	具有崇尚劳动、热爱劳动、辛勤劳动、诚实劳动的精神	20			
总分		100			

四、知识链接

1982 年，英国林业专家罗皮尔在考察了 27 个国家后，确定了陕西省中部黄陵县轩辕庙院内的黄帝手植柏最粗壮、最古老。它高 20 余米，胸围 11 米，高大挺拔，枝繁叶茂，像把巨大的绿伞。传说是轩辕黄帝亲手种植，距今 5000 多年，7 个人手拉手也抱不住。

1998 年 12 月 9 日，其被中华名树公选养护委员会评为中华百棵名树之首。这棵柏树已生长了几千年，看起来仍然富有旺盛的生命力。一般的柏树生长几十年上百年也极其常见。

农业生产劳动——观察校园昆虫

一、课程概况

（一）课程时长

2 课时。

（二）学习目标

1. 劳动观念：通过劳动活动认识到很多人类的发明都是从研究昆虫中获得的灵感，劳动是人类维持自我生存和自我发展的唯一手段。能够在观察昆虫的过程中，践行认真、专注、积极探索的劳动品质。

2. 劳动能力：认识常见的昆虫种类及昆虫生长过程中的特点，了解常见昆虫的栖息环境，尝试饲养昆虫，锻炼饲养小动物的劳动技能。

3. 劳动精神：喜欢劳动，具有主动劳动、积极参加劳动的愿望。

4. 劳动习惯：在操作过程中注意安全，按照老师的步骤与规范操作，操作结束将材料清洁后放在相应位置，把台面整理干净，将捉到的昆虫放生。

（三）学习重点

认识常见的昆虫种类及昆虫生长过程中的特点。

（四）学习难点

了解昆虫在生态链中的位置。

二、教学设计

（一）课前

物品准备：捕虫网、昆虫盒。

安全提示：捉昆虫时要注意脚下安全，不要被绊倒。

（二）课中

【课程引入】

同学们，你们有人害怕虫子吗，请说说为什么害怕？（互动）

确实有一些虫子为了保护自己，在感受到危险的时候会伤害我们，比如马蜂、蜜蜂、洋辣子、红火蚁等，但大部分昆虫对我们来说是无害的。很多时候人类对小虫子感到恐惧是因为不了解它，今天老师带大家来了解我们身边的昆虫。据科学家研究，到目前为止，世界上已经拥有 100 多万种昆虫，有地上爬的、空中飞的、树上寄居的；有和人类一样群居的，也有独居的；有用触角交流的、有用舞蹈交流的，也有善于伪装的……昆虫的多样性以及它们的生物特性构成了我们美好而神秘的大自然。

【课程讲解】

那什么是昆虫呢？

昆虫属于无脊椎动物中的节肢动物，是地球上数量最多的动物，占生物总量的 50%以上。我们在世界各地都可以看到昆虫，它们对环境的适应能力非常强。

昆虫最主要的特征是其成虫的躯体明显分为头、胸、腹三段，胸部是运动中心，有三对足，一般还有两对翅、一对触角。大部分时候它们的两对翅相互摩擦会发出声音，是昆虫的发音器。小小的昆虫总是瞪着圆鼓鼓的眼睛望着我们，其实在这些圆鼓鼓的复眼中暗藏着很多六角形的小眼面，而且每个小眼面都会形成一个影像点。当许许多多小眼面形成的影像点拼到一起时，就会合成一幅图像。我们人类要想体验这种独特的视觉感受，需要借助万花筒的帮助才可以实现。空中捕食的昆虫视力更厉害，与其他昆虫相比，空中捕食的昆虫通常拥有更大的眼睛和更敏锐的视力，它们中有些复眼甚至能覆盖头部的整个表面。

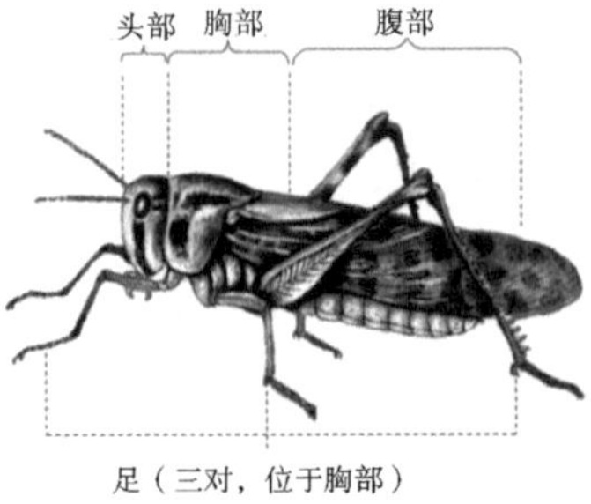

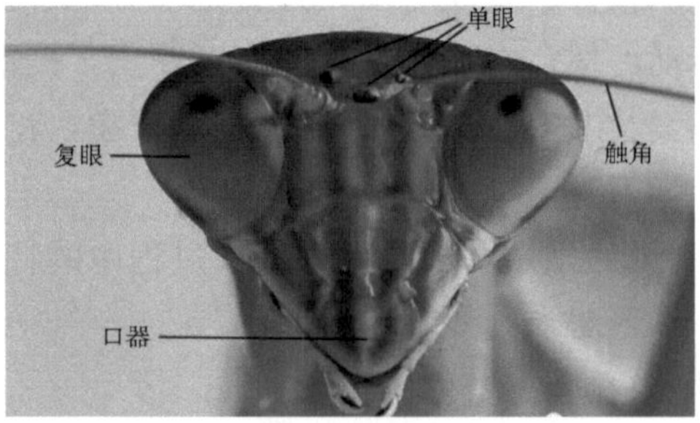

昆虫的复眼对光很敏感，可以探测移动的物体是由于昆虫的眼睛由成千上万的单眼组成，每一个单眼都可感受到光线。西安交通大学的研究人员研发了一种简单的低成本方法用于制造人造复眼，特别适用于自动驾驶汽车，这也推动了我国汽车技术的发展。科学家成功研制的偏振光导航仪也是基于对蜜蜂复眼结构的模拟，能够利用太阳准确定位。

研究人员还会模仿蜂巢：蜂巢由一个个排列整齐的六棱柱形小蜂房组成，每个小蜂房的底部由 3 个相同的菱形组成，这是最节省材料的结构，优点是容量大、极坚固。我们仿其构造，用各种材料制成蜂巢式夹层结构板，强度大、重量轻、不易传导声和热，是建筑及制造航天飞机、宇宙飞船、人造卫星等的理想材料。

常见的昆虫有：蜻蜓、蝴蝶、蝗虫、知了、蜜蜂等。

校园里有很多昆虫，我们今天可以近距离观察一下它们。

【淬炼操作】

1. 拿出准备好的材料。

2. 让同学们在室外找昆虫。

3. 用捕虫网扣住昆虫。

4. 将网内的昆虫缓缓移入昆虫盒并盖好盖子。

5. 透过昆虫盒顶部的放大镜，可以很好地观察昆虫的形态。如昆虫的身体分为三个部分：头部、胸部、腹部（可对应人类身体部位进行提示引导）。头部有 1 对触角，胸部有 2 对翅、3 对足。总结昆虫特征的顺口溜是：体分头、胸、腹，四翅并六足，一生多变态，举国百万数。

【实践体验】

分发材料，将学生分成3—5人一组，每组1个昆虫盒，用于放捕捉来的昆虫。

捕捉昆虫的要求如下。

1. 在捕捉昆虫的过程中不伤害只观察。
2. 每种昆虫只捕捉1只。
3. 完成观察及时放生。

捕捉场景可以选择草丛、树上、土壤里或石头下。给同学们10分钟左右的时间，可以借助网兜等捕捉工具。

学生分组活动，老师适时给予指导。

【分享总结】

同学们，在捕捉、观察昆虫的过程中，你遇到了哪些困难、发现了哪些问题、有哪些想法，可以和大家分享一下。

【老师结语】

在我们的身边，昆虫无处不在，也有很多人在观察它们，比如鲁迅，他从小就在昆虫窝里长大，因此具备了观察和感悟生活的能力。再比如达尔文，为了观察金龟子，竟然将它含在嘴里拿回家研究，正是这种好奇心和探索精神，让达尔文成为伟大的科学家，并写出了旷世著作《物种起源》。

今天，我们也走进了昆虫的世界。希望同学们能够继续认识昆虫、观察昆虫、了解昆虫，通过深入自然去探索和发现，相信你会对生命有不一样的理解。

（三）课后

在小区中找到一只蝴蝶或者蛾子的幼虫，了解它的食性，有条件的可以拿回家饲养，观察它的成长过程。

三、学生评价表

学生评价表

评价维度	评价				
	评分内容	分数	自评	互评	师评
劳动观念	认同劳动最光荣、劳动最崇高、劳动最美丽	20			
劳动能力	成功捕获昆虫，并完成观察	10			
	按流程完成任务，符合标准要求	10			
	使用工具熟练，操作过程有效率	10			
	保质保量完成操作	10			

续表

<table>
<tr><td rowspan="2">评价维度</td><td colspan="5">评价</td></tr>
<tr><td>评分内容</td><td>分数</td><td>自评</td><td>互评</td><td>师评</td></tr>
<tr><td rowspan="4">劳动习惯</td><td>做到工完场清，完成活动后清理台面、清洗工具、垃圾分类处理</td><td>5</td><td></td><td></td><td></td></tr>
<tr><td>爱护工具、设备，及时回收，使用后有序存放</td><td>5</td><td></td><td></td><td></td></tr>
<tr><td>积极参与总结与讨论，学生手册填写清晰、完整</td><td>5</td><td></td><td></td><td></td></tr>
<tr><td>积极回答问题，有合作意识，劳动氛围融洽</td><td>5</td><td></td><td></td><td></td></tr>
<tr><td>劳动精神</td><td>具有崇尚劳动、热爱劳动、辛勤劳动、诚实劳动的精神</td><td>20</td><td></td><td></td><td></td></tr>
<tr><td colspan="2">总分</td><td>100</td><td></td><td></td><td></td></tr>
</table>

四、知识链接

蜘蛛是昆虫吗？

我们平时看到的苍蝇、蚊子、蝗虫、蟋蟀以及蜻蜓、蝴蝶等都是昆虫。它们的样子不同，但却都有身体分节等特征。有些昆虫，如虱子、跳蚤等，它们的翅在长期适应环境的过程中逐渐退化了，但其他特征都是符合的。可蜘蛛的身体只分两部分，即头和胸合为一部分，另一部分是腹部，没有触角和翅，有四对足。所以它不是昆虫，是蛛形纲的动物。蝎子和蜈蚣显然也不属于昆虫。

农业生产劳动——饲养蚕宝宝

一、课程概况

（一）课程时长

2 课时。

（二）学习目标

1. 劳动观念：在实践中体会生命的价值和意义。树立劳动创造美、劳动改变生活的劳动观念。

2. 劳动能力：通过养蚕实践活动，观察和认识蚕的生命过程，了解蚕的特征和生活习性。增强动手能力，学会用不同的方法感知蚕生长的变化并用语言或图画描述蚕的一生。

3. 劳动精神：激发学生了解和认识自然界的兴趣，形成热爱大自然、保护生物和探索未知生命的精神。

4. 劳动习惯：在操作过程中注意安全，按照老师的步骤与规范操作，操作结束将材料清洁后放在相应位置，把台面整理干净。

（三）学习重点

了解蚕宝宝的一生，饲养蚕宝宝。

（四）学习难点

蚕宝宝生长阶段的记录工作。

二、教学设计

（一）课前

物品准备：蚕宝宝、饲养盒、镊子、蚕沙网、桑叶、羽毛。

安全提示：在饲养蚕宝宝的过程中要注意个人卫生，清理蚕沙前后都要洗手。

（二）课中

【课程引入】

同学们，请问这个字你们认识吗？

甲骨文　小篆　楷书（繁体）　楷书

“蚕”为象形字，甲骨文就像一条蚕的形象，小篆改为从“朁”声的形声字，隶变后楷书写作“蠶”，如今规范化以“蚕”为正体。

【课程讲解】

“蚕”字从结构上看是天上的虫子或者从天而降的虫子。从字形可以看出，它是一条虫，但是一条什么样的虫呢？它有什么特点和喜好？作为一个生命，它会经历怎样的一生呢？今天，让我们来详细了解它。

首先，我们来看蚕卵，它是什么形状、什么颜色，你感觉它像什么呢？

灰黑色蚕卵，表示快孵化了；黄色的表示还需要一段时间才会孵化；为其他颜色时，很可能蚕卵已经死了。

在合适的温度下，蚕卵会很快孵化出来。刚孵出来的小蚕长得非常弱小，像什么呢？

从卵中孵化出来的蚕宝宝全身长满细毛，呈黑色，我们称一般叫它蚁蚕。出生 2—3 个小时后，蚁蚕就可以开始进食桑叶了。

蚕宝宝需要不停地进食，身体长大得非常快，颜色也由黑色变为白色。慢慢地，它开始减少食量直到完全禁食。出生 4 天的蚕宝宝，它看起来一动不动，其实体内已经开始准备蜕皮。蚁蚕成长为熟蚕，需要进行 4 次蜕皮。第一次蜕皮后称为 1 龄蚕，第二次脱皮后叫作 2 龄蚕，以此类推。

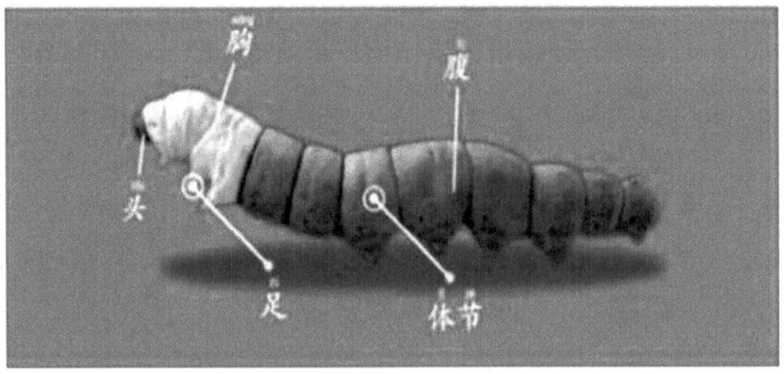

3 龄后的蚕食量剧增，身体颜色开始变成黄色，身体也会紧绷，并开始吐丝。蚕茧由一整根丝组成。这时，其实只是蚕宝宝生命的第 25 天左右，整个结茧过程也只需要大概 2 天的时间。

蚕吐出的蚕丝是蚕丝腺内的分泌物，因为遇到空气凝结了，就形成了我们看到的蚕丝。2—3 天分泌物吐尽了以后，蚕在茧内转化为蚕蛹。10 天以后，蚕蛹开始变化，呈现出土褐色，它要开始变成蛾了。

蚕蛾从蚕茧中“破茧而出”，又变成了白色，看起来很像蝴蝶，但其实它的翅膀并不具有飞行的能力。它们的任务是尽快繁殖后代，然后又迅速地死去。新一轮的生命循环会在春天桑树发芽时开始。

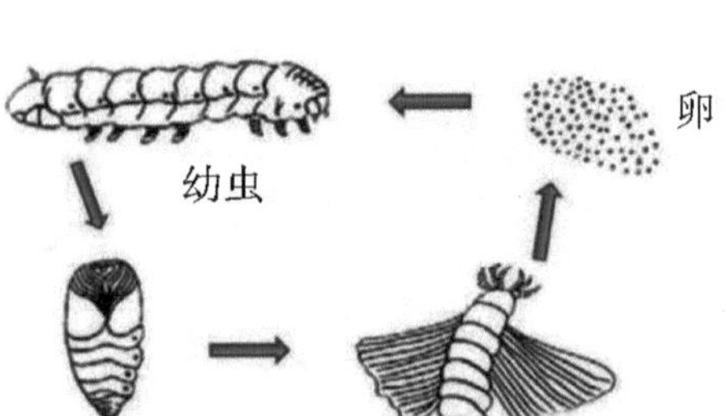

总结一下，蚕的一生分为四个阶段：卵—幼虫—蛹—成虫。

（在讲到蚕宝宝生长年龄时间的时候可以问问学生自己长一岁需要多长时间，与蚕宝宝生长时间做一个对比，从而引入蚕的生命周期及每个阶段和年龄的生长时间。）

我国古代有非常多的诗词是关于蚕的，比如下面这首。

七绝·咏蚕

不食粮油食素桑，勤提细喂四更装。

心明到老丝方吐，织得绫罗漂海洋。

当我们对蚕的一生有所了解后，是不是感到很神奇呢，它们是不是一定会发生这些变化呢？

今天，我们每个人都有一些蚕宝宝，老师就带领大家观察并记录蚕宝宝的一生。

【淬炼操作】

1. 用镊子去除饲养盒里的干桑叶和腐烂的桑叶。

2. 将蚕宝宝所在的桑叶放到一旁。

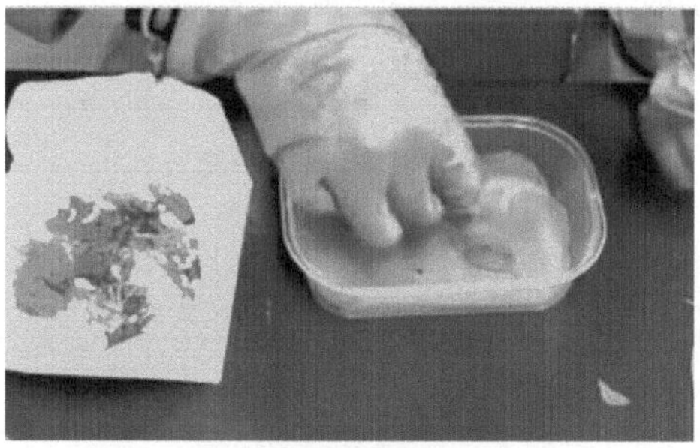

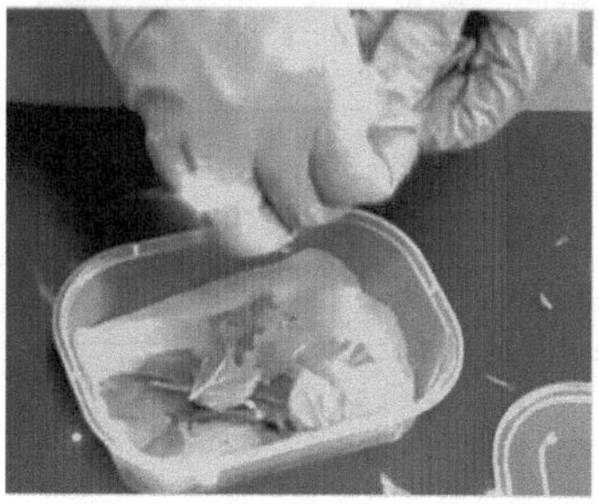

3. 将盒子里的蚕沙清理干净。

4. 在饲养盒里放上新鲜的桑叶。

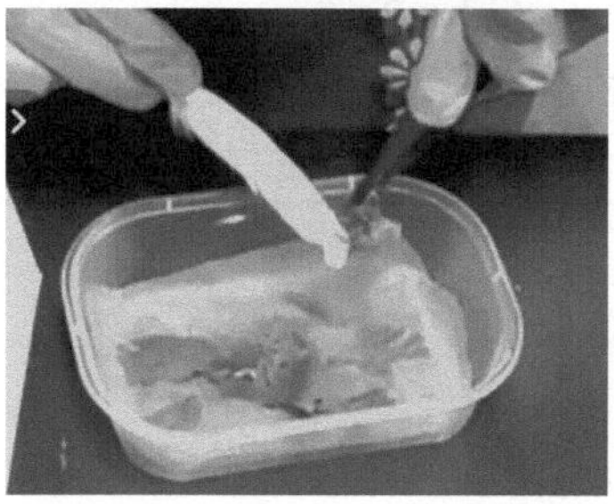

5. 用羽毛轻轻地将蚕宝宝放回饲养盒里。

【实践体验】

分发材料，学生操作，老师适时给予指导。

【分享总结】

同学们，在操作的过程中，你遇到了哪些困难、发现了哪些问题、有哪些想法，可以和大家分享一下。

【老师结语】

通过本次活动，同学们了解了蚕的一生，体验了饲养蚕宝宝，并要在后期不断记录蚕宝宝的成长过程，感受生命的神奇之处。蚕用自己小小的身躯吐出那么多为人类所用的蚕丝，我们要更加用心的爱护蚕宝宝，让它快快长大，破茧成“蝶”。

（三）课后

饲养蚕宝宝并完成蚕宝宝观察记录。

三、学生评价表

学生评价表

评价维度	评价				
	评分内容	分数	自评	互评	师评
劳动观念	认同劳动最光荣、劳动最崇高、劳动最美丽	20			
劳动能力	劳动项目无缺失	10			
	按流程完成任务，符合标准要求	10			
	使用工具熟练，操作过程有效率	10			
	保质保量完成操作	10			
劳动习惯	做到工完场清，完成活动后清理台面、清洗工具、垃圾分类处理	5			
	爱护工具、设备，及时回收，使用后有序存放	5			
	积极参与总结与讨论，学生手册填写清晰、完整	5			
	积极回答问题，有合作意识，劳动氛围融洽	5			
劳动精神	具有崇尚劳动、热爱劳动、辛勤劳动、诚实劳动的精神	20			
总分		100			

四、知识链接

今天我们学习的饲养蚕宝宝的方法，其实是经过多年的人类对蚕的驯化总结而来的。蚕吐出的蚕丝，因为其柔韧性好，透气、透湿，制成的丝绸手感丝滑，穿着舒服，在古代就受到很多人的喜爱。这就要说一下丝绸之路，东汉时期丝绸之路的起点在洛阳，经阿富汗、伊朗、伊拉克等国抵达地中海，以罗马为终点。这条路是古代亚欧的贸易之路，也是连结古代东西方文明的交汇之路，因丝绸是最具代表性且非常高档的货品，所以称之为“丝绸之路”。

据记载，中国的丝绸在古代西方国家是很名贵的，能穿丝绸制品是富有和地位的象征，相当于古代的奢侈品。丝绸在波斯和索格底亚那都很受当地人的欢迎，销量很好。571 年，为了争夺中国丝绸贸易之利，拜占庭联合突厥与波斯发生了一场长达 20 年之久的“丝绸之战”。

农业生产劳动——脱粒体验

一、课程概况

（一）课程时长

2 课时。

（二）学习目标

1. 劳动观念：了解传统水稻脱粒的方法和水稻机械化加工的过程及优势。理解劳动技术的更新创造了更多价值，解放了更多劳动人民的双手。树立尊重劳动、辛勤劳动的正确观念。

2. 劳动能力：通过水稻去皮脱粒体验，培养学生的动手操作能力；通过对新技术的讨论，培养学生善于思考、多角度分析问题的思辨能力。

3. 劳动精神：通过对水稻加工的现代化操作流程的了解，感受劳动人民的智慧；通过体验水稻脱粒，感受劳动成果的来之不易。

4. 劳动习惯：在操作过程中注意安全，按照老师的步骤与规范操作，操作结束将材料清洁后放在相应位置，把台面整理干净。

（三）学习重点

体验水稻脱粒。

（四）学习难点

学习机械化加工的过程。

二、教学设计

（一）课前

物品准备：磨谷器、带皮稻谷、白纸。

安全提示：磨稻谷时，不要磨到手指。倒出糙米的时候，尽量不要撒到白纸外面，不要造成粮食的浪费。

（二）课中

【课程引入】

同学们，大家家里的主食都有哪些呢？（互动）

大米和水稻有什么关系呢？——大米是稻谷通过清理、碾米、成品整理等一系列工序后制成的成品。

【课程讲解】

同学们，大家听过“脱颖而出”这个成语吗？这里的“颖”指的就是颖果，是禾本科植物特有的果实类型，属闭果的一种。它的果实比较小，果皮与种皮长在一起不能分离，如稻、麦等俗称为种子，实际为果实，就是我们说的颖果。

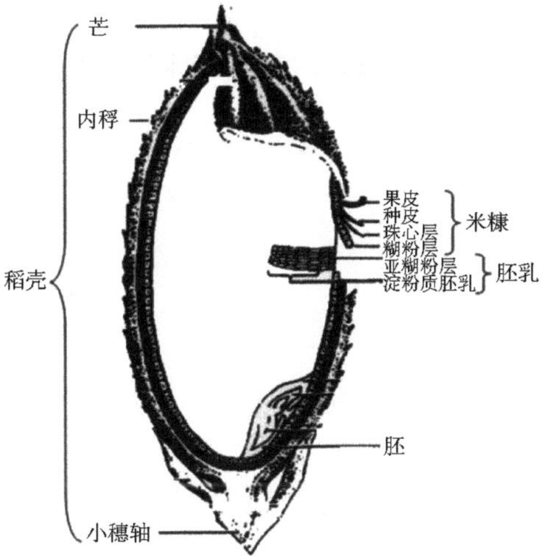

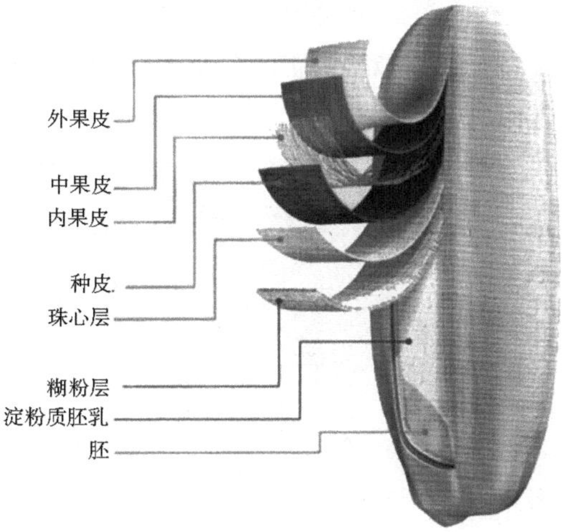

大家可以观察水稻种子的结构，尝试剥一下皮，看看能不能剥下来。我们找一位同学来分享一下自己的想法。（互动）

水稻的谷粒在植物学上称为颖果，我们会叫它种子，从外到内是颖壳、果皮、种皮、糊粉层、胚乳和胚几个部分。谷粒剥掉颖壳后是我们在超市里看到的糙米，糙米的结构是果种皮、胚乳和胚三个部分。

水稻变成大米的过程如下。

1. 脱粒。将收割后的作物的谷粒从谷穗上脱下，同时尽可能地将其他的脱出物，如短茎秆、颖壳、杂物等与谷粒分离。早期是人工脱粒，即将割下来的水稻在木板上反复敲打，让谷粒掉下来。现在有脱粒机，可以很快完成大量的脱粒工作。

2. 古代人把稻谷加工成米粒，有两种方法：一种为“舂”，叫“舂米”；另一种为“碾”，叫“碾米”。

舂米，是指把刚刚脱粒的稻谷晒干后，去壳为白米的过程。将稻谷放在容器内，用舂米杵将稻谷壳砸烂，桶内就会出现糠与米，谷壳就是米糠，去掉米糠后是白米。舂米的工具有两样——棒槌和盛器。盛器的材质不同，基本分为两种——木制的盛器或者石制的盛器。

杵多用铁制的圆头棒，也可以就地取材，用材质坚硬的杂木做木棒。臼多用石头打制，做成木桶状的舂米桶。

根据记载，在南北朝时期，人们就会使用水碾子来碾米，把稻谷加工成米粒。碾米是古代人的智慧结晶，提高了出米的效率。

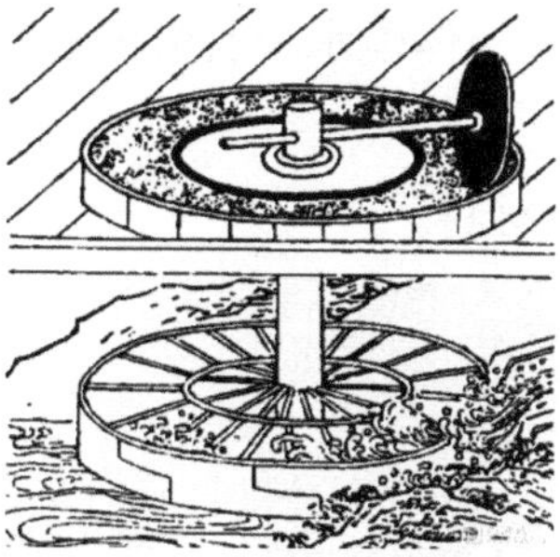

我们了解了古代水稻成为大米的过程，再来看看现代水稻加工是什么流程。

第一步是安检。稻谷时期就要进行品级鉴定，然后进入磨米加工车间等待加工。

第二步是去杂。稻谷经过筛选，去除铁、石子、土等杂物以及过轻的稻谷，然后经过清粮机、谷稻分离机，通过碾磨的方式初步清除稻谷壳得到糙米。糙米颜色比较深，煮熟后的口感也偏硬。

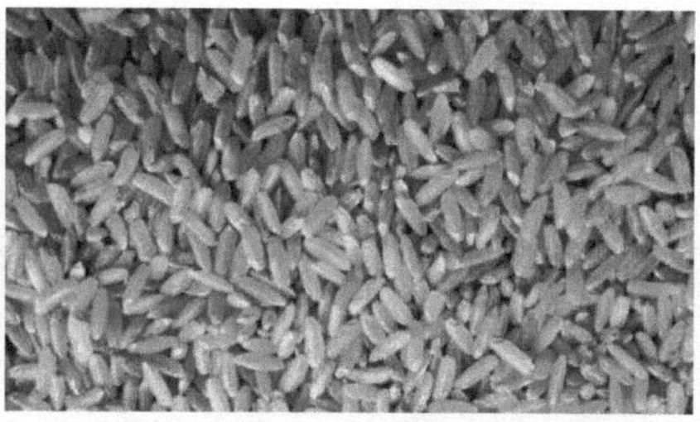

第三步是碾米。糙米进入碾米机后经过四次碾磨的方式去掉内膜，把糙米碾成白色，得到的是胚芽米。这还不是我们平时吃的大米。

第四步是继续去杂。将胚芽米用传送带运输到大米粮仓储存，继续去杂，筛选掉碾磨过程中留下的碎壳、杂色米等。

第五步是轻抛光。去杂后的胚芽米通过水、食用油等液体对大米进行抛光，使其变得有光泽，晶白透亮。但此时湿度会增加，大米会出现保质期变短的问题，所以不是抛光次数越多越好。

第六步是色选。经过三次色选，选出质量、米色合格的优质米。

今天，老师就带大家体验水稻脱粒的过程。

【淬炼操作】

1. 拿出准备好的材料。

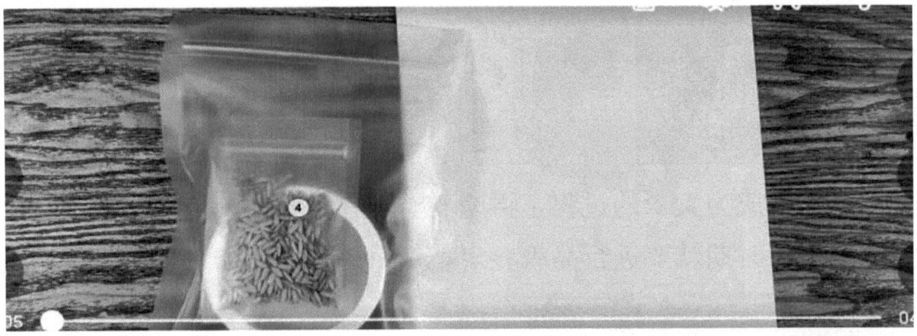

2. 观察磨谷器的构造及内部的纹路，将一半稻谷倒入磨谷器中。

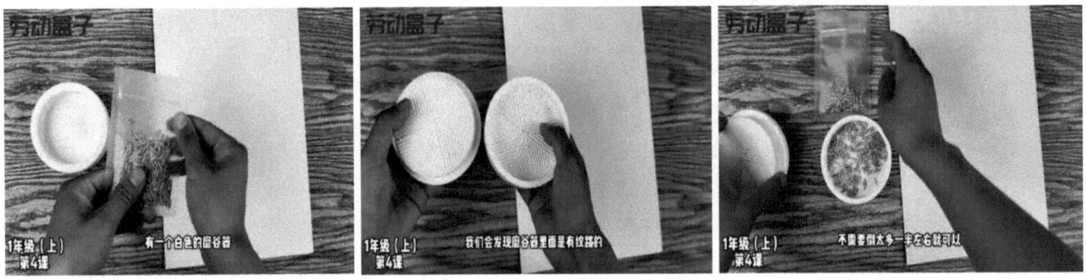

3. 盖上磨谷器的盖子，一只手托住磨谷器底端，另一只手向下按压磨谷器的盖子并不停转动，能听到咔嚓咔嚓的响声。

4. 经过反复的研磨，稻谷完成初步的脱壳，将脱壳后的稻谷放在白纸上。

5. 将谷壳吹掉，留下糙米，然后将剩余的稻谷放进磨谷器，重复上面的步骤，完成脱粒工作。

【实践体验】

分发材料，学生操作，老师适时给予指导。

【分享总结】

同学们，在操作的过程中，你遇到了哪些困难、发现了哪些问题、有哪些想法，可以和大家分享一下。

【老师结语】

今天，我们了解了手工及机械化大米加工的全过程，体验了手工水稻脱粒的方法。通过劳动，我们感受到大米种植与收获、加工的不容易。今后，我们更加要珍惜粮食，不浪费、不挑食。

（三）课后

试着用其他工具体验脱粒、去皮、磨面的全过程，有机会去体验一下机械化加工。

三、学生评价表

学生评价表

评价维度	评价				
	评分内容	分数	自评	互评	师评
劳动观念	认同劳动最光荣、劳动最崇高、劳动最美丽	20			
劳动能力	劳动项目无缺失	10			
	按流程完成任务，符合标准要求	10			
	使用工具熟练，操作过程有效率	10			
	保质保量完成操作	10			
劳动习惯	做到工完场清，完成活动后清理台面、清洗工具、垃圾分类处理	5			
	爱护工具、设备，及时回收，使用后有序存放	5			

续表

评价维度	评价				
	评分内容	分数	自评	互评	师评
	积极参与总结与讨论，学生手册填写清晰、完整	5			
	积极回答问题，有合作意识，劳动氛围融洽	5			
劳动精神	具有崇尚劳动、热爱劳动、辛勤劳动、诚实劳动的精神	20			
总分		100			

四、知识链接

在国内市场，最常见的大米主要分为三类，分别是：籼米、粳米、糯米，它们在产地、外观、口感等方面均有着较大差异。

籼米是中国产量最高的一种稻米，以长江以南省份为主要产区，系用籼型非糯性稻谷制成的大米。

籼米在外观上呈细长或长圆形，长者可达 7 毫米以上。其米质地较轻，膨性较好，蒸出的米饭膨松软香，既营养又可口。

在地域方面，由于籼米的低黏性，更适合煮干饭，因此南方人更习惯食用籼米。

粳米主产于中国长江以北的稻区，东北地区尤盛，系用粳型非糯性稻谷碾制成的大米。

在外观上，粳米呈椭圆形或圆形，米粒丰满肥厚，米质硬而有韧性，煮后黏性、油性大，口感柔软，但出饭率低。

在地域方面，由于粳米比籼米黏性更高，更适合煮稀饭，因此北方人更习惯食用粳米。

当然，这只是相对而言，南北方饮食文化既相异又相融，不论是粳米还是籼米，大家更愿意食用的一定是口感、营养、质地俱佳的大米。

糯米系糯稻脱壳碾制而成的大米，在中国南方被称为糯米，而北方则多称为江米。糯米有长粒和圆粒两种，圆粒较为常见。因其香糯黏滑，常被用以制成风味小吃，如粽子、酒酿、汤圆、年糕、糍粑等食品的原材料中都含有糯米。糯米不易消化，所以不宜一次食用过多。

传统手工制作——折纸飞机

一、课程概况

（一）课程时长

2 课时。

（二）学习目标

1. 劳动观念：通过亲历纸飞机的设计、制作、放飞全过程，认识到要使纸飞机飞起来，且飞高飞远，需要精工细作和仔细观察，认识到劳动创造价值。

2. 劳动能力：在纸飞机的制作和放飞等过程中，培养学生科学探究意识和积极思考的劳动思维。

3. 劳动精神：通过制作和试飞纸飞机，培养学生不怕困难的劳动精神，感受劳动人民的智慧和劳动创新带来生活的趣味。

4. 劳动习惯：在操作过程中注意安全，按照老师的步骤与规范操作，操作结束将材料清洁后放在相应位置，把台面整理干净。

（三）学习重点

制作纸飞机的方法。

（四）学习难点

探究纸飞机如何飞得更远。

二、教学设计

（一）课前

物品准备：A4 卡纸、彩笔。

安全提示：放飞纸飞机的时候，注意不要跌到。

（二）课中

【课程引入】

同学们，大家看这是什么？（展示纸飞机）

大家会折纸飞机吗?

【课程讲解】

折纸出现的时间不可考证。8 世纪，摩尔人入侵西班牙，把折纸带到了那里；19 世纪后，折纸艺术与自然科学相结合，成为西方教育教学和科学研究的工具。

20 世纪 70—90 年代，折纸技术得到极大的发展，纸张能够被折叠创造出不同类型的动物和人物。既然是讲折纸飞机的历史，肯定也要了解造纸术的发明。大家都知道，是东汉的蔡伦改进了造纸术。

他是如何改进的呢?

102 年，邓绥为皇后，喜欢舞文弄墨，蔡伦做了尚方令，主管宫内御用器物和宫廷御用手工作坊。在此期间，他总结西汉以来的造纸经验，改进了造纸工艺，用树皮、碎布（麻布）、麻头、渔网等原料制出优质纸张。此后，造纸术得到了广泛传播，蔡伦也受到了朝廷的重用。

现代的纸飞机在 1863 年出现在欧洲的儿童图书中，当时叫作纸飞镖。

20 世纪，飞机诞生并不断改进，形状越来越像纸飞镖，于是人们反过来将纸飞镖称为纸飞机。

莱特兄弟造飞机之后的五六年，约翰·K. 诺斯罗普在 1930 年用纸飞机来模拟测试真实飞机的飞行机理。

纸飞机是靠什么飞起来的?

纸飞行的动力来自出手时的动能。纸飞机本身有重量，在飞行的过程中，重量会牵引机身向下掉落，而机翼则会抓住空气，让纸飞机在空气中飘浮。动力、重力加升力，这样纸飞机就能保持稳稳地飞行状态。

在投出后，若是飞机的高度保持不变，而空气阻力会逐渐减缓飞机的速度，此时纸飞机便会用牺牲重力势能的方式换取继续向前运动的动能，所以飞机会慢慢滑行落下来。

玩儿折纸飞机是许多人小时候最受欢迎的一项活动，今天我们也一起叠一架属于自己的纸飞机，比一比谁飞得更远。折纸飞机有好多种方式，我们一起来学习一下。

【淬炼操作】

1. 取 A4 卡纸一张，沿着宽对折后展开，并将对角与折痕对齐。

2. 将尖头一端向内折，且尖头对准中间折痕，三角形底边要超出一点儿。

3. 将三角形底边的两个角对准中间折痕向内折。

4. 将下面的小三角形向外折。

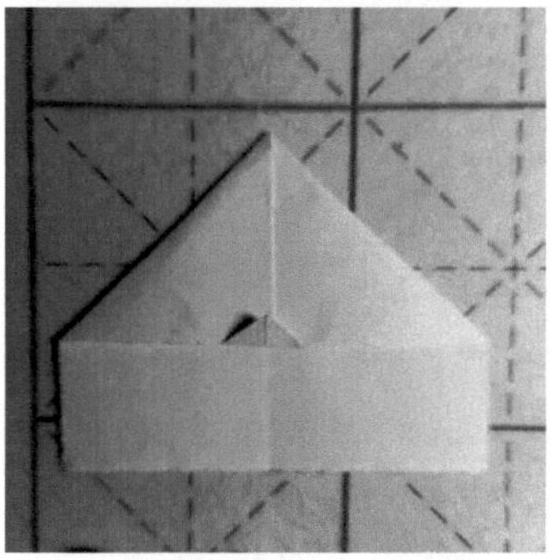

5. 沿中间折痕向反方向对折。

6. 将形状如“三角形 + 长方形”沿上面的尖角向上折，将斜边向“梯形”的底边折。

一个简易的纸飞机就折好啦！

纸飞机完成后，我们可以在机翼上写上自己的梦想装饰一下，然后走到校园内进行试飞，看谁的纸飞机飞得远。

折纸方法拓展：

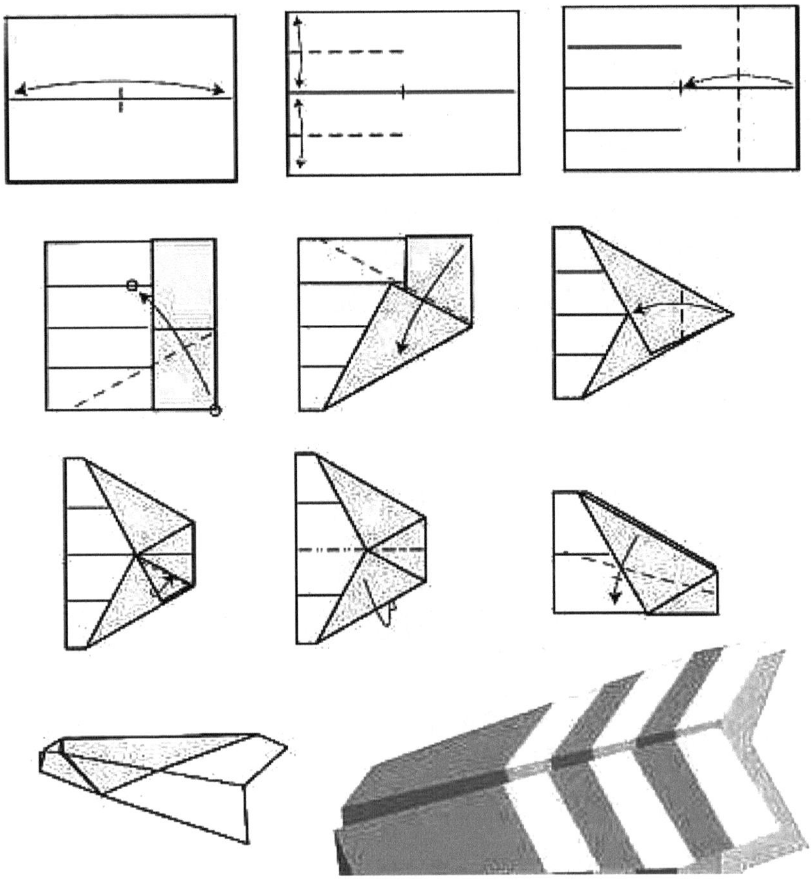

【实践体验】

分发材料，学生操作，老师适时给予指导。

请思考：我的纸飞机为什么飞不起来？为什么我的纸飞机飞得很近？为什么纸飞机在飞行的时候会旋转，是因为我用的纸跟别人不一样吗，还是我折的纸飞机和别人折的纸飞机不是同一种？

【分享总结】

同学们，在操作的过程中，你遇到了哪些困难、发现了哪些问题、有哪些想法，可以和大家分享一下。

【老师结语】

折纸飞机的方法有很多种，我们课下可以探讨一下它们之间的区别。想让纸飞机飞得远有哪些技巧，下次劳动课上可以探讨一下。

（三）课后

折纸飞机的方法有很多，可以尝试多种折法，并对比它们的优劣。

三、学生评价表

学生评价表

评价维度	评价				
	评分内容	分数	自评	互评	师评
劳动观念	认同劳动最光荣、劳动最崇高、劳动最美丽	20			
劳动能力	劳动项目无缺失	10			
	按流程完成任务，符合标准要求	10			
	使用工具熟练，操作过程有效率	10			
	保质保量完成操作	10			
劳动习惯	做到工完场清，完成活动后清理台面、清洗工具、垃圾分类处理	5			
	爱护工具、设备，及时回收，使用后有序存放	5			
	积极参与总结与讨论，学生手册填写清晰、完整	5			
	积极回答问题，有合作意识，劳动氛围融洽	5			
劳动精神	具有崇尚劳动、热爱劳动、辛勤劳动、诚实劳动的精神	20			
总分		100			

四、知识链接

来自波音公司的3人团队，经过近500个小时对折纸和空气动力学进行研究，设计制作的纸飞机，最终于2022年12月2日创造了飞行88米的世界纪录。

纸飞机飞行最远的世界纪录之前是由一个3人小组于2012年4月在韩国创造的，当时的飞行距离是77米。这一纪录已经10多年没有被打破过了。

内森·埃里克森、狄龙·卢布和加勒特·詹森，3人都是密苏里科技大学航空航天工程和机械工程的应届毕业生，都工作于波音公司，他们的设计灵感来自高超声速飞

行器。

3 人团队投入了近 500 个小时进行折纸研究，并依据空气动力学原理进行改进，设计测试多个原型。2022 年 12 月 2 日，他们在美国印第安纳州进行了测试，并且在狄龙·卢布的第三次投掷中达到 88 米的世界纪录。

3 人表示，他们从各种高超声速飞机中收集灵感，专注于速度和最小化阻力的设计，以便纸飞机能够在短时间内飞行很远的距离。除了找到纸飞机的最佳设计，该团队还发现，与地面大约 40 度的仰角，尽可能地用力投掷，达到相对高的速度，才能达到最远的飞行距离。

在这次打破距离纪录的飞行中，纸飞机在空中飞行了大约 6 秒，而在吉尼斯世界纪录中，纸飞机最长飞行时间是 29. 2 秒。卢布表示，以长时间飞行为目标的设计与追求以低阻力为目标的设计是完全不同的，增加翼长和降低高宽比是创造低阻力纸飞机的第一步。

这几位工程师都是折纸运动的爱好者，在中学时就开始了他们的纸飞机研究，还曾经参加过波音公司举行的纸飞机活动。卢布说，他很喜欢让每一张纸有生命动力，也喜欢不停试验并努力寻找改进设计的方法。

这个破纪录的团队希望他们的成果能激励其他年轻且有抱负的航空航天工程师去追逐他们的梦想。

传统手工制作——串珠手链

一、课程概况

（一）课程时长

2 课时。

（二）学习目标

1. 劳动观念：在串手链的过程中引导、启发学生的创造性思维，培养学生在劳动中不断创新的劳动观念。

2. 劳动能力：通过学生的反复练习，在头脑中形成编绳的结构模型，形成空间立体思维能力，同时通过观察和思考，促进手眼协调。

3. 劳动精神：增进对传统手工技艺的热爱，培养精益求精的劳动精神。

4. 劳动习惯：在操作过程中注意安全，按照老师的步骤与规范操作，操作结束将材料清洁后放在相应位置，把台面整理干净。

（三）学习重点

串珠链的基本手法。

（四）学习难点

打结与开头部分的编织。

二、教学设计

（一）课前

物品准备：彩珠、五彩绳、剪刀。

安全提示：在操作过程中注意安全，剪刀不要剪到手或者伤到其他同学。

（二）课中

【课程引入】

（老师通过展示漂亮的手链样品，如彩色珠子、贝壳、小饰品等，激发学生的兴趣和好奇心。可以使用幻灯片或实物进行展示。）

同学们，你们喜欢戴手链吗？为什么喜欢戴手链？你们有没有自己制作过手链？（互动）

【课程讲解】

通过观察，我们发现手链就是用绳子将不同材质的物品编织在一起，其中开头和结尾的地方会用到绳结。

说到绳结大家都知道，最能代表中国编织的就是我们常见的中国结。中国结以红色为主，寓意是吉祥如意。

中国结含有独特的东方神韵和丰富的变化，体现了中国人民的智慧和深厚的文化底蕴，是深受大众喜爱的传统装饰饰物。中国的编织文化是从什么时候开始的呢？中国结又是如何产生的呢？

从远古先民开始用兽皮遮体的时候，就用绳子做辅助了，绳子打结能帮助固定兽皮。在汉字诞生之前，人们记录事情是用绳子打结的方式。绳结的粗细、大小、间距都是传递、记录事情的方法。不同的绳结方式蕴含不同的信息，这也是当今各种样式中国结和其对应寓意的前身了。

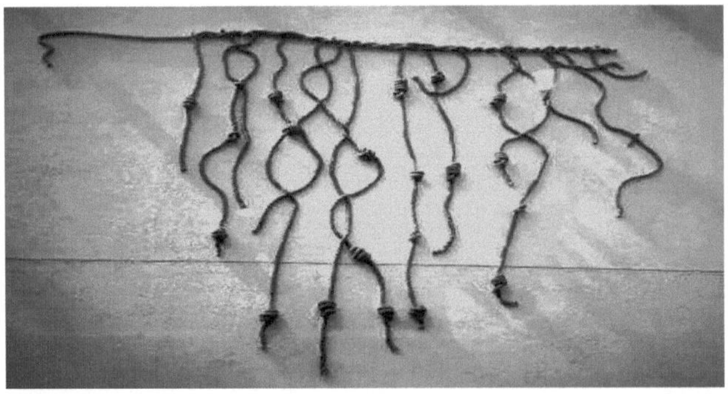

绳结对于中国古代人的生活有很多实用性。玉佩上都钻有小圆孔，以便于穿过线绳，要想将玉佩牢牢系在衣服上，就需要打结，或者要想将多个玉佩挂在一起，也是用绳结的方式比较合适。古代的铜镜背面也常有系绳之地，这是为了拿着的时候方便，或者挂在某个地方就可以使用，提升了使用的便捷性。

慢慢的人们发现，结绳不仅实用还很美观。于是，大家开始研究加强绳结的变化和装饰的功能，从而不断设计出更加精致、巧妙且结形变化多端的结子来。这些装饰品放在不同的场合呈现出不同的寓意，如长寿安康、团圆美满、幸福吉祥、喜庆欢乐等，这些都是人们对于生活的美好愿望。

清代时，中国的绳结及其编织技艺发展为一门艺术，花样繁多，手艺熟练，应用广泛。现代对其进行了传承和创新，最终发展出绳结文化，这体现出中华民族文化的渊博深邃。

我们为什么会佩戴戒指或者手链等配饰呢？

在原始社会，这是生存的需要。人类为了避免猛兽的伤害，常常把兽皮、犄角等东西佩挂在自己的头上、胳膊上、手腕上或脚踝上，为的是假扮成它们的同类或者是把这些物品作为武器在进行一些防御性的动作时使用。挂在脖子上、腰上或手腕上的小砾石、小动物骨头或兽齿，是为了计数或记事的需要。牙、坚硬的骨骼以及美丽的皮毛还是强者的象征，只有那些勇敢的人类才能杀死猛兽，戴上这些战利品，这是荣誉的象征。因为勇敢和强大会受到追捧，所以手链类的饰品慢慢被流传下来。

今天，老师就教大家编织手链。

【淬炼操作】

1. 拿出准备好的材料。

2. 我们今天制作的是串珠手链，需要将绳子裁剪成适合佩戴的长度，可以在自己的手腕上量一下，要多出 5 厘米，这样佩戴起来更方便、舒适。

3. 将彩珠用五彩绳穿起来，在结尾处用一根绳固定住珠子，使其不再滑动。

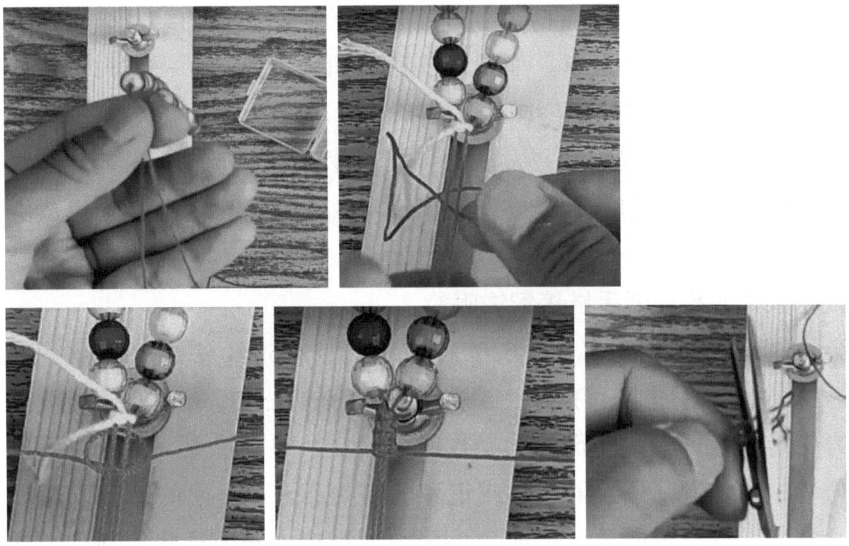

4. 用平结编织方法结尾。

5. 先取一根线放在主轴线下面。把右边线压主轴线放到左边。左边线压右边线。右边线从主轴线下面穿出，再从圈里穿上来。抽两边线，拉紧整理。左边一次、右边一次，反复多次。

6. 留出可以伸缩的长度，在绳子尾端打结，最后将多余的线剪断。

编织手链需要两人一组合作完成，一人撑线、一人编织，这样方便编织。

【实践体验】

分发材料，学生操作，老师适时给予指导。

【分享总结】

同学们，在操作的过程中，你遇到了哪些困难、发现了哪些问题、有哪些想法，可以和大家分享一下。

【老师结语】

同学们，我们来回顾一下都学到了什么？这节课我们了解了绳结在中国的发展历程、手链的寓意和编织手链的基本手法。同学们通过学习简单的编织方法就可以制作出美丽的饰品。今天我们学习的是基础编法，以后经过努力学习，我们也可以完成更多、更复杂的作品。

（三）课后

课后可学习不同绳结的编织方法，编织一款独一无二的手链，送给我们的家人，表达我们的祝福。

三、学生评价表

学生评价表

评价维度	评价				
	评分内容	分数	自评	互评	师评
劳动观念	认同劳动最光荣、劳动最崇高、劳动最美丽	20			
劳动能力	劳动项目无缺失	10			
	按流程完成任务，符合标准要求	10			
	使用工具熟练，操作过程有效率	10			
	保质保量完成操作	10			
劳动习惯	做到工完场清，完成活动后清理台面、清洗工具、垃圾分类处理	5			
	爱护工具、设备，及时回收，使用后有序存放	5			
	积极参与总结与讨论，学生手册填写清晰、完整	5			
	积极回答问题，有合作意识，劳动氛围融洽	5			
劳动精神	具有崇尚劳动、热爱劳动、辛勤劳动、诚实劳动的精神	20			
总分		100			

四、知识链接

我们可以选择不同材质的线来编织手链，不同的材质展现出的效果和风格也各不相同。混搭也是非常好的一种形式。在编织手链时，可以根据自己要编织的手链风格与舒适性等，选择材质、粗细、色泽合适的编织绳。

下面我们来认识几种线绳的特质。蜡线，外层有蜡样光泽，线头可用小火加热烧粘，比较硬朗，容易塑性。棉线，天然亲肤，佩戴更舒适。麻绳，佩戴不是很舒服，有毛躁感，不推荐用于制作手链。皮绳，有圆的也有扁的，颜色复古，有很好的装饰作用，形态也易调节。

传统手工制作——剪窗花

一、课程概况

（一）课程时长

2 课时。

（二）学习目标

1. 劳动观念：了解剪纸的历史与剪纸技艺的发展，感受劳动人民的智慧，培养劳动光荣、劳动者可敬的劳动观念。

2. 劳动能力：在剪纸学习中，掌握剪窗花的基本技能和技法，加入自己的创新和创意。

3. 劳动精神：通过对剪纸艺术的了解，弘扬创新精神。

4. 劳动习惯：在操作过程中注意安全，按照老师的步骤与规范操作，操作结束将材料清洁后放在相应位置，把台面整理干净。

（三）学习重点

通过剪纸了解民俗文化和剪纸技艺。

（四）学习难点

掌握剪纸的技巧，熟练完成一件作品。

二、教学设计

（一）课前

物品准备：彩纸、剪刀、铅笔、橡皮。

安全提示：规范使用工具，使用剪刀时不要剪到手，不能用剪刀在教室中挥舞，同学之间应保持安全距离，使用完剪刀后要放到指定的位置。

（二）课中

【课程引入】

同学们，你们看这个窗花作品漂亮吗？能看出是什么图案吗？它是怎么创作出来的呢？（互动）

【课程讲解】

我们今天要体验剪窗花。下面，我们先了解一下剪纸的历史并欣赏漂亮的剪纸作品。

中国剪纸艺术是一门古老的手工艺术，是我们中华民族文化的传承。中国的剪纸起源于西汉。据说，汉武帝的宠妃李氏去世后，为了表达思念之情，汉武帝就用当时麻纤维造的纸，请术士剪了李妃的影像带在身边，就像李妃还在世一样。这就无意中创作出最早的剪纸。

战国时期，用皮革镂花、银箔镂空刻花；宋、元以后，在春节的时候剪窗花迎春，人们不仅自己张贴，还会相互赠送自己剪的窗花给亲朋好友。人们用剪纸表达庆贺春天来临的喜悦心情。这也是后来春节剪窗花的由来。

还有一些关于窗花的神话传说。一种说法是，在远古时期，鸾鹘鸟保护着一方百姓，但在第七年的时候，这种鸟没有飞来，于是猛兽出现伤害民众。这时，一种叫作“重明”的神鸟来临，战胜了四方猛兽。百姓非常崇敬它，但它不是一直都在，它不在的时候怎么办呢？人们就想到一种方法——将“重明”神鸟的形象雕刻成金鸟或者木鸟放在窗户上。鬼怪猛兽看见了很害怕，不敢侵扰这些家宅，人们慢慢就把这一习俗流传下来，让神鸟保佑大家平安。

另一种说法是，当年姜太公封神时，没有给自己留位置，元始天尊提议让他在人间守护人类，封为“窗神”。春节的时候人们会在窗户上贴“姜太公在此诸神回避”的红纸条，意图吉祥。当然，这些神话故事只是传说，表达的依然是人们祈求平安生活的愿望。后来，剪纸逐渐演化成一种民间习俗，窗花的样式越来越多，也越来越具有观赏性。

大家都听说过女红，剪纸也是我国古代女子必须掌握的技能之一，是展现自己能力的途径。女性要从自己的母亲或长辈那里学习基本技巧，然后不断创作出新的作品，再延续给下一代的女性继续传承。

现代的窗花内容丰富、题材广泛，还有很多生活场景，如耕种、纺织、打鱼、牧羊、喂猪、养鸡等。窗花代表了人们对于美好生活的向往及祈求吉祥如意的美好愿望，同时将节日装点得喜气洋洋，更有仪式感。

我们国家幅员辽阔，南北方在窗花剪纸上也有不同的风格。南方以精致为主，玲珑剔透；北方则相对朴实生动，浑然天成。现在南方更多的是在结婚的时候贴上代表喜庆的窗花，过春节的时候贴的比较少，而北方还一直延续着春节贴窗花的习俗。

今天，老师就教大家学习剪窗花。

【淬炼操作】

1. 将彩纸按照下图的方式折叠后，会多出一个长方形的部分。

2. 将多出部分剪掉，得到一个正方形。

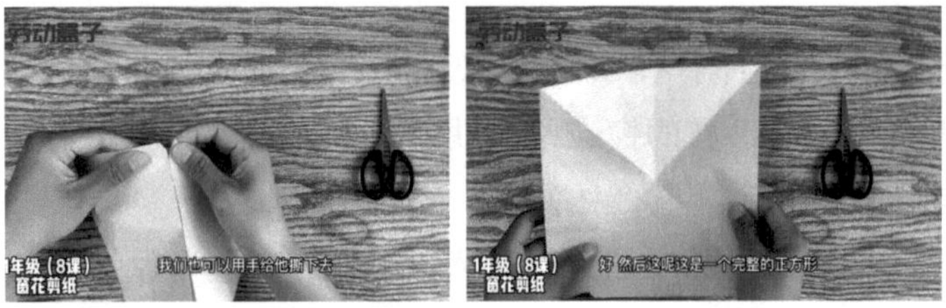

3. 将正方形折成一个三角形，再如下图所示进行折叠，将三角形两边向中心折叠，边与边对齐，沿中间线再次对折。

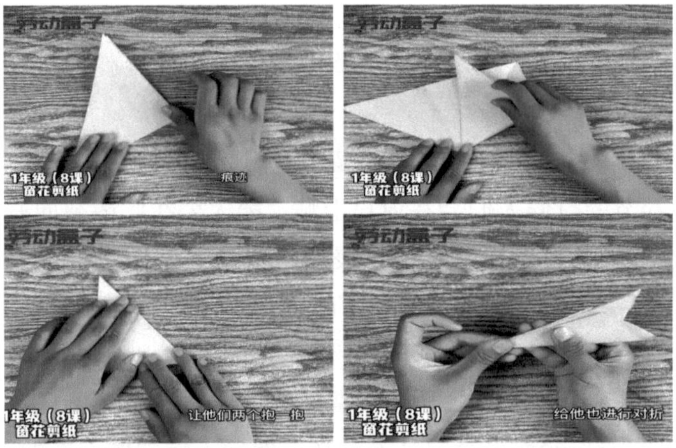

4. 在折好的纸上画出图案，想要什么样的图案，我们只需要画出一部分就可以了。

5. 用剪刀沿着图案边缘剪掉一部分。

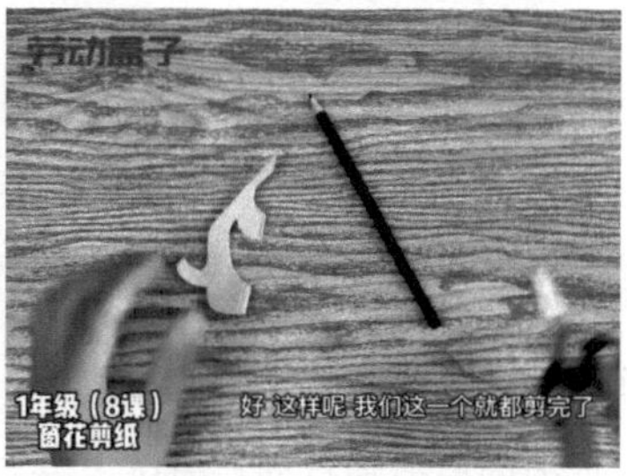

6. 将剪好的图案轻轻打开，就可以得到一个漂亮的窗花了。

大家还可以尝试不同的图案，前面的步骤相同，就是在画图时有所变化，剪掉的部分不相同，就会呈现出不同的窗花图案。让我们把剪好的窗花贴在窗户上吧。

【实践体验】

分发材料，学生操作，老师适时给予指导。

【分享总结】

同学们，在操作的过程中，你遇到了哪些困难、发现了哪些问题、有哪些想法，可以和大家分享一下。

【老师结语】

通过本次活动，同学们了解了剪纸文化、窗花的由来及发展历程，作为一种中国传统的民间艺术，它历史悠久，有着丰厚的生活积淀与底蕴，体现了中华民族独特的审美观念和民族艺术特色。我们这次开展剪纸艺术活动，既锻炼了大家的动手能力，还提高了对剪纸的兴趣，也是对中国传统艺术的一种传承。

（三）课后

完成实践手册，练习剪窗花，创造更多的花样，在节日来临时对家里进行装饰。

三、学生评价表

学生评价表

评价维度	评价				
	评分内容	分数	自评	互评	师评
劳动观念	认同劳动最光荣、劳动最崇高、劳动最美丽	20			
劳动能力	劳动项目无缺失	10			
	按流程完成任务，符合标准要求	10			
	使用工具熟练，操作过程有效率	10			
	保质保量完成操作	10			
劳动习惯	做到工完场清，完成活动后清理台面、清洗工具、垃圾分类处理	5			
	爱护工具、设备，及时回收，使用后有序存放	5			
	积极参与总结与讨论，学生手册填写清晰、完整	5			
	积极回答问题，有合作意识，劳动氛围融洽	5			
劳动精神	具有崇尚劳动、热爱劳动、辛勤劳动、诚实劳动的精神	20			
总分		100			

四、知识链接

河北省蔚县剪纸，也称“窗花”，起源于明代，因风格独特，在国内外享有盛誉。其在构图、色彩的运用、手工技法等方面艺术风格独树一帜，被誉为华夏剪纸之最，是国家级非物质文化遗产。早期的蔚县剪纸曾作为花鞋、荷包、枕头上刺绣用的花样，后来以刻代剪，以薄薄的宣纸为原料，拿小雕刀刻制再进行染色，主要还是作为窗花使用。在创作内容上，其涉及范围比较广，有花鸟鱼虫、戏曲人物及脸谱等，色彩鲜艳明快。

二年级

❖ 生活劳动

清洁与卫生——洗手绢

一、课程概况

（一）课程时长

1 课时。

（二）学习目标

1. 劳动观念：通过洗手绢的实操，感受劳动的乐趣，懂得自己的事情自己做的道理，从而更加热爱劳动。

2. 劳动能力：掌握洗手绢的方法，通过洗手绢培养动手能力和对生活技能的基础认识，养成积极探索、认真实践的能力。

3. 劳动精神：通过洗手绢的实操，感受劳动人民的智慧和劳动创新带给生活的趣味。

4. 劳动习惯：在操作过程中注意安全，按照老师的步骤与规范操作，操作结束将材料清洁后放在相应位置，把台面整理干净。

（三）学习重点

手绢的清洗方法。

（四）学习难点

重点部位的清洗。

二、教学设计

（一）课前

物品准备：脏手绢、盆、肥皂、抹布、晾晒手帕的架子、夹子、水。

安全提示：规范使用工具，注意安全。

（二）课中

【课程引入】

师：同学们，现在如果擦鼻涕、擦汗，你们都用什么呀？

生：纸巾。

师：那你们知道在没有纸巾的年代里，人们用什么来擦鼻涕、擦汗吗？

【课程讲解】

手绢，也叫手帕，最初由头巾演化而来，是人们随身携带的方形小块织物，用来擦汗或擦鼻涕等。很多年前，手绢在我们的生活中可扮演着“大”角色，无论男女老少，擦汗、抹嘴甚至装扮都离不开它。20 世纪七八十年代，女孩子用手绢在长发上扎个蝴蝶结作装饰，那可是相当时尚的。

大家听过一首儿歌吗？

“丢、丢、丢手绢，轻轻地放在小朋友的后面，大家不要告诉他，快点快点抓住他……”

“丢手绢”的游戏陪伴无数人度过了快乐的童年。然而，数十年后的今天，在纸巾遍地的社会里，手绢真的被许多人从日常生活里“丢”掉了。

用纸巾虽然更加方便，但是无节制地使用纸巾有三大害处：一是消耗大量的森林资源，生产 1 吨纸巾需要砍伐 17 颗 10 年以上树龄的大树；二是纸巾的一次性使用会产生大量垃圾，造成环境污染；三是部分纸巾含有荧光增白剂、氯等有害健康的物质。

手绢可以循环利用，随身携带。

为了环保和节约森林资源，“少用纸巾，多用手绢”已经成为世界潮流。而且相对纸巾而言，手绢的优势是很明显的——手绢美观大方、吸油吸汗、卫生、没有纸巾漂白等问题的困扰，还可以循环利用。不过手绢用过之后需要清洗。今天，我们就学习如何洗手绢。

【淬炼操作】

1. 将手绢放在盛有水的盆里浸湿。

2. 把手绢取出后擦上肥皂，注意所有地方都要粘上肥皂，要把肥皂擦匀。

3. 两手将手绢来回搓洗，脏的地方要多搓几下。

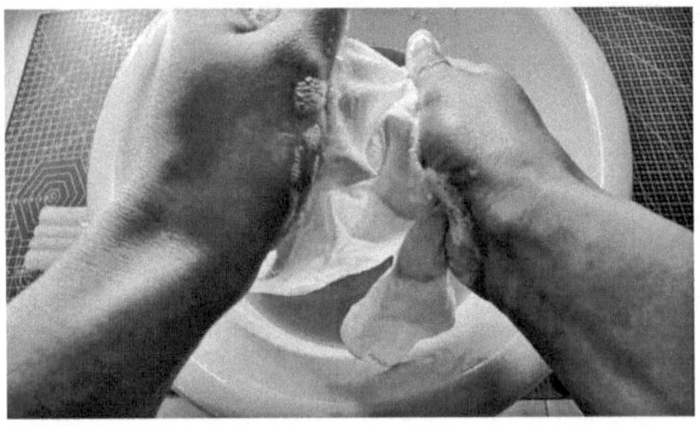 

4. 手绢搓洗干净之后倒掉脏水，换上清水，漂洗手绢。

5. 为了把手绢漂洗干净，要多漂洗几遍，水清为止。

6. 把手绢拧干。

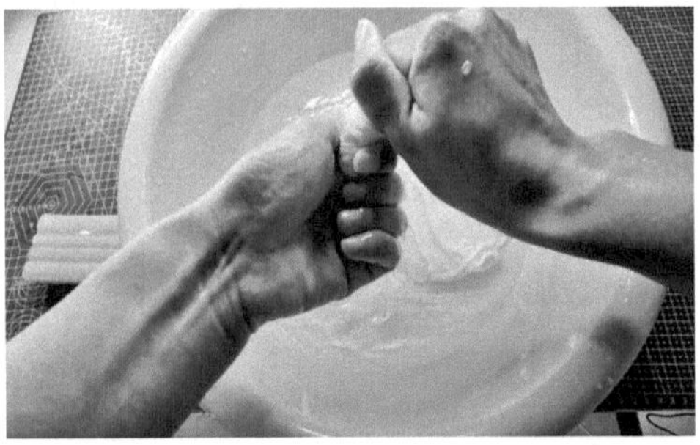

7. 手绢洗好后要进行晾晒，晒的时候要将手绢展开、拉平，晾在晒衣干上，再用夹子夹住，不然会被风吹掉。

8. 把脏水倒掉，物品放回原位，用抹布清洁台面。

让我们回忆一下刚才洗手绢的过程。

清洗流程：打水—浸泡—搓皂—揉搓—漂洗—拧干—晾晒—倒水—清洁台面。

洁净程度：手绢清洗干净、无污渍。

【实践体验】

学生操作洗手绢，老师适时给予指导。

【分享总结】

请同学们介绍自己洗手绢过程中的感受和收获。

【老师结语】

这节课我们一起学会了洗手绢，也感受到了劳动的乐趣。老师希望大家养成使用手绢和勤洗手绢的好习惯，并且今后能学会自己的事情自己做，比如今天做“丢手绢”游戏的时候，有的同学裤子弄脏了，回家后可以试着自己洗洗。我们每位同学都要做一个讲卫生、爱劳动的好孩子。

（三）课后

利用洗手绢的方法，清洗自己或家人的袜子。

三、学生评价表

学生评价表

评价维度	评价				
	评分内容	分数	自评	互评	师评
劳动观念	认同劳动最光荣、劳动最崇高、劳动最美丽	20			
劳动能力	劳动项目无缺失	10			
	按流程完成任务，符合标准要求	10			
	使用工具熟练，操作过程有效率	10			
	保质保量完成操作	10			
劳动习惯	做到工完场清，完成活动后清理台面、清洗工具、垃圾分类处理	5			
	爱护工具、设备，及时回收，使用后有序存放	5			
	积极参与总结与讨论，学生手册填写清晰、完整	5			
	积极回答问题，有合作意识，劳动氛围融洽	5			
劳动精神	具有崇尚劳动、热爱劳动、辛勤劳动、诚实劳动的精神	20			
总分		100			

清洁与卫生——自制天然清洁剂

一、课程概况

（一）课程时长

1 课时。

（二）学习目标

1. 劳动观念：通过了解并制作无患子清洁剂培养学生正确的劳动观念，让学生感受劳动的价值。

2. 劳动能力：在实操过程中培养学生对未知的探索能力，提升动手能力。

3. 劳动精神：通过自制天然清洁剂培养学生自觉劳动、勇于创造的劳动精神，使其具备满足生存发展的基本劳动能力。

4. 劳动习惯：通过劳动体验培养学生节约资源的好习惯和环保意识。

（三）学习重点

认识无患子。

（四）学习难点

制作清洁剂。

二、教学设计

（一）课前

物品准备：温水、盆、无患子、起泡网。

安全提示：泡沫不要弄到眼睛里。

（二）课中

【课程引入】

同学们，大家平时在家里都会用到哪些清洁用品呢？

清洁一般会用到清洁工具和清洁剂，如拖把、抹布、垃圾袋、滚毛粘、垃圾桶、纸巾、扫把等是清洁工具；洗洁精、洁厕灵、洗衣粉、香皂、玻璃水等是清洁剂。

大家知道这些清洁剂的成分是什么吗？

清洁剂很多都含有化学成分，化学清洁用品是比较危险的，因为很多化学物质不仅会对环境造成污染而且还会危害人体健康。

那有没有绿色、安全的清洁剂呢？

今天，我们就用植物来提取一种清洁剂。这种植物就是我们本节课的主角——无患子。

【课程讲解】

无患子是无患子科无患子属木本植物，又名菩提果、肥皂树等，它生长在中国的南方地区，尤其是贵州、云南等地。无患子树通常高大挺拔，叶子呈羽状复叶，花小而白，果实呈圆形，外表光滑呈浅黄色或淡灰色，干后呈黑色；花期 5—6 月，果期 10—11 月。

无患子木被佛家认为具有降服大力鬼神的法力，以无患子木制成的木棒可除魔杀鬼，故得名“无患”，又称“鬼见愁”。

无患子“全身是宝”，除了是优秀的观赏植物以外，它的果皮、果核、种子、木材等都有利用价值。果皮可制作成“天然无公害清洁剂”，用于日常洗涤；果核可用于制作天然工艺品及佛教念珠；无患子种仁含油量高，可用来提取油脂，制造天然滑润油；木材可以制作成箱板。

无患子不可以食用，它是绿化的优良观叶、观果树种，是工业城市生态绿化的首选树种，也可作庭院景观树或行道树。果核可制成工艺品；种仁可提取油脂，用于制造润滑油或生物柴油。但是经过专业处理，无患子是可以入药的。

无患子的果皮含无患子皂苷等三枯皂苷，可用于日常洗涤，包括餐具清洁、洗头、皮肤保健等，但是有些人可能会过敏。

今天，我们就来看看如何用无患子制作清洁剂。

【淬炼操作】

1. 准备一盆温水，水温大概在 50 ℃—60 ℃。

2. 把 3—4 个无患子装进起泡网中，扎好口。

3. 用水浸泡装有无患子的起泡网 10 分钟，直接揉搓，会发现有大量细密的泡沫产生。

【实践体验】

分发材料，学生操作，老师适时给予指导。

【分享总结】

同学们，在操作的过程中，你遇到了哪些困难、发现了哪些问题、有哪些想法，可以和大家分享一下。

【老师结语】

我们今天认识了无患子，一种天然的清洁剂，而清洁剂也是我们生活中不可缺少的一部分，学会利用无患子自制天然清洁剂既环保又健康。

（三）课后

将无患子清洁剂应用到生活中。

三、学生评价表

学生评价表

评价维度	评价				
	评分内容	分数	自评	互评	师评
劳动观念	认同劳动最光荣、劳动最崇高、劳动最美丽	20			
劳动能力	劳动项目无缺失	10			
	按流程完成任务，符合标准要求	10			
	使用工具熟练，操作过程有效率	10			
	保质保量完成操作	10			
劳动习惯	做到工完场清，完成活动后清理台面、清洗工具、垃圾分类处理	5			
	爱护工具、设备，及时回收，使用后有序存放	5			
	积极参与总结与讨论，学生手册填写清晰、完整	5			
	积极回答问题，有合作意识，劳动氛围融洽	5			
劳动精神	具有崇尚劳动、热爱劳动、辛勤劳动、诚实劳动的精神	20			
总分		100			

四、知识链接

《从百草园到三味书屋》是鲁迅 1926 年写的一篇对童年妙趣生活的回忆性散文。你知道吗？文中提到的高大的皂荚树也可以用来做清洁用品。

皂荚能做成肥皂。皂荚中含有皂苷成分，有起泡、去污等功效，且比真正的肥皂耐硬水，不含碱性，对丝毛织物无损伤。宋代时出现了一种人工合成的洗涤剂，就是将天然皂荚捣碎细研，加入各种药用的花瓣粉末，做成球形专供洗面浴身之用。有的直接将皂荚用水蒸煮后加入药用的花瓣，用于泡浴。

皂角则可以用于洗头发，但应适量使用。

在《本草纲目》中记载了皂角的功效：去屑止痒、消肿祛毒。有些人认为皂角对头油较多、头皮屑等有一定的作用。

使用皂角洗头发时，需要先准备好晒干的皂角，捣碎后备用。锅中放入水和皂角，加热熬煮至汤汁变成棕褐色，此时就可以用熬煮好的皂角液洗头发了。

每次洗头发时，用的皂角量不宜过多，过多会刺激头皮，适得其反，出现不必要的刺激或过敏现象。

烹饪与营养——发豆芽

一、课程概况

（一）课程时长

1 课时。

（二）学习目标

1. 劳动观念：通过自己的辛勤劳动培育出豆芽，让学生感受到劳动创造价值，崇尚劳动、热爱劳动，培养积极实践、勇于克服困难的劳动观念。

2. 劳动能力：学会发豆芽的方法，激发动手实践的兴趣，培养观察能力，增强团结协作的集体意识。

3. 劳动精神：通过照顾豆芽，培养学生持之以恒的劳动精神。

4. 劳动习惯：在操作过程中养成及时整理工具、专注做事等劳动习惯。

（三）学习重点

了解豆芽的前世今生，并掌握发豆芽的方法。

（四）学习难点

解剖绿豆，认识绿豆的结构。

二、教学设计

（一）课前

物品准备：绿豆、有孔的盒子、无纺布、黑色塑料袋、水。

安全提示：用水时不要洒到地上，以免地面湿滑摔倒。

（二）课中

【课程引入】

大家都吃过豆芽吗？

豆芽，在中国老百姓的餐桌上是最普通不过的蔬菜，炒菜煮汤、榨汁凉拌均可。豆芽在很多人印象中可能是蔬菜中的“弱小子”，形容一个人身材弱小，都要说他“长得像根豆芽菜”。不过，别看这豆芽细细弱弱，可是古今通吃的宝贝。

先说来历吧，豆芽与豆腐、面酱和面筋一起被称为“中国食品四大发明”，因其晶莹皎白、身姿窈窕，被明人赞为“冰肌玉质”“白龙之须”，加之形似一柄如意，所以也叫如意菜。

你们知道豆芽是怎么“种”出来的吗？

今天，我们就来了解绿豆并体验发绿豆芽。

【课程讲解】

绿豆又名青小豆，因其颜色青绿而得名，在我国已有2000余年的栽培史，是我国人民的传统豆类食物。据考证，早在商周时期，我们的祖先就开始种植绿豆了。

屈原的《离骚》中，就有对绿豆的记载。绿豆首载于《开宝本草》，称其：味甘，性寒，归心、胃经，具清热、解毒、消暑、利尿等功效。由于它营养丰富，用途较多，李时珍称其为“菜中佳品”。

绿豆在中国各地均有栽培。绿豆饮品是夏令饮食中的上品，盛夏酷暑，人们喝些绿豆粥，甘凉可口，解暑消热。

因绿豆营养丰富，可作豆粥、豆饭、豆酒，或发芽做菜，故有“食中佳品，济世长谷”之称。

现在我们取一颗绿豆进行观察。

先是外部观察：取一颗浸软的绿豆，观察其外形，如种脐、种孔、种皮等。

再是内部结构观察：用手去解剖绿豆，并观察其内部结构。先将种皮剥下来，露出里面的胚。小心地掰开两个豆瓣，注意分辨两个豆瓣是否相连，区分出胚芽、胚根等，中间相连的部分是胚轴。

我们吃绿豆芽主要吃的是什么？——我们吃绿豆芽主要吃的是下胚轴。

在种子的萌发过程中，胚根首先突破种皮，最终发育成幼苗的主根；胚芽最终发育成茎和叶；胚轴最终发育成连接茎和根的部分，即豆芽的白嫩部分。所以，我们吃绿豆芽主要吃的是下胚轴。

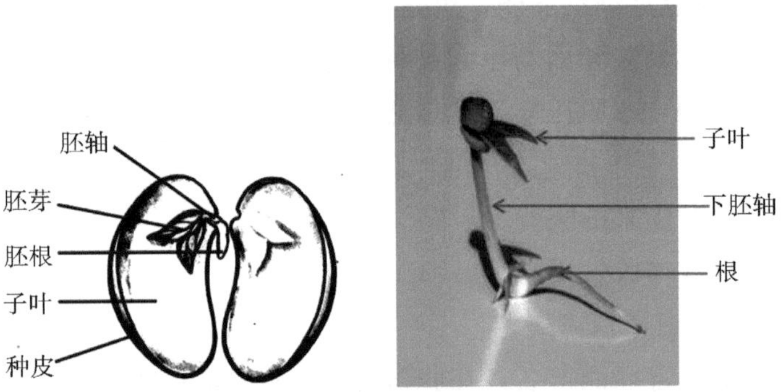

绿豆在发芽的过程中，维生素 C 会增加很多，而且部分蛋白质会分解为各种人体所需的氨基酸，甚至可达到绿豆原含量的 7 倍。所以，绿豆芽的营养价值比绿豆还大。

【淬炼操作】

1. 挑选颗粒饱满、新鲜不回潮的绿豆。可能偶尔会有一些不完整或者坏的绿豆，仔细挑拣一下，避免它们在发的过程中影响其他绿豆发芽。挑拣好后清洗两遍。

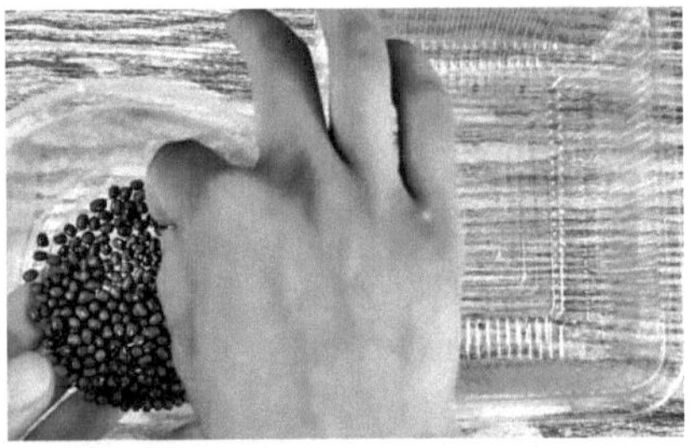

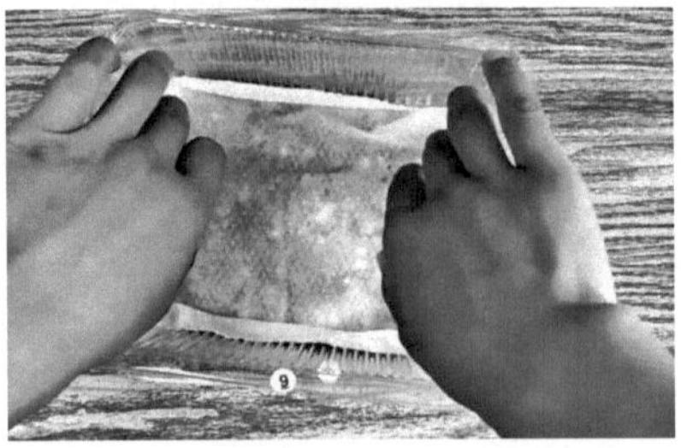

2. 将绿豆放入清水浸泡，水要没过绿豆，浸泡后等待一段时间让绿豆完全吸收水分，你会发现绿豆变大很多。

3. 把泡绿豆的水倒掉，准备一个有孔的盒子，有孔容器利于渗水透气，发豆芽时不会坏掉。将绿豆放入盒子内，平铺，不要堆太多。

4. 放好后取一块干净的布，将布用凉水浸湿，盖在绿豆表面。

5. 给布表面喷水，处理好后，用一个黑色塑料袋盖住，这样做的目的是让绿豆芽不接触到光，如果接触到光的话，很容易发红，吃起来发苦，难看又难吃。

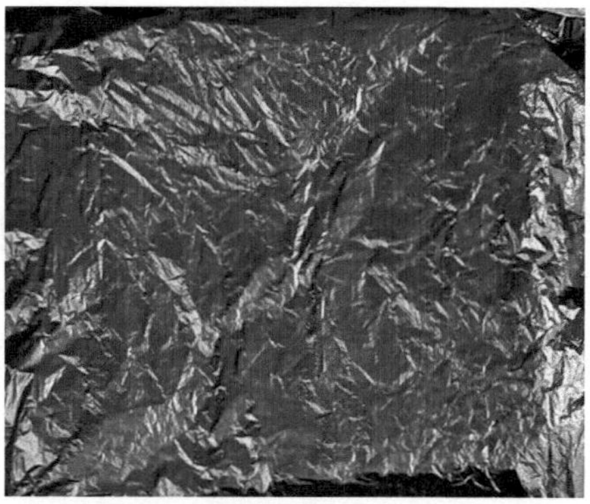

6. 将盒子放在阴凉的角落，记得每天一早一晚喷水，喷水的时候不要好奇心作祟去看豆芽，因为那样会让豆芽遇光变色。喷好水后，等到没有水渗下去了，再将底部的托盘拿走，将水倒掉，这个细节别忘了，不然豆芽容易臭掉。

7. 就这样一直重复这些动作，直到三四天之后，豆芽就长高了。这说明绿豆芽发好了，取出来清洗一下做菜吃，干净卫生、零添加剂，脆爽可口有营养。

【实践体验】

提前分发材料让学生浸泡绿豆，课上再操作其他步骤，老师适时给予指导。

后期管理要点如下。

1. 发绿豆芽要用有孔的容器，有利于渗水透气，不会坏掉。

2. 发绿豆芽每天都要喷水，底部渗出的水要及时倒掉，这样绿豆芽才不会坏。

3. 发绿豆芽要避光，否则的话会变色，绿豆芽难吃。

4. 绿豆的种子属于喜温、耐热的蔬菜作物种子，其豆种发芽时的最低温度为 10 ℃，最适宜温度为 21 ℃—27 ℃，不宜超过 32 ℃。育芽中，可采用喷水的办法调节温度。

【分享总结】

同学们，在操作的过程中，你遇到了哪些困难、发现了哪些问题、有哪些想法，可以和大家分享一下。

【老师结语】

今天，我们了解了绿豆的前世今生，并自己操作了发豆芽的第一步，但这只是开始，我们要持续观察、记录豆芽的生长过程，感受自己发豆芽的乐趣。最后，希望大家都能种植出健康、美味的豆芽，为我们的饮食增添一份健康和快乐。

（三）课后

豆芽美食制作大比拼，采收豆芽进行美食制作。

三、学生评价表

学生评价表

评价维度	评价				
	评分内容	分数	自评	互评	师评
劳动观念	认同劳动最光荣、劳动最崇高、劳动最美丽	20			
劳动能力	劳动项目无缺失	10			
	按流程完成任务，符合标准要求	10			
	使用工具熟练，操作过程有效率	10			
	保质保量完成操作	10			
劳动习惯	做到工完场清，完成活动后清理台面、清洗工具、垃圾分类处理	5			
	爱护工具、设备，及时回收，使用后有序存放	5			
	积极参与总结与讨论，学生手册填写清晰、完整	5			
	积极回答问题，有合作意识，劳动氛围融洽	5			
劳动精神	具有崇尚劳动、热爱劳动、辛勤劳动、诚实劳动的精神	20			
总分		100			

四、知识链接

黄豆芽和绿豆芽虽说都是豆芽，长得也很像，但是它们之间的区别还不小，主要集中在下面三点。

一是外观不同。黄豆芽和绿豆芽在外观上的区别，主要是豆瓣的大小和根部的粗细不同。黄豆芽看上去豆瓣比较大，根部比较粗壮；绿豆芽看上去豆瓣比较小，根部比较纤细。这是由于黄豆本身就比绿豆大一些，所以泡发后豆瓣也会比较大。

关于豆瓣的颜色，虽然绿豆芽里带了个“绿”字，但它的豆瓣颜色也是黄色的。

如果看到市面上有些豆芽的豆瓣是绿色的，那是因为黄豆芽在发芽的过程中见了光，发生了光合作用，所以会变绿。

二是营养价值不同。黄豆芽和绿豆芽中含有的营养成分基本相同，但是具体到某种营养成分的量上，却有很多不同。总体来说，黄豆芽的各项成分含量都远远高于绿豆芽，从营养价值上看更胜一筹。绿豆芽唯一的优势就是热量和脂肪含量比较低。

三是适合的烹饪方式不同。绿豆芽的含水量比黄豆芽高很多，吃起来口感较软，不适合久炒，通常用于做凉拌菜或者做炒面、炒饭的配菜；黄豆芽吃起来口感比较清脆，没绿豆芽那么容易熟，需要的烹饪时间也更多一些，适合煲汤，或者做各种荤类食材的配菜，如水煮牛肉、水煮鱼、涮火锅等。

说到这，同学们可能会冒出个疑问，豆类有黄豆、绿豆、黑豆和红豆，为什么市场上只有黄豆芽和绿豆芽卖，很少看到黑豆芽和红豆芽。这是因为黄豆和绿豆的发芽成功率比较高，生产成本较低，所以大家更愿意卖物美价廉的黄豆芽和绿豆芽。而红豆和黑豆的出芽成功率比较低，考虑到成本问题，很多菜贩子并不愿意生产它们。

❖ 生产劳动

农业生产劳动——认识土壤

一、课程概况

（一）课程时长

1 课时。

（二）学习目标

1. 劳动观念：了解土壤与人类生存的紧密联系，认识到保护土壤、爱护环境是我们每个人的责任。

2. 劳动能力：了解土壤的形成过程，能够分辨不同种类的土壤，知道土壤的成分，理解土壤 pH 酸碱度的重要性，能够按照要求进行土壤实验。

3. 劳动精神：通过土壤实验，培养学生脚踏实地、精益求精的劳动精神。

4. 劳动习惯：在操作过程中注意安全，按照老师的步骤与规范操作，操作结束将材料清洁后放在相应位置，把台面整理干净。

（三）学习重点

土壤的重要性。

（四）学习难点

土壤的分类。

二、教学设计

（一）课前

物品准备：水、岩石、pH 试纸、木棒、一次性杯子、土壤样本。

安全提示：在观察土壤时注意环境卫生。

（二）课中

【课程引入】

同学们，你们观察过岩石和土壤吗，知道人们为什么一直对它们进行研究吗？

【课程讲解】

你们从什么地方采集到的岩石和土壤？它们有什么特点，能用来做什么？

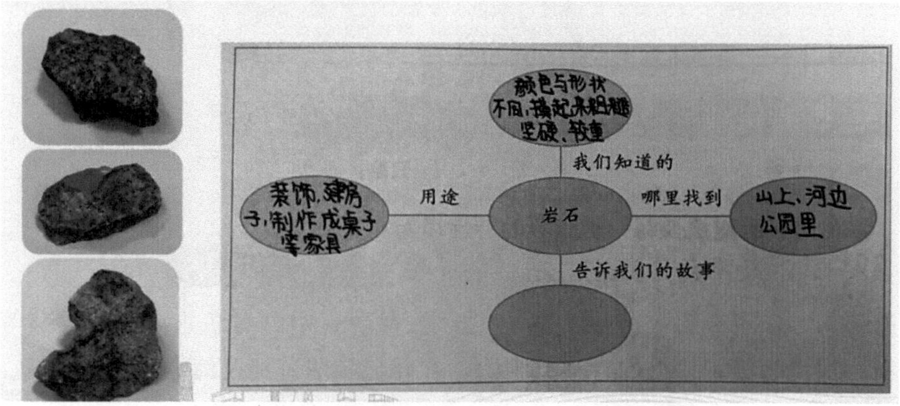

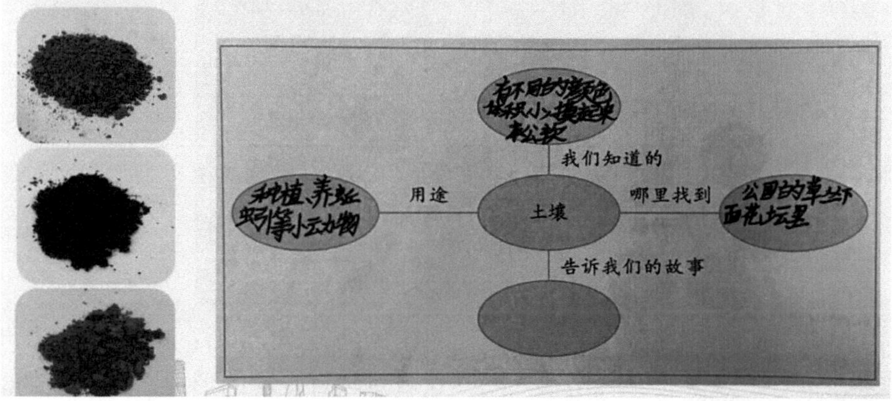

岩石和土壤具有以下特点。

一是分布广泛。我们生活的环境中随处都能找到岩石和土壤。

二是不同类型的岩石和土壤有不同的外部特征。

三是它们的用途很多，岩石可用于建筑、开采矿物矿产、制作精美的工艺品等；而土壤能够为动物提供栖息场所、促进植物生长、进行农业生产……

岩石的故事——魔鬼塔

魔鬼塔是一座巨型的圆柱体岩石，耸立在美国怀俄明州的平原上，它是方圆数十里范围内的最高点，在晴朗的天气里人们能从160公里外看到它。据地质学家的研究，距今五六千万年前地心的岩浆涌到地表，没有喷出去，冷却下来形成的坚硬的岩浆岩，历千百万年的风吹雨打形成了魔鬼塔。魔鬼塔的形成年代，是通过对岩石中各种化学元素的测定而准确计算出来的。地球的年龄约是45.6亿年，就是用这种方法测定的。所以说，岩石的化学成分能告诉我们它们形成的年代。

我国的科学工作者在喜马拉雅山考察时，发现岩石中含有鱼、海螺、海藻等海洋生物的化石。这说明巍峨耸立的喜马拉雅山，在几亿年前曾经是海洋。

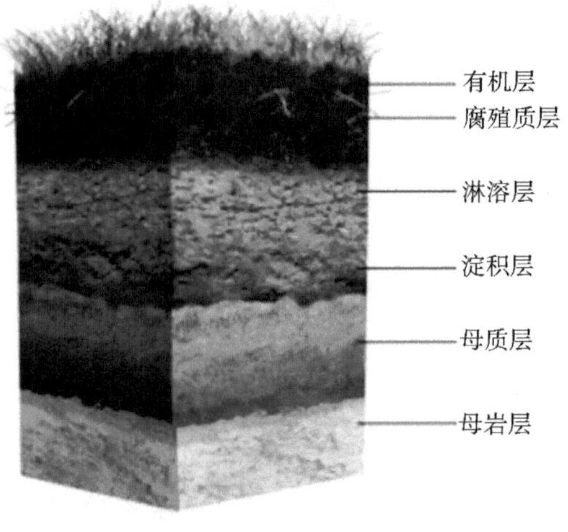

民间有句俗话：千年龟，万年土。这就意味着土壤的形成需要极长的时间，慢慢堆积起来。不同地区土壤的形成速率也不同。例如，人们发现土壤形成速率最快的是在新西兰南阿尔卑斯山，它的形成速率是每年 2.5 毫米。目前，发现的世界上最古老的土壤可能在非洲大陆或者澳大利亚，它的年龄已经超过了 5 亿岁。每一方土壤上都留下了大自然的痕迹，记录了地球形成和演化历史的故事。

今天老师给大家准备了不同的土壤，我们可以将桌子上的袋子打开，并将三种土壤分别倒在桌子上，用手去摸一摸，并大声说一说摸上去的感觉。（这时老师应将信息做好收集，写在黑板或卡片上，最后总结每种土壤学生触摸后的感觉。比如，干干的、硬硬的、湿湿黏黏的、细细的等。）

大家思考一下，摸到的土壤为什么会有不同的感觉呢？

我们触摸了土壤发现它们在手感上不一样，那我们再来看看土壤的颜色有什么差别。

土壤在形成的过程中，里面的矿物有粗的、有细的，因此可将土壤分为沙土类、黏土类、壤土类三种，它们的质地也有明显区别，这就是为什么我们在触摸土壤时每种土壤都会有不同的触感。

沙土类：砂粒多、黏粒少、土壤颗粒较粗。

黏土类：黏粒、粉砂多，土壤颗粒较细。

壤土类：砂粒、黏粒适中，粉砂大致等量，土壤质地比较均匀。

（可以再让学生用手去攥一下，看看土壤从手缝漏出来的多少，让学生从土壤流动性上感受土壤含多少砂粒。）

【淬炼操作】

1. 将收集的土壤倒在一张白纸上进行整体观察并描述。如土壤是褐色的，掺杂着植物的根和叶子，还有虫子和小石子等。有气味。用手捻一捻，发现土壤有些潮湿，说明土壤中有水分。死亡的小动物和植物的根、茎、叶等统称为动植物残体，它们落到土壤里会不断发生变化并且腐烂，变成一种黑色物质，我们统称为腐殖质。

2. 做与土壤有关的实验。

（1）土壤分层观察。把土壤倒入盛水的透明塑料杯中，用玻璃棒充分搅拌土壤。静置 10 分钟左右，观察发现，水面上漂浮着枯枝烂叶和植物的根等，下面沉下去的土壤分成两层，上层是颜色较浅、颗粒细腻的黏土，下层是颜色较深、颗粒较粗的沙土。

（2）土壤 pH 检测。用木棒将土壤上面的漂浮物移开，拿出 pH 试纸，浸染到 1/3 的位置。读取 pH 试纸上颜色所对应的酸碱度数值。

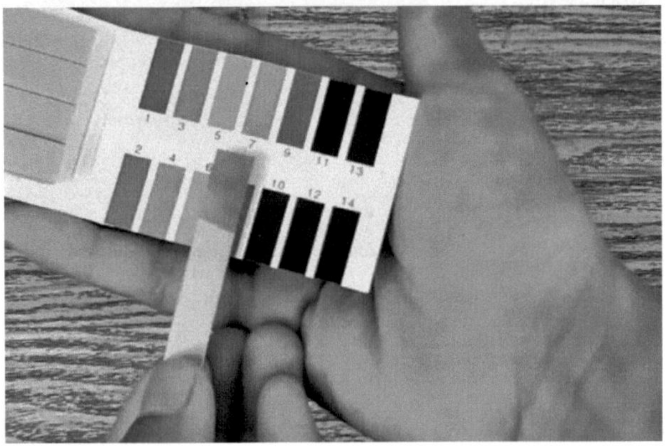

【实践体验】

分发材料，学生操作，老师适时给予指导。

【分享总结】

同学们，在操作的过程中，你遇到了哪些困难、发现了哪些问题、有哪些想法，可以和大家分享一下。

【老师结语】

土壤是我们赖以生存的基础，如果土壤生病了，我们吃的蔬菜和水果也会生病，保护土壤刻不容缓。请和爸爸妈妈一起做一件保护土壤的事情，比如利用厨余制作酵素用来给土壤施肥，或者用自制的天然清洁剂代替会污染环境的清洁剂。

（三）课后

在不同的地方取土壤样本用于观察土壤的类型，如花池里的土、水系边的土、农场里的土等，并用试纸测试酸碱度。

三、学生评价表

学生评价表

评价维度	评价				
	评分内容	分数	自评	互评	师评
劳动观念	认同劳动最光荣、劳动最崇高、劳动最美丽	20			
劳动能力	劳动项目无缺失	10			
	按流程完成任务，符合标准要求	10			
	使用工具熟练，操作过程有效率	10			
	保质保量完成操作	10			
劳动习惯	做到工完场清，完成活动后清理台面、清洗工具、垃圾分类处理	5			
	爱护工具、设备，及时回收，使用后有序存放	5			
	积极参与总结与讨论，学生手册填写清晰、完整	5			
	积极回答问题，有合作意识，劳动氛围融洽	5			
劳动精神	具有崇尚劳动、热爱劳动、辛勤劳动、诚实劳动的精神	20			
总分		100			

四、知识链接

地球陆地表面上的各种土壤，都是在母质、气候、生物、地形、时间以及人类活动等因素综合影响下形成的。

在地球陆地表面，一方面，由于在不同纬度上接受太阳辐射能不同，从两极到赤道呈现出寒带、寒温带、温带、暖温带、亚热带和热带等有规律的气候带；另一方面，由于海陆的分布、地形的起伏，又引起同一气候带内水热条件的再分配。在山区，随着海拔的升高，温度和降水也会发生变化。

这些气候条件变化所造成的水热条件的差异，必然会生长出与之相适应的不同植被类型，并呈现地理分布规律性。

土壤类型的分布，既与生物气候地带性条件相吻合，表现为广域的水平分布和垂直分布规律；又受地域性、局部性的地形、母质、水文地质等因素的影响，表现为地域分布和微域分布，两者被分别称为地带性土壤和非地带性土壤。

中国位于欧亚大陆的东部，生物气候条件深受东南季风的影响，土壤的水平分布既具有沿纬度方向，也具有沿经度方向变化的特点。

农业生产劳动——认识五谷杂粮

一、课程概况

（一）课程时长

1 课时。

（二）学习目标

1. 劳动观念：了解五谷对人类生存的重要意义，并在此基础上形成尊重劳动、尊重劳动者的劳动观念。

2. 劳动能力：能够分辨五谷的种子，了解五谷的重要价值。

3. 劳动精神：领会劳动是一切幸福的源泉。

4. 劳动习惯：在操作过程中注意安全，按照老师的步骤与规范操作，操作结束将材料清洁后放在相应位置，把台面整理干净。

（三）学习重点

认识五谷。

（四）学习难点

观察五谷的区别。

二、教学设计

（一）课前

物品准备：五谷、小瓶子、标签纸、笔。

安全提示：不要将五谷放入口鼻中，小瓶子要放好，小心不要摔碎。

（二）课中

【课程引入】

提到粮食，我们大家都不陌生，一日三餐都离不开它。我们每天吃那么多食物，那到底哪些是粮食呢？我们常在家长口中听到的粗粮又是什么呢？

【课程讲解】

粮食是对可供食用的谷物、玉米和薯类的统称。联合国粮食及农业组织（下称粮农组织）的粮食概念就是指谷物，包括麦类、豆类、粗粮类和稻谷类等。

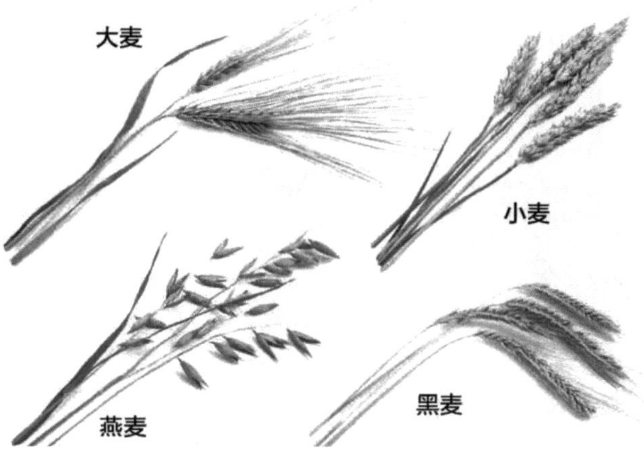

麦类：小麦、大麦、青稞（元麦）、黑麦、燕麦。

豆类：黑豆、黄豆、红豆、绿豆。

稻类：粳稻、籼稻、糯稻、陆稻（旱稻）、深水稻。

粗粮类：玉米、高粱、荞麦、粟（谷子、小米）、黍（糜子）。

此外，还有作为补充主食用的瓜果蔬菜类食物，如南瓜、黄瓜、木薯、番薯（红薯、白薯）、马铃薯、白菜、菠菜等。

很多时候，我们会在长辈的口中听到形容一个人不认识农作物就说他是“五谷不分”，那五谷具体指的是哪五谷呢？

《孟子·滕文公》中称五谷为稻、黍、稷、麦、菽，在佛教祭祀时又称五谷为大麦、小麦、稻、小豆、胡麻。李时珍在《本草纲目》中记载的谷类有 33 种、豆类有 14 种，共计 47 种。而今天，人们所说的五谷杂粮是指稻谷、麦子、大豆、玉米、薯类。

在现实生活中，人们习惯将“米和面粉”之外的粮食称作杂粮，所以五谷杂粮也泛指粮食作物。通常认为，五谷是粮食作物的统称。五谷杂粮是个“大家庭”，营养丰富，五谷杂粮比起精制的面粉和稻米，营养价值更胜一筹。

稻——大米。水稻是人类重要的粮食作物之一，耕种与食用的历史都相当悠久。全世界有一半的人口食用稻，主要在亚洲、欧洲南部和热带美洲及非洲部分地区。稻的总产量占世界粮食作物产量第三位，低于玉米和小麦，但能维持较多人口的生活。

黍——黄米。黍去壳就是黄米，煮熟后有黏性，可以酿酒、做糕。由于不利于消化，现在基本上不用它作为主食了。

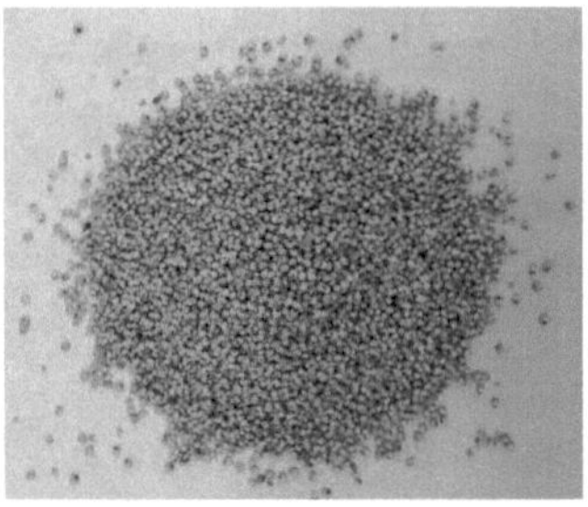

稷，又称粟——小米。小米耐旱，品种繁多，俗称“粟有五彩”，即有白、红、黄、黑、橙、紫各种颜色的小米，也有黏性小米。中国最早的酒也是用小米酿造的。半坡村遗址中出土了装有谷子的陶罐，说明我国在农耕开始时已种谷子。

麦——小麦。世界上最早栽培的农作物之一，经过长期的发展，已经成为世界上分布最广、面积最大、总产最高、贸易额最多、营养价值最高的粮食作物之一。小麦籽粒主要用于制作面粉，皮可作饲料，麦秆可用于编织等。

菽——黄豆或豆类。豆类的总称，古语云：“菽者稼最强。古谓之尗，汉谓之豆，今字作菽。菽者，众豆之总名。然大豆曰菽，豆苗曰霍，小豆则曰荅。”大豆在历史长河里一直作为重要的农作物被广泛种植。大豆通常被认为是由野大豆（一种缠绕草本植物）驯化而来，与现在的大豆差异极大。

《诗经》里多次提到，“中原有菽，庶民采之”。可见那时大豆已经是重要的农作物了。大豆富含优质蛋白质和脂肪，在缺少肉类摄入的年代里，很好地补充了人们所需的营养，而且廉价易得，也就更显弥足珍贵，是日常不可缺少的食物之一。

【淬炼操作】

1. 拿出小瓶子。

2. 分辨五谷。

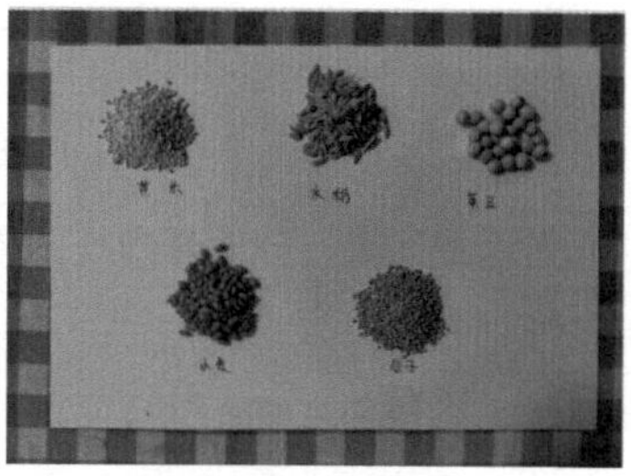

3. 把五谷放在瓶子里，贴好标签。

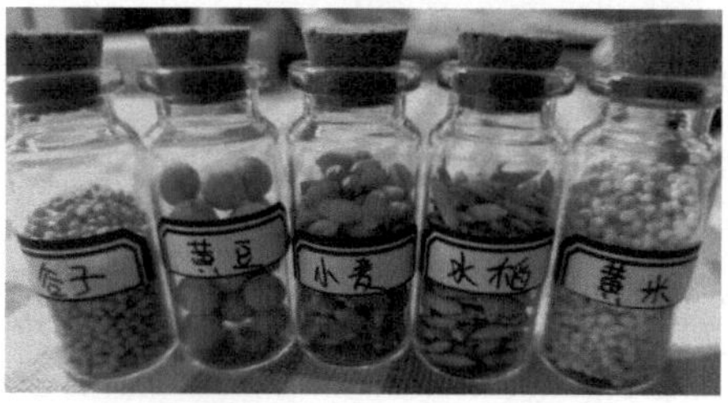

【实践体验】

分发材料，学生操作，老师适时给予指导。

【分享总结】

同学们，在操作的过程中，你遇到了哪些困难、发现了哪些问题、有哪些想法，可以和大家分享一下。

【老师结语】

民以食为天，食物对于人的重要性来说怎么强调都不过分。粮食是一个国家的命脉，人民只有吃得饱才能去从事其他的工业、服务业活动，才能在跟其他国家的竞争中有底气。充足的粮食供应，对国民经济长期稳定发展意义重大。

列宁说，真正的经济基础在于粮食储备，没有它社会主义制度只是一种愿望而已。粮食事关国运民生，粮食安全是国家安全的重要基础。现在，随着粮食种植实现了现代机械化生产，我国粮食每年都呈现增产增收的态势。未来，希望同学们能在探索现代农业发展的道路上创造更多新技术，保障粮食产量稳定。

（三）课后

在家里尝试用五谷杂粮做美食，并通过互联网查找相关资料，了解它们的营养价值。

三、学生评价表

学生评价表

评价维度	评价				
	评分内容	分数	自评	互评	师评
劳动观念	认同劳动最光荣、劳动最崇高、劳动最美丽	20			
劳动能力	劳动项目无缺失	10			
	按流程完成任务，符合标准要求	10			
	使用工具熟练，操作过程有效率	10			
	保质保量完成操作	10			
劳动习惯	做到工完场清，完成活动后清理台面、清洗工具、垃圾分类处理	5			
	爱护工具、设备，及时回收，使用后有序存放	5			
	积极参与总结与讨论，学生手册填写清晰、完整	5			
	积极回答问题，有合作意识，劳动氛围融洽	5			
劳动精神	具有崇尚劳动、热爱劳动、辛勤劳动、诚实劳动的精神	20			
总分		100			

四、知识链接

据国家统计局的数据显示，2021 年中国谷类作物产量 63 276. 1 万吨，占粮食总产量的 92. 7%。谷物细分类别中，玉米产量 27 255. 2 万吨，占中国粮食总产量的 39. 9%；稻谷产量 21 284. 3 万吨，占中国粮食总产量的 31. 2%；小麦产量 13 694. 6 万吨，占中国粮食总产量的 20. 1%。除谷类作物外，薯类产量 3043. 5 万吨，占中国粮食总产量的 4. 5%；豆类产量 1965. 5 万吨，占中国粮食总产量的 2. 9%。

粮食对一个国家非常重要：一是粮食对国防的重要性。一旦发生战争，国外切断粮食进口来源，就只能靠自身供应。粮食是国家的战略物资，是人民的生活必需品，要把农业放在发展国民经济的首位。二是粮食对国家稳定的影响。粮食是人民生存的必需品，一定的粮食储备对国家稳定意义重大。

农业生产劳动——火龙果小森林

一、课程概况

（一）课程时长

1 课时。

（二）学习目标

1. 劳动观念：通过种植实践培养学生热爱劳动的劳动观念。

2. 劳动能力：掌握火龙果的种植技巧。

3. 劳动精神：通过管理火龙果小森林培养学生坚持劳动、吃苦耐劳的精神。

4. 劳动习惯：通过种植活动，养成及时整理工具、专注做事等劳动习惯，培养积极实践、勇于克服困难的劳动品质。

（三）学习重点

掌握火龙果的种植方法。

（四）学习难点

火龙果小森林的后期管理。

二、教学设计

（一）课前

物品准备：营养土、纱布、花盆、火龙果、保鲜膜、水。

安全提示：分离种子时不要将果汁弄到身上。

（二）课中

【课程引入】

大家都吃过火龙果吧，对于火龙果，你了解多少呢？

【课程讲解】

火龙果是一种可食用的水果，生长在某些种类的仙人掌上。

甜火龙果来自量天尺（三角柱）属，仙人掌科，而酸火龙果来自绿柱属。

仙人掌科在全世界广泛栽培，它们结出的果实大部分很好吃。很多地方会将火龙果做成冰沙或冰激凌。

火龙果富含维生素 C、B1、B2 和 B3，以及铁、钙和磷等矿物质，是最有营养的水果之一。

火龙果的花极其美丽，通常在夜间开花，在早晨枯萎。它们依靠夜间授粉者，如蝙蝠或蛾子来授粉。

白心和红心火龙果口感上有着很大的差异。一般红心的火龙果味道偏甜一点儿，而白心的火龙果含糖量没红心的高，所以甜度也会相对弱一点儿。从价格上看，红心火龙果要偏贵一些。红心火龙果里面之所以是红颜色的，是因为其中的甜菜红色素，这种营养物质的抗氧化能力非常强，跟维生素 C 相比，甜菜红色素的抗氧化能力要高出 2—3 倍。

火龙果还有一种黄皮黄肉果，这种果的果实略小，一般为 200 克左右，是火龙果中品质最佳、口感甜度最好的一个类型。

我们吃火龙果时有什么发现呢?

吃红心火龙果时，我们的舌头会被染红。

这是为什么呢?（互动）

红心火龙果是火龙果的一个品种，果肉呈现鲜艳的紫红色，这是因为其富含花青素。花青素是自然界中广泛存在于植物中的水溶性天然色素，大多数瓜果蔬菜可以呈现五彩缤纷的颜色正是由于花青素。比如大家熟悉的蓝莓和桑葚，同样富含花青素，食用后也会出现染色的现象。

吃火龙果时会吃到很多的籽，又黑又小，咬在嘴里咯吱作响，吞进去却不会被消化。

今天，我们就用火龙果的籽进行种植。

【淬炼操作】

1. 从火龙果的果肉中分离出火龙果籽。

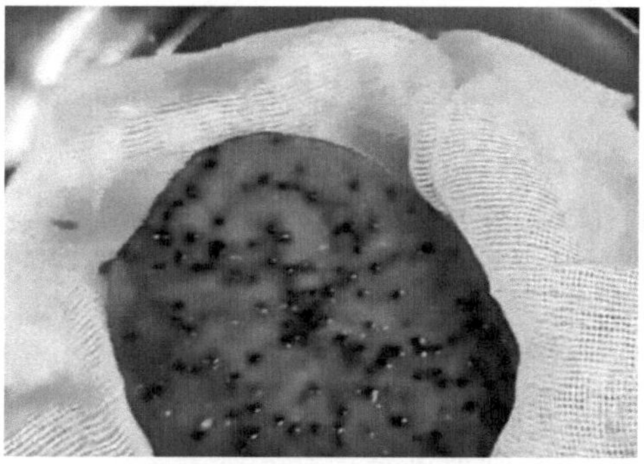

2. 用纱布轻轻揉搓，借助纱布上透气的小孔将黑色的小籽尽数过滤出来。将附着的果肉清洗干净后，把籽倒出阴干。

此时进行浸种操作可以提高发芽率，如果没有时间进行浸种，就直接播种。

浸种方法：将清洗干净的黑籽放入清水里充分地浸泡，水不用太多。浸泡约 12 个小时之后，将黑籽从水里捞出，放在阴凉通风处让其表面上的水分蒸发。约 2—3 天，黑籽上出现小芽后就可以进行下一步播种了。

3. 将营养土到入花盆中，约 2/3 处，倒入水，让土壤充分吸水，再均匀地将火龙果种子散播开来，并轻轻覆一层薄薄的营养土，给小盆盖上保鲜膜，放在温暖明亮处等待火龙果发芽（火龙果种子的发芽温度是 25 ℃左右）。

操作注意事项如下。

1. 火龙果果肉非常容易发霉，所以种子一定要清洗干净，以防小苗发霉猝死。

2. 第一次浇水时应当直接把盆土浇透，之后尽量控水或仅往花盆里喷洒少量的水雾便能充分满足植株的生长需求。

3. 种子散播的不要太紧密，过于紧密小苗发芽后很容易因为缺少营养而死，稍微稀疏些，苗会长得更壮。

4. 给火龙果的小苗浇水，最好在傍晚时用喷壶喷水，以防小苗倒伏。火龙果耐旱不耐涝，浇水要见干见湿，宁干勿湿。

5. 火龙果小盆栽养护得当的话，可以维持半年左右。

6. 火龙果不耐冻，冬季一定要维持温度在5℃以上。

7. 火龙果喜肥，推荐每月使用一次速效水溶性肥促进其生长。

【实践体验】

分发材料，学生操作，老师适时给予指导。

【分享总结】

同学们，在操作的过程中，你遇到了哪些困难、发现了哪些问题、有哪些想法，可以和大家分享一下。

【老师结语】

今天的劳动课大家的热情都非常高，其实神奇的大自然中的每一种植物都值得我们探索。通过今天的亲手操作、亲身体验，我相信大家已经感受到了种植火龙果的乐趣，大家可以把今天的劳动技能延伸到家庭生活中，去探索更多的食物有意思的用途和作用。

（三）课后

坚持管理火龙果小森林，并完成观察记录。

火龙果小森林观察记录表

观察时间	室温	管理操作	植物状态	其他发现

三、学生评价表

学生评价表

评价维度	评价				
	评分内容	分数	自评	互评	师评
劳动观念	认同劳动最光荣、劳动最崇高、劳动最美丽	20			
劳动能力	劳动项目无缺失	10			
	按流程完成任务，符合标准要求	10			
	使用工具熟练，操作过程有效率	10			
	保质保量完成操作	10			
劳动习惯	做到工完场清，完成活动后清理台面、清洗工具、垃圾分类处理	5			
	爱护工具、设备，及时回收，使用后有序存放	5			
	积极参与总结与讨论，学生手册填写清晰、完整	5			
	积极回答问题，有合作意识，劳动氛围融洽	5			
劳动精神	具有崇尚劳动、热爱劳动、辛勤劳动、诚实劳动的精神	20			
总分		100			

四、知识链接

仙人掌的刺是叶子吗？

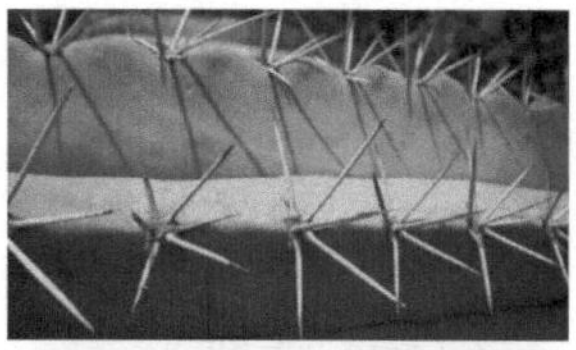

仙人掌是仙人掌科缩刺仙人掌的变种，原产于墨西哥、美国、西印度群岛、百慕大群岛和南美洲北部；中国于明末引种，各地常见栽培。

在沙漠地区，由于环境恶劣，植物大多不易生存，因此雨季所带来的少量水分必须要小心的使用及保存起来，这样才能生存下去。

仙人掌为了减少水分的散失，以及避免被沙漠中的动物误食，于是演化出特殊的形态——将自己的叶片退化成针状的小刺；茎部则变得肥厚而多汁，以便更好地储存水分。

有一些仙人掌的长刺还可以在夜间凝聚空气中冷凝的水汽供自身使用。

而我们所见到的近似圆形、宽倒卵形的，其实是仙人掌的茎枝而不是叶子。

传统手工制作——制作植物风铃

一、课程概况

（一）课程时长

1 课时。

（二）学习目标

1. 劳动观念：通过制作植物风铃，懂得劳动创造美好生活的道理。

2. 劳动能力：了解松果的结构与特点，能够按照步骤制作风铃，并发挥自己的创意，提升艺术鉴赏能力和审美能力。

3. 劳动精神：感受古代劳动人民的智慧，增强民族自信和文化自信。

4. 劳动习惯：在操作过程中注意安全，按照老师的步骤与规范操作，操作结束将材料清洁后放在相应位置，把台面整理干净。

（三）学习重点

完成风铃制作。

（四）学习难点

通过搭配材料设计出美观的风铃。

二、教学设计

（一）课前

物品准备：松果、绳子、羽毛、贝壳、长 30 厘米左右的木棍、剪刀、铃铛。

安全提示：使用剪刀时要注意安全，不能拿着剪刀在教室挥舞，同学之间应保持安全距离。

（二）课中

【课程引入】

同学们，你们见到过风铃吗？

风铃是指可以在风的吹动下，通过各个铃铛或其他物体的碰撞来发出清脆的声音，多用来作为装饰品。

根据制作材料的不同，风铃有很多不同的风格。你喜欢的风铃是什么样子的？如果让我们在周围的自然界中取材，你会选哪些材料来制作自己的风铃呢？

【课程讲解】

松科植物是裸子植物，顾名思义，它们的种子部分全部裸露在外面。因此，我们说的“松果”是一个代替果实来孕育种子的器官，因为形状似宝塔，所以也被称为松塔，但它并不是真正意义上的果实，在植物学上被称为“大孢子叶球”，是经过授粉后发育成的“球果”，上面一片一片鱼鳞状的叫作“种鳞”。

松树的种子在哪呢？木质化的种鳞将种子包裹得严严实实，等到种子成熟后，种鳞才会一一打开，让里面的种子露出来。种子散尽后，老熟的球果也会脱落，掉在地上。松果的成熟过程很慢，甚至需要几年时间，所以我们经常能在同一棵树上看到松果祖孙三代同堂的样子。当然，你也很可能会捡到一些已经不那么完整的松果，它们要么是从树上掉下时摔碎的，要么就是小松鼠美餐后的杰作。

如果把松果放在水里，会有什么变化呢？

放在水里的松果会闭合，因为松果是由一片片鱼鳞似的鳞片构成的，鳞片外侧和内侧的收缩、膨胀方式不同。放进水里，鳞片外侧膨胀，松果便会合上；放到阳光下暴晒，外侧的鳞片体积缩小，松果便会张开。所以，松果也是晴雨表。

空气中水分多时，天要下雨了，松果的鳞片会闭拢，提醒我们出门要带伞；空气中水分稍多时，鳞片会半开，告诉我们接下来是阴天；空气中水分少时，鳞片会张开，代表一直是晴天。

【淬炼操作】

1. 拿出准备好的材料。

2. 用绳子把松果还有铃铛穿起来，绑紧。
3. 用 3 根绳子按照第 2 步的方法，依次穿上松果、铃铛。

4. 把 3 根绳子连起来，绑在木棍上。
5. 在木棍上绑 1 根绳子作为挂绳，简易风铃就制作完成了。

我们可以寻找一下漂亮的自然物，如叶子等，装饰我们的风铃。

【实践体验】

分发材料，学生操作，老师适时给予指导。

【分享总结】

同学们，在操作的过程中，你遇到了哪些困难、发现了哪些问题、有哪些想法，可以和大家分享一下。

【老师结语】

通过制作植物风铃，同学们不仅领略到了自己动手发挥创意的快乐，更了解到了我们常见的植物背后隐藏的让人惊叹的生存技巧，在锻炼了动手能力，提高了艺术修养和审美情趣的同时，也感受到了自然美学。自己动手乐趣多，生活无处不精彩。

（三）课后

用类似的方法收集大自然里的落叶、枯枝等，做出好看的艺术品，美化家居环境。

三、学生评价表

学生评价表

评价维度	评价				
	评分内容	分数	自评	互评	师评
劳动观念	认同劳动最光荣、劳动最崇高、劳动最美丽	20			
劳动能力	劳动项目无缺失	10			
	按流程完成任务，符合标准要求	10			
	使用工具熟练，操作过程有效率	10			
	保质保量完成操作	10			
劳动习惯	做到工完场清，完成活动后清理台面、清洗工具、垃圾分类处理	5			
	爱护工具、设备，及时回收，使用后有序存放	5			
	积极参与总结与讨论，学生手册填写清晰、完整	5			
	积极回答问题，有合作意识，劳动氛围融洽	5			
劳动精神	具有崇尚劳动、热爱劳动、辛勤劳动、诚实劳动的精神	20			
总分		100			

四、知识链接

植物在人们的生活中随处可见，路边的灌木丛，室内茂盛的绿萝，饭桌上美味的蔬菜、水果，街道旁边的花草，每一样都发挥着它们不可或缺的作用。它们装点着我们的生活，为我们的生命提供所需要的营养。

植物是一个庞大的群体，它又分为很多类型，其中裸子植物是植物中的一个重要类型。裸子植物有着悠久的历史，最早出现于古生代泥盆纪时期，经过了侏罗纪等多个时期的更迭变迁，逐渐演化出了多个新品种。裸子植物多为木本植物，叶片有线形、针形、鳞形、扇形等，在世界上分布十分广泛。

你知道生活里的裸子植物都有什么吗？

首先是银杏。我们最常见的裸子植物是银杏，银杏是一种乔本植物，扇形的叶片让很多人爱不释手，尤其是秋日里，叶片颜色由绿色变为黄色，令人赏心悦目，观赏价值极高。

其次是红豆杉。说起这个名字可能大家有些陌生，但想一想圣诞花环上的绿色灌木，是不是就认识它了呢？

最后是水杉。水杉是我国的一级保护植物，适应性强，生长速度快，可以绿化环境，用于观赏。

当然，常见的裸子植物还有很多，比如罗汉松、苏铁、刺柏，香榧、金钱松等，都是我们生活中常见的裸子植物。

让我们多观察植物，去发现它们更多的秘密吧！

传统工艺制作——十二生肖泥塑

一、课程概况

（一）课程时长

1 课时。

（二）学习目标

1. 劳动观念：在制作泥塑的过程中感悟劳动的艰辛与不易和劳动创造美好的真实内涵，培养学生崇尚劳动、热爱劳动的劳动观念。

2. 劳动能力：练习揉、搓、缠、粘、压等基本手法，并可以熟练运用。利用不同工具，学习雕刻的方法。通过制作泥塑，学会用“泥塑的语言”表现个人的创意，从而培养思维能力、手眼协调能力、观察能力、语言表达能力，并通过形色各异的作品展现劳动的创造性。

3. 劳动精神：通过制作泥塑体会劳动需要辛勤付出，同时培养精益求精的工匠精神。

4. 劳动习惯：在劳动中养成工完场清的好习惯，在制作过程中培养学生坚持劳动的品质。

（三）学习重点

学习捏制一个生肖形象。

（四）学习难点

生肖泥塑外形轮廓和肢体的塑造。

二、教学设计

（一）课前

物品准备：雕塑泥、垫板、刻刀。

安全提示：在操作过程中注意工具的使用安全，操作完成后保持桌面和地面的整洁。

（二）课中

【课程引入】

同学们，今天我们的主题是十二生肖泥塑，你们知道十二生肖都有什么吗？

十二生肖文化是中国传统文化的一部分。

十二生肖又叫属相，是代表十二地支用来记人的出生年的十二种动物，包括鼠、牛、虎、兔、龙、蛇、马、羊、猴、鸡、狗、猪。

十二生肖的起源与动物崇拜有关。据湖北云梦睡虎地和甘肃天水放马滩出土的秦简可知，先秦时期已有比较完整的生肖系统。最早记载与现代相同的十二生肖的传世文献是东汉王充的《论衡》。

【课程讲解】

关于十二生肖的排序，民间有各种各样的传说，比如我们常听到的十二生肖里为什么没有猫？

传说轩辕黄帝要选十二种动物担任宫廷卫士，猫托老鼠报名，结果老鼠忘了，从此猫见老鼠就寻仇。原本推牛为首，老鼠偷偷爬上牛背占了先机。虎和龙不服气，被封为山神和海神，排在牛的后面。兔子不服，要和龙赛跑，兔子跑到龙前面。狗不乐意，一气之下咬伤兔子，被罚倒数第一。蛇、马、羊、猴、鸡之间还有过一番较量，最后猪跑来占据末席。

这只是个传说，事实上是因为猫不是原产于中国的动物，猫应该是跟随佛教一起从印度传来的。

其实真正的十二生肖排序，可是大有学问的。

子时（夜半，又名子夜、中夜），十二时辰的第一个时辰。夜间 11 点至次日凌晨 1 点，属子时，正是老鼠趁夜深人静频繁活动之时，故称“子鼠”。

丑时（鸡鸣，又名荒鸡），十二时辰的第二个时辰。凌晨 1 点至 3 点，属丑时。牛习惯夜间吃草，农家常在深夜起来挑灯喂牛，故称“丑牛”。

寅时（平旦，又称黎明、早晨、日旦等），是夜与日的交替之际。凌晨 3 点至 5 点，属寅时。此时，昼伏夜出的老虎最凶猛，古人常会在此时听到虎啸声，故称“寅虎”。

卯兔（日出，又名日始、破晓、旭日等），指太阳冉冉初生的那段时间。清晨 5 点至 7 点，属卯时。天刚亮，兔子出窝，喜欢吃带有晨露的青草，故称“卯兔”。

辰时（食时，又名早食等），古人“朝食”之时也就是吃早饭的时间。早晨 7 点至 9 点，属辰时。此时一般容易起雾，传说龙喜腾云驾雾，又值旭日东升，蒸蒸日上故称“辰龙”。

巳时（偶中，又名日禺等），临近中午的时候称为隅中。上午 9 点至 11 点，属巳时。大雾散去，艳阳高照，蛇类出洞觅食，故称“巳蛇”。

午时（日中，又名日正、中午等），艳阳高照，日头正盛的时候。中午 11 点至午后 1 点，属午时。古时野马未被人类驯服，每当午时，四处奔跑嘶鸣，故称“午马”。

未时（日映，又名日跌、日央等），太阳偏西为日跌。午后 1 点至 3 点，属未时。有的地方称此时为“羊出坡”，意思是放羊的好时候，故称“未羊”。

申时（哺时，又名日铺、夕食等），下午时分。下午 3 点至 5 点，属申时。太阳偏西了，猴子喜在此时啼叫，故称“申猴”。

酉时（日入，又名日落、日沉、傍晚等），意为太阳落山的时候。下午 5 点至 7 点，属酉时。太阳落山了，鸡在窝前打转，故称“酉鸡”。

戌时（黄昏，又名日夕、日暮、日晚等），此时太阳已经落山，万物朦胧，故称黄昏。傍晚 7 点至 9 点，属戌时。人们劳碌了一天，关门准备休息了。狗卧门前守护，一有动静就汪汪大叫，故称“戌狗”。

亥时（人定，又名定昏等），此时夜色已深，人们已经停止活动准备入睡，人定也就是人静。夜间 9 点至 11 点，属亥时。夜深人静，能听见猪拱槽的声音，故称“亥猪”。

【淬炼操作】

在本次课程中，我们不仅要学习泥塑的基础手法揉、搓、捏、黏合等，还要学会塑造十二生肖的面部表情。我们将学习使用泥塑修刻刀对十二生肖进行雕刻。

1. 打开包装袋，揉搓雕塑泥，使其表面水分和泥充分融合。

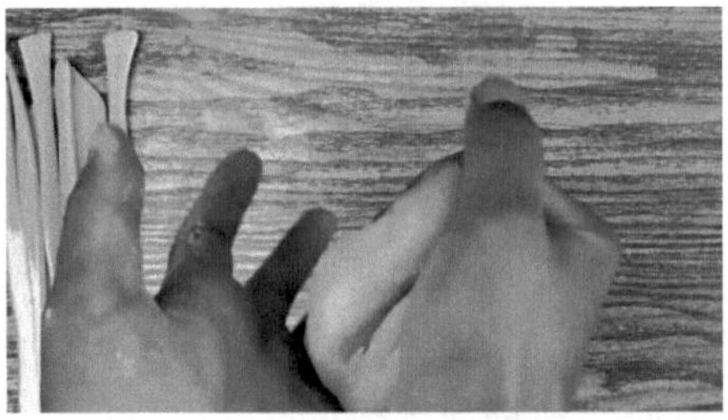

2. 团团团，团出圆圆的脑袋。

3. 团出小狗的身体。
4. 搓搓搓，搓出后腿。
5. 捏出前腿。

6. 捏出耳朵。
7. 用刻刀刻画出五官。

制作十二生肖泥塑时，每个人可选择自己要制作的属相，最后让学生展示自己的作品。

【实践体验】

分发材料，学生操作，老师适时给予指导。

【分享总结】

同学们，在操作的过程中，你遇到了哪些困难、发现了哪些问题、有哪些想法，可以和大家分享一下。

【老师结语】

本次，我们学习了揉、搓、捏、黏合等泥塑的基础手法和用基础的工具雕出泥塑脸部细节。相信通过本次学习，大家对于属相的认识及泥塑的脸部雕刻有了更多收获，可以分享一下。

（三）课后

继续练习如何通过泥塑的脸部塑造刻画出丰富的表情。

三、学生评价表

学生评价表

评价维度	评价				
	评分内容	分数	自评	互评	师评
劳动观念	认同劳动最光荣、劳动最崇高、劳动最美丽	20			
劳动能力	劳动项目无缺失	10			
	按流程完成任务，符合标准要求	10			
	使用工具熟练，操作过程有效率	10			
	保质保量完成操作	10			
劳动习惯	做到工完场清，完成活动后清理台面、清洗工具、垃圾分类处理	5			
	爱护工具、设备，及时回收，使用后有序存放	5			
	积极参与总结与讨论，学生手册填写清晰、完整	5			
	积极回答问题，有合作意识，劳动氛围融洽	5			
劳动精神	具有崇尚劳动、热爱劳动、辛勤劳动、诚实劳动的精神	20			
总分		100			

传统工艺制作——纸黏土树叶盘

一、课程概况

（一）课程时长

1 课时。

（二）学习目标

1. 劳动观念：通过本次学习，对工艺制作有一定的好奇心，当劳动遇到困难与问题时，要用积极的心态面对。

2. 劳动能力：从材料收集到制作，可提高学生的动手能力，启发创新思维。

3. 劳动精神：在劳动中培养学生热爱劳动、坚持劳动、追求极致的劳动精神。

4. 劳动习惯：在课程结束后，养成工完场清的劳动习惯。

（三）学习重点

制作树叶盘。

（四）学习难点

认识不同叶子的叶脉。

二、教学设计

（一）课前

物品准备：纸黏土、树叶、剪刀、圆形的杯子。

安全提示：在活动中注意剪刀的使用。

（二）课中

【课程引入】

在日用品中，盘子和碗的出镜率无疑是相对较高的，无论古代还是现代，一桌饭菜怎么也少不了各种盘子和碗。

一般我们用的盘子都是什么材质的呢?

瓷、陶、不锈钢，这些都是吃饭用的。还有一些，比如盛瓜子的、放水果的，它们基本上是塑料的，也有用自然材料编织而成的，达到容器的作用即可。

今天，老师要带领大家利用大自然中的树叶做一个纸黏土树叶盘，感受在身边的大自然，成为快乐的“生活家”。

我们需要的材料肯定少不了树叶，所以要对树叶有一定的了解才能选择合适的叶子，做出漂亮的盘子。

【课程讲解】

到处可见的叶子里其实隐藏着许许多多的小秘密，是什么呢？首先，叶子内分布着许多细小且分叉的管子，它们就是叶脉。叶脉就像是我们人体的血管一样，可以为树叶输送养分，供叶片长大；其次，叶脉像人类的骨骼一样，起着支撑叶子的作用，能够增加光合作用的面积；最后，最有趣的是叶脉还像我们人类的指纹一样，是每一片叶子独特的标记，世界上并没有两片相同的树叶。叶脉按其分出的级序和粗细可分为主脉、侧脉和细脉 3 种。现在我们来了解一下叶子有哪些形态特征及类别。

1. 叉状脉。叶脉从叶基生出后，均呈二叉状分枝，故被称为叉状脉。这种脉序是比较原始的类型，在种子植物中极少见，如银杏叶，但在蕨类植物中较为常见。

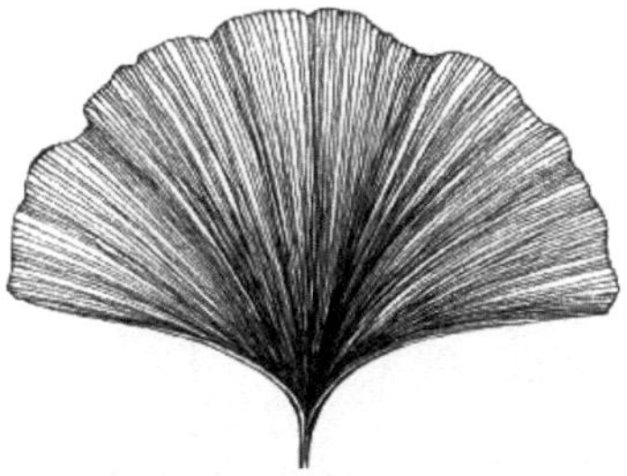

2. 网状脉。具有明显的主脉，经过逐级的分枝，形成多数交错分布的细脉，由细脉互相联结形成网状，故被称为网状脉。网状脉分为以下几种。

（1）羽状网脉：有一条明显的主脉，侧脉自主脉的两侧发出，呈羽毛状排列，并几达叶缘，如女贞叶等。

（2）掌状网脉：主脉的基部同时产生多条与主脉近似粗细的侧脉，复从侧脉产生极多的细脉，并交织成网状，如蓖麻叶、南瓜叶等。

（3）三出脉：主脉两侧仅产生一对侧脉，如樟树叶，可分为基生三出脉和离基三出脉。

3. 平行脉。单子叶植物所特有的脉序。叶片的中脉与侧脉、细脉均平行排列或侧脉与中脉近乎垂直，而侧脉之间近于平行，都属于平行脉。平行脉又分为以下几种。

（1）直出平行脉：所有叶脉都从叶基发出，彼此平行直达叶尖，细脉也平行或近于平行生长，如麦冬叶子、莎草等。

（2）弧形平行脉：所有叶脉都从叶片基部生出，彼此之间的距离逐步增大，稍作弧状，最后距离又缩小，在叶尖汇合，如紫萼、玉簪等。

（3）射出平行脉：所有叶脉均从叶片基部生出，以辐射状态向四面伸展，如棕榈叶。

（4）横出平行脉：侧脉垂直或近于垂直主脉，侧脉之间彼此平行直达叶缘，如芭蕉叶、美人蕉叶子等。

最后，请看下图，对叶脉的形态特征，你会一目了然！

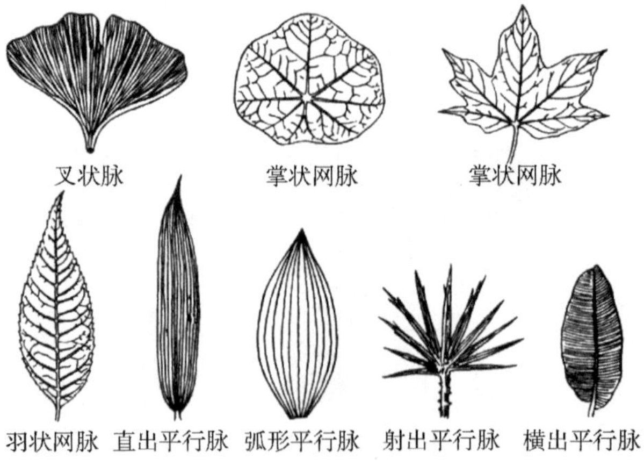

了解了叶子的叶脉，下面我们一起收集树叶开始制作纸黏土树叶盘吧！

【淬炼操作】

1. 先将纸黏土用圆形的杯子擀成薄片。

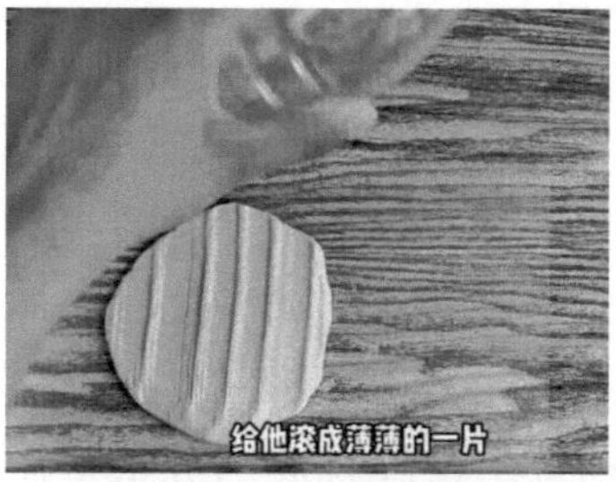

2. 将树叶放在纸黏土上，并用杯子将其压入纸黏土。

3. 用剪刀沿着树叶的边缘进行修剪，只需要大概形状即可。

4. 将树叶和纸黏土小心地从垫板上移开，翻转过来，对叶子背面没有纸黏土的部分进行补充。

5. 将叶形纸黏土放入一个大碗中，等待其完全干燥。

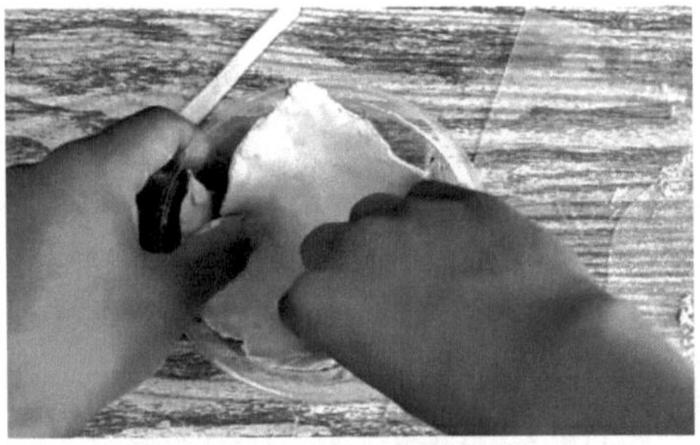

6. 等纸黏土完全干透后，把叶子小心地揭下来，纸黏土树叶盘就做好了。如果想让自己的盘子更好看，可以用画笔和丙烯颜料给纸黏土上颜色。

【实践体验】

分发材料，学生操作，老师适时给予指导。

【分享总结】

同学们，在操作的过程中，你遇到了哪些困难、发现了哪些问题、有哪些想法，可以和大家分享一下。

【老师结语】

现在，我们每个人都拥有了一个独一无二的盘子。生活中还有很多东西可以靠我们的双手来创造，让我们用劳动创造美好生活吧。

（三）课后

收集不同叶脉的树叶对比观察，看看每种叶脉都有哪些特点。

三、学生评价表

学生评价表

评价维度	评价				
	评分内容	分数	自评	互评	师评
劳动观念	认同劳动最光荣、劳动最崇高、劳动最美丽	20			
劳动能力	劳动项目无缺失	10			

续表

评价维度	评价				
	评分内容	分数	自评	互评	师评
	按流程完成任务，符合标准要求	10			
	使用工具熟练，操作过程有效率	10			
	保质保量完成操作	10			
劳动习惯	做到工完场清，完成活动后清理台面、清洗工具、垃圾分类处理	5			
	爱护工具、设备，及时回收，使用后有序存放	5			
	积极参与总结与讨论，学生手册填写清晰、完整	5			
	积极回答问题，有合作意识，劳动氛围融洽	5			
劳动精神	具有崇尚劳动、热爱劳动、辛勤劳动、诚实劳动的精神	20			
总分		100			

四、知识链接

同一棵树上的叶子长的都一样吗？——不一样。

虽然它们都属于同一棵树，但由于环境因素、生长条件和基因差异的影响，每一片叶子都有其独特的形态和特征。

环境因素对叶子的生长产生了重要的影响。比如，阳光、水分、土壤等条件的差异会导致叶子的形状、大小、颜色等方面有所不同。在阳光充足的地方，叶子通常比较厚实，颜色较为鲜艳；而在阴暗的地方，叶子则可能比较薄，颜色比较暗淡。

生长条件也会影响叶子的形态。例如，营养不足或过度施肥都会对叶子的生长产生影响。缺乏营养的叶子可能会比较小，颜色较淡；而过度施肥的叶子则可能会比较大，颜色也较鲜艳。

基因差异也是影响叶子形态的重要因素。即使在同一棵树上，每片叶子也由不同的基因组成，因此它们在形态和特征上也会有所不同。比如柏树、构树，同一棵树上的叶子形态可能完全不同。

观察你身边的树木或花草，去发现独特的叶子吧。

传统工艺制作——纸艺马蹄花

一、课程概况

（一）课程时长

1 课时。

（二）学习目标

1. 劳动观念：在制作纸艺的过程中启发学生的创造性思维，培养学生不断创新的劳动观念。

2. 劳动能力：通过学生的创作，使学生具备基本的纸艺劳动知识和技能，能正确使用常用的劳动工具并具备完成一定劳动任务所需要的设计能力、操作能力。

3. 劳动精神：通过本次活动，感受纸艺劳动者的辛苦和快乐，增进对传统手工技艺的热爱，懂得劳动最光荣和幸福要靠劳动创造。

4. 劳动习惯：培养学生安全劳动、规范劳动、有始有终的劳动习惯。

（三）学习重点

能够按照步骤做出马蹄形状的纸藤花。

（四）学习难点

各种纸艺的分类。

二、教学设计

（一）课前

物品准备：彩色手揉纸、皱纸、花梗、双面胶、绿色胶带、剪刀。

安全提示：在操作过程中注意剪刀的使用方式。

（二）课中

【课程引入】

同学们，大家对纸都不陌生，那大家知道纸都有哪些类型和作用吗？

常见的纸有卡纸、宣纸、牛皮纸、瓦楞纸、锡纸、铜版纸等。

下面，我们学习用彩色手揉纸制作马蹄花，在做之前我们先来了解一下纸艺的相关历史，感受纸艺对我们日常生活的影响。

【课程讲解】

手工纸在我国有 2000 多年的历史，早在西汉时就有苘麻纸，东汉蔡伦改进造纸术后，纸张得到广泛流传和发展。

手工纸不只有宣纸，在历史衍变中，地域性和文化性都为手工纸带来了差异。它的原材料可以用 11 个字来概括：麻、构、竹、藤、桑、青、檀、蹈、瑞、香、草。不同的原材料和不同的造纸方式，造就了丰富的纸张文化，如西藏狼毒纸、崞阳麻纸、丹寨皮纸、宁化玉扣纸、新疆桑皮纸……

在纸艺中，会根据需求使用不同的手工纸。

如传统纸雕，以纸为素材，结合了绘画和雕塑的美感，和平面艺术比多了立体发展的空间。纸雕作品广泛地应用于场景布置、装饰美化、广告招商、贺卡等方面。

再如衍纸，在欧洲的文艺复兴逐渐进入全盛时期时，衍纸在意大利和法国的教堂里悄然出现。衍纸装饰一改教堂单一乏味的气氛，既表达了对神的尊敬，又表现了人们对美好事物的热爱和对未来生活的向往。经历了 600 多年的发展，衍纸从最初的宗教点缀到现在成为一门独立的手工艺，依然散发着无限的生机和活力。除了我们常见的浮雕式衍纸作品，衍纸还可以用于制作立体式的造型。

随着生活水平的不断提高，礼盒、生活用品等的包装越来越受到欢迎与重视，形形色色的纸张成了包装的主要材料之一，给生活带来了更多的美丽与惊喜。

纸艺成品中最抢眼的就要数那些颜色鲜艳、栩栩如生的纸花了。简简单单的一张纸居然可以做出多种不同的花，如玫瑰、康乃馨、百合、牵牛花等，这些纸花花样逼真，美丽而经久。

制作纸艺所需的工具很简单，主要是几种色彩鲜艳的纸，不同的纸适合做不同的花。如纸绳，它纸质微皱，适合做玫瑰；再如手揉纸，韧性极好，拿来做薰衣草最好；又如彩浪纸，它较厚较韧，最适合拿来做向日葵等的花蕊。此外，再加上铁丝、剪刀、小钳、白乳胶等工具，就更可以展现花朵的美感了。

【淬炼操作】

纸藤花制作工艺是纸艺中的重要组成部分。今天，我们将尝试用纸制作立体造型的马蹄花。

1. 将黄色手揉纸的一边贴上双面胶，向上对折，将两边粘在一起。

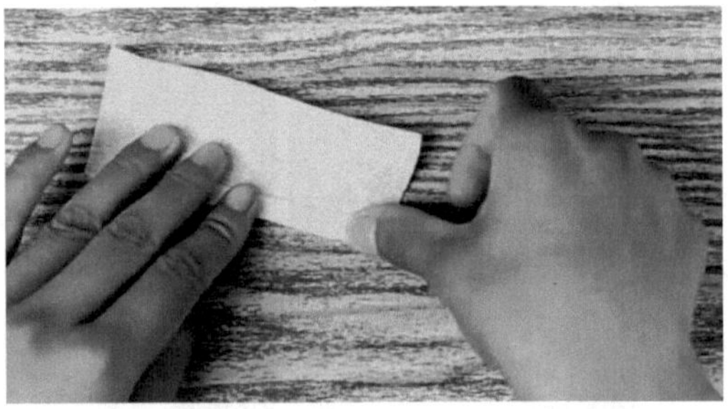

2. 在开口的一边贴上双面胶，另一边用剪刀剪碎。

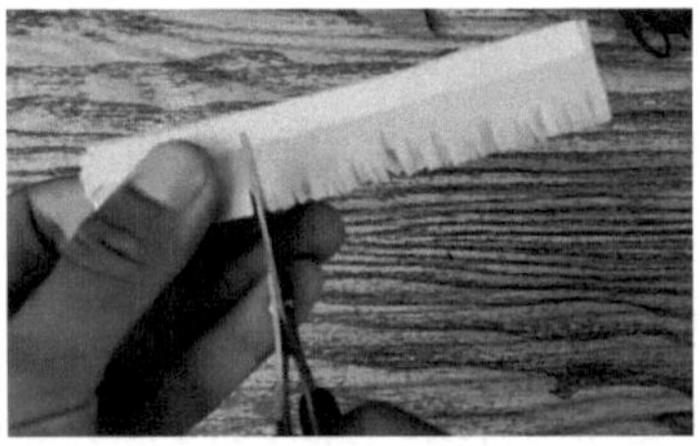

3. 将皱纸缠绕在花梗上，缠绕时要斜着往下缠，整个花蕊的长度约为 10 厘米。

4. 把红色手揉纸剪出马蹄的模样，在一侧边缘贴上双面胶，将花瓣粘在花梗上，花瓣的侧面要保持一定的斜度。

5. 先用绿色手揉纸剪出两片叶子，再用绿色胶带将叶子固定在花梗上。这样，一朵圣洁美丽的马蹄花就做好了。

【实践体验】

分发材料，学生操作，老师适时给予指导。

【分享总结】

同学们，在操作的过程中，你遇到了哪些困难、发现了哪些问题、有哪些想法，可以和大家分享一下。

【老师结语】

同学们，回顾一下我们都学到了什么？我们学会了用纸制作马蹄花的方法。大家在制作过程中遇到什么困难了吗，是怎么解决的呢？我们发现可以用各种纸制作出那么多漂亮的艺术品，相信经过努力学习，我们可以完成更多的作品。

（三）课后

学习多种纸藤花的做法，和爸爸妈妈一起将纸藤花变成家里的装饰。

三、学生评价表

学生评价表

评价维度	评价				
	评分内容	分数	自评	互评	师评
劳动观念	认同劳动最光荣、劳动最崇高、劳动最美丽	20			

续表

评价维度	评价				
	评分内容	分数	自评	互评	师评
劳动能力	劳动项目无缺失	10			
	按流程完成任务，符合标准要求	10			
	使用工具熟练，操作过程有效率	10			
	保质保量完成操作	10			
劳动习惯	做到工完场清，完成活动后清理台面、清洗工具、垃圾分类处理	5			
	爱护工具、设备，及时回收，使用后有序存放	5			
	积极参与总结与讨论，学生手册填写清晰、完整	5			
	积极回答问题，有合作意识，劳动氛围融洽	5			
劳动精神	具有崇尚劳动、热爱劳动、辛勤劳动、诚实劳动的精神	20			
总分		100			

四、知识链接

为什么花的颜色是五彩缤纷的？

自古以来，人类就欣赏花朵，除了因为花朵的缤纷色彩，还在于花朵预示着果实，有了果实，我们就有了食物来源。就好比人们看到郁郁葱葱的树林，就能意识到有水的存在，从而获得安全感。

花朵的职能本质上还是保证有性生殖的发生，使得种群间可以交流基因，更容易稳定地生存下去。而其中最重要的一步就是传粉。为了能保证传粉，植物们进化出了复杂的色彩：花瓣细胞由于分化作用的影响，褪去叶绿体，失去绿色（此时花色为白色），同时产生花色素，如花青素，这类物质在不同的环境下会呈现不同的颜色。

花青素这类颜色对于一些昆虫，就像红色对于公牛一样，非常显眼。于是，昆虫获得驱动力，来到花蕊上，使得传粉得以发生。当然，这与自然界的昆虫进化是密不可分的。

所以，花色与昆虫的喜好是同步进化的。拥有不被喜爱的花色的花朵失去竞争力，无法积极地参与传粉，就会被慢慢淘汰。由于人类或是哺乳动物很少参与传粉活动，因此花的颜色的自然选择并不被人类的喜好与意志所转移。

传统工艺制作——团扇绘画

一、课程概况

（一）课程时长

2 课时。

（二）学习目标

1. 劳动观念：了解团扇发展的历史与团扇类型，了解团扇制作的工艺和背后的文化内涵，感受中国古代劳动人民精湛的技艺，明白劳动创造美好生活的道理。

2. 劳动能力：欣赏团扇，培养艺术鉴赏能力和审美能力；团扇绘画，培养艺术创作能力。

3. 劳动精神：通过对团扇绘画和制作工艺的了解，感受古代劳动人民的智慧，增强民族自信和文化自信。

4. 劳动习惯：在操作过程中注意安全，按照老师要求的步骤与规范操作，操作结束将材料清洁后放在相应位置，把台面整理干净。

（三）学习重点

团扇的文化及绘制方法。

（四）学习难点

避免因颜料晕染而造成扇面不整洁。

二、教学设计

（一）课前

物品准备：铅笔、颜料、勾线笔、小楷笔、团扇。

安全提示：注意颜料的使用，小心别沾染到衣服上。在绘画过程中，学生之间要保持一定距离，避免相互碰触影响创作。

（二）课中

【课程引入】

同学们，你们见过团扇吗？你们在哪里见到的团扇呢？它们一般在什么样的场合出现呢?

【课程讲解】

团扇从形状上来说，大多数采用的是圆形。团扇寓意美满团圆，是新人婚后团团圆圆、幸福美满的象征。团扇还有一个别称叫作合欢扇，最早的寓意是指对新婚男女的祝福，后来慢慢引申为对家庭的祝福，祝愿家庭美好，阖家欢乐。同时，扇子与“散子”谐音，有祝福家庭和睦美满、儿孙承欢膝下的意思。

扇子的诞生，大概在远古时期一个烈日炎炎的夏季。古人随手猎取植物叶或禽羽，进行简单加工，用以障日引风，它的由来顺理成章到有些平淡无奇。我们倒可以先来说文解字一番。扇，“扉也。从户，从翅声”。这很形象，最初的扇子，不是对称的。

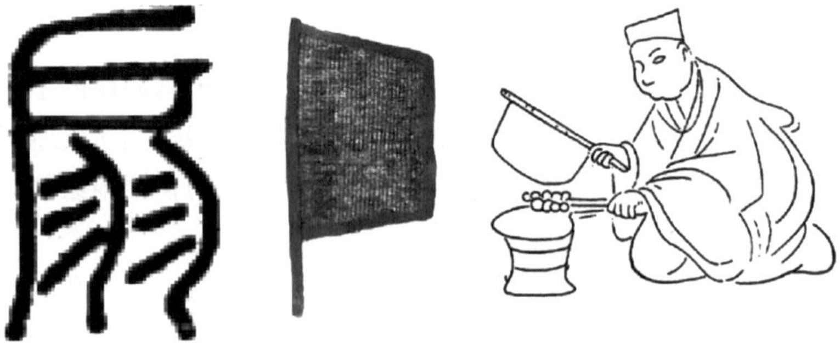

团扇，也叫宫扇、纨扇、合欢扇，因形似圆月，且宫中多用之，故称。一般有长圆、葵花、梅花、六角、匾圆之形；亦有木、竹、骨等材之柄；还有扇坠、流苏、玉器之饰。扇柄不长、边框及柄以竹制，扇面用洁白的丝绢，上画山水楼台、草虫花鸟等。团扇精巧雅致，具有很高的美学欣赏价值，既是古老的纳凉器具，也是精美的手工艺品，执扇于手中细细把玩，百看不厌。

自汉代至北宋，是团扇的盛行时期。四川及苏州、杭州的团扇，制作最精美，历史最悠久。宋元时期的团扇，多以罗或绢制作扇面，且仅用一面或作画或书法。直至明清时期，方兴两面绷绢、纱、罗、绫等，同时增加了瓷青、泥金、湖色等彩色面品，并以绘画、缂丝、刺绣、贴花、抽纱等作为艺术加工，吸引了无数能工巧匠、文人墨客，其中也不乏有名人高手为之精心设计、苦心制作，终使团扇书画艺术达到登峰造极的高度。

今天，我们就来一起动手画扇面。

【淬炼操作】

1. 用铅笔在扇面上勾出海棠的花瓣和枝叶的轮廓，这一步骤也被称为白描。

 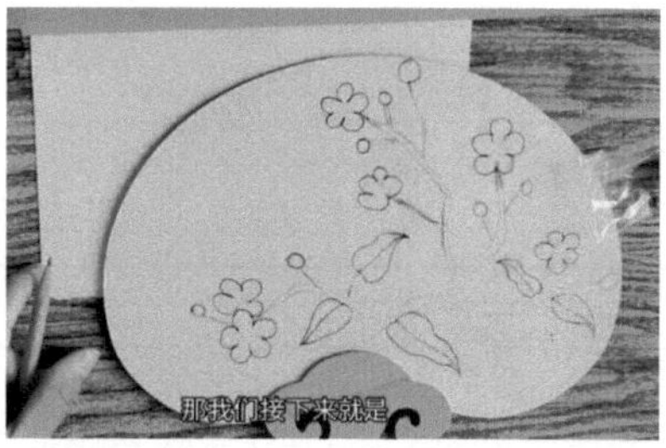

2. 勾线完成便可进行着色。团扇工笔画根据颜色的浓淡深浅需要经过多次反复的着色晕染，故在第一次着色时，不可将颜色均匀的涂满花瓣，需根据颜色的深浅由花心处着色，并用一支干净的笔向外晕染。

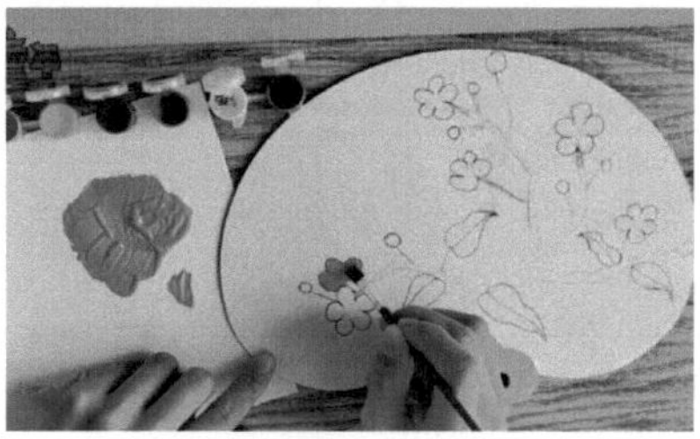 

3. 根据团扇扇面的布局，用淡墨勾画出海棠的枝干和叶片。因为海棠的枝干较粗壮，所以可用比勾线笔略粗的小楷笔进行勾描。对枝干的勾描要注意根据枝干的走势变化，切忌用较直的线条，以免生硬。叶片的勾描应注意叶片的正、反面线条走势，以便在着色时加以颜色的区分。

4. 可对枝干和叶片用浓墨重新烘托一遍。

5. 勾线完成后，对叶片和枝干进行着色。海棠的叶子一般颜色较深，且叶片正、反面的颜色差别较大，着色和晕染时要注意。

【实践体验】

分发材料，学生操作，老师适时给予指导。

【分享总结】

同学们，在操作的过程中，你遇到了哪些困难、发现了哪些问题、有哪些想法，可以和大家分享一下。

【老师结语】

通过学习团扇绘画活动，不仅使我们领略到绘画的快乐和艺术的魅力，更了解了团扇背后所蕴含的深厚文化内涵。我们在锻炼了动手能力，提高了绘画技巧、艺术修养和审美情趣的同时，还感受到民间文化艺术的底蕴，领略了古典之美，弘扬了传统文化。

（三）课后

了解不同类型的团扇，尝试用宣纸和竹签制作团扇。

三、学生评价表

学生评价表

<table>
<tr><td rowspan="2">评价维度</td><td colspan="5">评价</td></tr>
<tr><td>评分内容</td><td>分数</td><td>自评</td><td>互评</td><td>师评</td></tr>
<tr><td>劳动观念</td><td>认同劳动最光荣、劳动最崇高、劳动最美丽</td><td>20</td><td></td><td></td><td></td></tr>
<tr><td rowspan="4">劳动能力</td><td>劳动项目无缺失</td><td>10</td><td></td><td></td><td></td></tr>
<tr><td>按流程完成任务，符合标准要求</td><td>10</td><td></td><td></td><td></td></tr>
<tr><td>使用工具熟练，操作过程有效率</td><td>10</td><td></td><td></td><td></td></tr>
<tr><td>保质保量完成操作</td><td>10</td><td></td><td></td><td></td></tr>
<tr><td rowspan="4">劳动习惯</td><td>做到工完场清，完成活动后清理台面、清洗工具、垃圾分类处理</td><td>5</td><td></td><td></td><td></td></tr>
<tr><td>爱护工具、设备，及时回收，使用后有序存放</td><td>5</td><td></td><td></td><td></td></tr>
<tr><td>积极参与总结与讨论，学生手册填写清晰、完整</td><td>5</td><td></td><td></td><td></td></tr>
<tr><td>积极回答问题，有合作意识，劳动氛围融洽</td><td>5</td><td></td><td></td><td></td></tr>
<tr><td>劳动精神</td><td>具有崇尚劳动、热爱劳动、辛勤劳动、诚实劳动的精神</td><td>20</td><td></td><td></td><td></td></tr>
<tr><td colspan="2">总分</td><td>100</td><td></td><td></td><td></td></tr>
</table>

四、知识链接

据《西吴蚕略》记载，团扇的扇纸除了我们之前提到的各种材料外，在明清时期还有一种制作扇面的材料“自成绢”。这是利用即将吐丝作茧的蚕，将其放在光滑的平案板上，让蚕在其上来往吐丝，从而形成层叠交错的丝絮片。

扇文化是中国古代特有的文化，它不仅融合了当时最高的手工技艺，更是人们发挥想象和创造力，施展歌赋才华、抒发人文情怀的对象。

传统手工制作——养蚕缫丝

一、课程概况

（一）课程时长

2 课时。

（二）学习目标

1. 劳动观念：了解丝绸发展的历史与古法缫丝的方法与步骤，知道丝绸的发明对中华民族文化经济、国际交流的巨大影响，了解劳动使人进步的意义。

2. 劳动能力：通过动手操作缫丝，培养动手操作能力；通过对新技术的讨论，培养善于思考、多角度分析的思辨能力。

3. 劳动精神：通过对丝绸生产过程的了解，感受劳动成果的来之不易和古代劳动人民的智慧，增强民族自信。

4. 劳动习惯：在操作过程中注意安全，按照老师的步骤与规范操作，操作结束将材料清洁后放在相应位置，把台面整理干净。

（三）学习重点

丝绸文化及意义。

（四）学习难点

缫丝的方法与技巧。

二、教学设计

（一）课前

物品准备：蚕茧、缫丝机、电煮锅、一次性碗。

安全提示：使用工具时不可与同学争抢，要正确地操作和使用工具。用完的工具或材料要及时放到指定位置。

（二）课中

【课程引入】

同学们，如果让大家推选一种影响了中国古代文化的虫子，你会选择谁呢？

【课程讲解】

几千年前，中华民族用叶子泡水喝，开创了茶文明；用泥土烧制杯盘碗盏，开创了瓷器文明。同是几千年前，中华民族的祖先还发现了一种小虫子，这种虫子能吐丝，它吐出的丝可以用来纺织、印染、彩绣。由此，中华民族的纺织文明、印染文明和刺绣文明应运而生。这种小虫子就是蚕。今天的课程就让我们从蚕讲起。

关于蚕丝的发现有这样一个传说。

话说很久很久以前，在远古时代，经过蚩尤一战的黄帝带领着部落民众在黄河流域繁衍生息。部落里大家各司其职，有负责打猎的，有负责种植五谷的，其中负责制作衣服的就是黄帝的妻子——嫘祖。说起这嫘祖啊，可真是个勤劳能干的妻子。她白天带着自己的制衣小分队又是上山剥树皮又是下田剥麻皮，晚上还要剥兽皮来给大家做衣裳。俗话说身体是革命的本钱，她这般拼命地干活儿，果不其然，累得病倒了。生病了的嫘祖不思饮食，眼瞅着没几天瘦脱了相，部落民众都很着急。再这么下去可不行，于是大家就想找各种新鲜野果来给嫘祖吃，但是找来的各色野果不是有毒就是酸涩难以下口，大家只能扩大范围再去找。

直到这天，有个妇女在一片桑树林里看到一个个像小灯笼一样的白色小球挂在枝头，摘下就带回了部落。妇女将这白色小球带回部落之后，大家看着这玩意儿新奇，就烧起水将这白色小球煮了起来。在煮的过程中，这白色小球渐渐沉底，妇女们用树枝搅动水下的白色小球，竟搅出许多细丝来。嫘祖看到非常好奇，跟采来白色小球的妇女仔细询问了这东西的来历。说起来这事儿也奇怪，第二天，嫘祖的病就好了。她又去那片树林看了几遍，终于摸清楚了这白色小球的来历——原来是一种吃叶子的虫子吐的丝，将自己包裹起来后形成的小壳。后来，嫘祖将这种虫子吃的树叶称作桑叶，将这种虫子称作蚕，将那白色小球称作茧。从此，嫘祖就带领大家栽桑养蚕，缫丝织绸，织出的绸缎既薄且滑，灵动飘逸，精美绝伦。

将蚕茧抽出蚕丝的工艺被称为缫丝。原始的缫丝方法是将蚕茧浸在热水中，用手抽丝，卷绕于丝筐上。盆、筐就是最初的缫丝器具。

缫丝过程具体如下。

1. 煮茧。煮茧时先挑选无霉变的蚕茧，并剥干净蚕茧表层的绒毛。在容器中将水煮沸后，持续加热至冒泡状态，再将蚕茧倒入其中，利用水和热的作用使蚕茧变软且适当膨胀，利于抽丝。

2. 索绪。索绪是将茧进行加温，再使用索绪帚（也有人使用植物的枝叶，最好是带有毛刺的枝叶）将丝絮从茧上抽出。

3. 理绪。将蚕茧表面的乱絮去掉并理出主要的丝，理好之后的茧被称为正绪茧。

4. 抽出蚕丝之后待丝线晾干就可以用绕线器进行绕线，将其整理成有序的、一绞一绞的线，方便后续的染色及制作使用。

【淬炼操作】

1. 拿出准备好的材料。

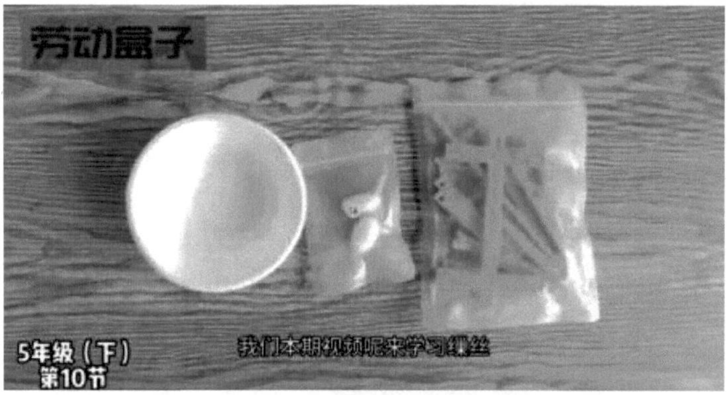

2. 取出蚕茧。蚕茧外层有一层杂乱的蚕丝，需要将它剥脱掉，保留干净的蚕茧放入碗中。

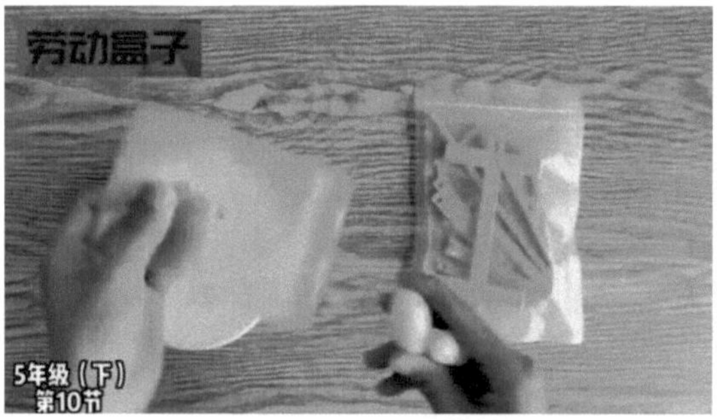

3. 将缫丝机的零件取出并进行安装。

4. 将蚕茧放入沸水中煮至下沉后捞出，碗中另备温水将煮好的蚕茧放入其中。

5. 煮好的蚕茧先找出一根线头，搭在缫丝机上固定好，然后用手转动缫丝机开始抽丝剥茧。

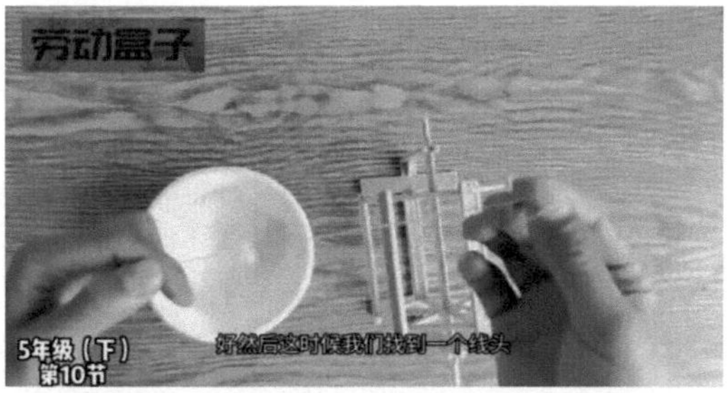

6. 抽出的蚕丝阴干后，我们就得到了完整且有韧性的蚕丝了。

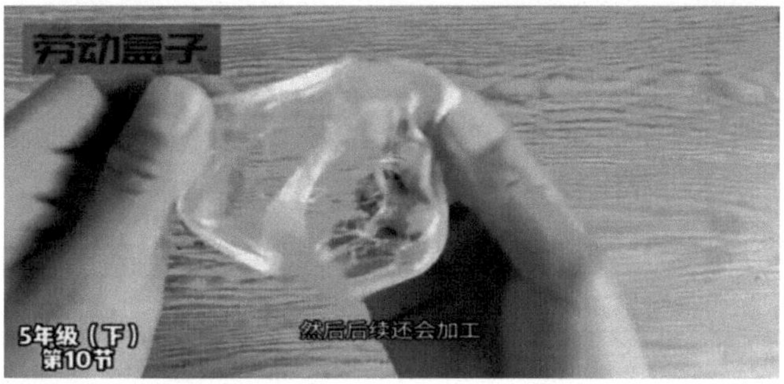

【实践体验】

分发材料，学生操作，老师适时给予指导。

【分享总结】

同学们，在操作的过程中，你遇到了哪些困难、发现了哪些问题、有哪些想法，可以和大家分享一下。

【老师结语】

此次活动，使同学们对丝绸制品的制作过程有了简单的了解，也为大家了解纺织历史提供了一个很好的视角。我们既充分认识到技术革新、工业发展对一个城市发展建设的重要性，也看到了一代代纺织人为国家发展甘愿奉献、努力奋斗的伟大精神。作为新时代的青少年，应不断从民族的历史中汲取精神力量，立志做一名有志青年、有为青年，为社会发展贡献自己的力量。

（三）课后

将几个同学缫丝的蚕丝合并，体验捻线；或将蚕丝一根一根剥脱，穿针与棉线进行对比，看谁更有韧性，缝制出来的效果更好。

三、学生评价表

学生评价表

评价维度	评价				
	评分内容	分数	自评	互评	师评
劳动观念	认同劳动最光荣、劳动最崇高、劳动最美丽	20			
劳动能力	劳动项目无缺失	10			
	按流程完成任务，符合标准要求	10			
	使用工具熟练，操作过程有效率	10			
	保质保量完成操作	10			
劳动习惯	做到工完场清，完成活动后清理台面、清洗工具、垃圾分类处理	5			
	爱护工具、设备，及时回收，使用后有序存放	5			
	积极参与总结与讨论，学生手册填写清晰、完整	5			
	积极回答问题，有合作意识，劳动氛围融洽	5			
劳动精神	具有崇尚劳动、热爱劳动、辛勤劳动、诚实劳动的精神	20			
总分		100			

三年级

❖ 生活劳动

清洁与卫生——制作酵素

一、课程概况

（一）课程时长

1 课时。

（二）学习目标

1. 劳动观念：掌握利用厨余制作酵素的技术，倡导环保理念，通过劳动创造美好生活，带来幸福感，也能减少生活中的浪费。

2. 劳动能力：通过制作酵素，培养学生变废为宝的动手能力和独立思考能力。

3. 劳动精神：通过利用厨余制作酵素，感受劳动带来的生活乐趣。培养学生不铺张浪费、勤俭节约、不怕脏不怕累的劳动精神。

4. 劳动习惯：在操作过程中注意安全，按照老师的步骤与规范操作，操作结束将材料清洁后放在相应位置，把台面整理干净。

（三）学习重点

掌握制作环保酵素的方法。

（四）学习难点

培养学生的环保理念。

二、教学设计

（一）课前

物品准备：果皮、刀、案板、红糖、塑料瓶。

安全提示：在环保酵素的制作过程中需要将厨余切成小块，要注意刀具的使用，使用完成后及时放到指定位置。

（二）课中

【课程引入】

同学们，大家听说过酵素吗，什么是环保酵素呢？它有哪些用途，如何制作呢？

环保酵素是发酵过程的一种，是对混合了糖和水的厨余（鲜垃圾）经厌氧发酵后产生的棕色液体，具有净化地下水、净化空气等作用。之所以称之为环保酵素，是因为它能够变废为宝，符合生态环保的要求以及健康生活的理念。酵素浑身都是宝，既具有杀菌和清洁的功效，又能净化空气、改良土壤，是一种很好的厨余垃圾处理方式。

【课程讲解】

酵素起源于中国，我们的祖先早在4000多年前就知道利用酵母菌的淀粉酶来酿酒，我国是世界上第一个使用酶的国家。

曲类是我国传统酵素产品。最早的曲，单为造酒之用，仅以谷物制成。后来发现曲有“消谷止痢”的作用，故又用作药物。北魏贾思勰撰写的《齐民要术》中记叙了多种造曲方法。在《肘后方》《小品方》《千金方》等医籍中也都有关于曲的记载。明清时期，曲类受到医家重视，得到进一步发展，出现了多种药用曲。

【淬炼操作】

1. 提前收集淘米水，用清水也可以，但淘米水可加快发酵速度。
2. 准备好果皮。

3. 将果皮切碎，尽量切小点儿，有助于分解。
4. 将果皮放入塑料瓶后加水。

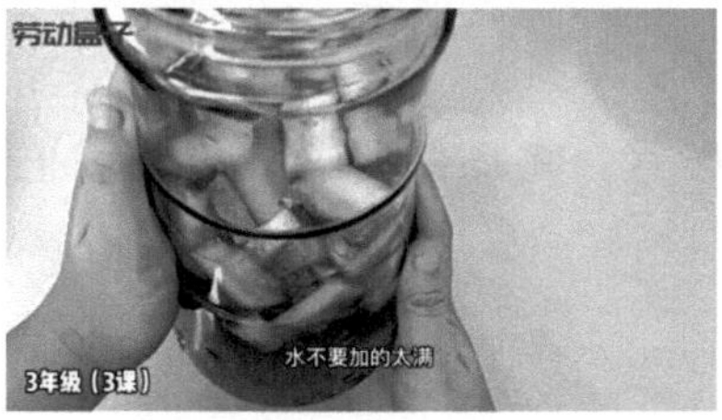

5. 在水中加入两勺红糖，制作酵素的比例是 3∶1∶10，即 3 份厨余、1 份糖、10 份水。

6. 瓶子里的水不能放满，要留 20％的空间，因为后面发酵会产生气体，以防酵素发酵时溢出瓶外。

7. 将塑料瓶来回颠倒，使果皮和糖混合均匀。

8. 制作好后在瓶身上贴上制作日期。

9. 前一个星期每天放气一次，之后每周放气一次，

10. 放置阴凉、通风之处 3 个月以上。

需注意，环保酵素不可食用，拿回家的酵素瓶子需要按时放气，刚开始发酵的前四五天，最上面一层会有白色泡沫，也可能有黑点，黑点是霉菌，要去掉，否则会使酵素变坏。过四五天后打开盖子再看，注意有没有黑点或苍蝇卵等在瓶盖内，如果没有任何问题，把盖子拧紧，外面用纱布包住，再放 30—40 天就可以做肥料了。

【实践体验】

分发材料，学生操作，老师适时给予指导。

【分享总结】

同学们，在操作的过程中，你遇到了哪些困难、发现了哪些问题、有哪些想法，可以和大家分享一下。

【老师结语】

环保是一个永恒不变的话题。通过本次环保酵素的制作，让大家树立了绿色环保的理念和爱护环境的意识，特别是在制作酵素的过程中，每一次的观察、发现和解决问题，都使大家在学习中成长。希望大家在今后的生活中践行环保理念，用自己的双手构筑美好家园。

（三）课后

在生活中看看哪些厨余垃圾也可以制作环保酵素，将环保酵素应用在我们的生活中。

三、学生评价表

学生评价表

评价维度	评价				
	评分内容	分数	自评	互评	师评
劳动观念	认同劳动最光荣、劳动最崇高、劳动最美丽	20			
劳动能力	劳动项目无缺失	10			
	按流程完成任务，符合标准要求	10			
	使用工具熟练，操作过程有效率	10			
	保质保量完成操作	10			
劳动习惯	做到工完场清，完成活动后清理台面、清洗工具、垃圾分类处理	5			
	爱护工具、设备，及时回收，使用后有序存放	5			
	积极参与总结与讨论，学生手册填写清晰、完整	5			
	积极回答问题，有合作意识，劳动氛围融洽	5			
劳动精神	具有崇尚劳动、热爱劳动、辛勤劳动、诚实劳动的精神	20			
总分		100			

四、知识链接

环保酵素有多种活性糖、有机酸、维生素和酶，喷洒在植物叶面会使植株强壮，能够增强其抵抗力，防病虫害。

环保酵素是天然的肥料，能改善土壤环境，促进蛋白质、淀粉、脂肪在土里分解，为植物增加肥料，把贫瘠土壤转为肥沃土壤。

除了在农业上，环保酵素还可以应用在生活中，其含有的活性分子可将油污分解成小分子，可用于清洗地板、擦玻璃、擦抽油烟机、洗衣服等。

清洁与卫生——EM 菌堆肥

一、课程概况

（一）课程时长

1 课时。

（二）学习目标

1. 劳动观念：在堆肥的过程中不怕脏、不怕累，树立劳动光荣、劳动者最美丽的观念。

2. 劳动能力：了解健康土壤的条件，了解 EM 菌的作用及堆肥的腐烂过程，掌握制作堆肥的方法。

3. 劳动精神：在堆肥劳动中感受物质循环带来的生命教育，领会勤俭节约的优良传统。

4. 劳动习惯：在操作过程中注意安全，按照老师的步骤与规范操作，操作结束将材料清洁后放在相应位置，把台面整理干净。

（三）学习重点

堆肥的制作方法。

（四）学习难点

理解堆肥的意义。

二、教学设计

（一）课前

物品准备：厨余、EM 菌、带盖子的小桶。

安全提示：在操作过程中注意不要将 EM 菌随意乱放，不可以放入嘴中食用。

（二）课中

【课程引入】

老师先带领同学们去园子里走一走，带领他们认识一下土壤，看看土壤里面都有什么东西。让孩子们明白植物要想生长得好，需要给它们施肥，而肥料从哪里来呢？

化肥并不是最好的选择，因为化肥会让土壤板结。我们看到原始森林里有厚厚的落叶，腐烂的落叶其实就能给植物提供营养。在社区中，树叶经常被当做垃圾扔掉，但植物不停地从土地中汲取营养，导致土壤越来越贫瘠。我们要想办法来拯救土壤，怎么办呢？我们的身边就有很多可以利用的材料，而且比叶子还要营养丰富，那就是我们的厨余。

师：同学们，你们听过厨余垃圾吗？

生：听过。

师：哪些是厨余垃圾呢？

生：剩菜、西瓜皮。

师：厨余是有机垃圾的一种，包括剩菜剩饭、菜叶、果皮、蛋壳、茶渣、骨、贝壳等，泛指家庭生活饮食中的食品残留物。虽然不能被我们食用，但它们其实含有丰富的营养，我们要想办法利用它们。

大家需要把自家的厨余收集起来带到学校，每人再自带一个带盖子的小桶，将厨余装入小桶里面。

【课程讲解】

我们收集到的这些东西想要变成肥料需要很长的时间，有的需要 1 个月，有的需要 1 年，有的甚至需要 3—5 年，那么，我们可不可以把时间缩短呢？这就要说到微生物的概念。微生物虽然你看不见它们，但它们确每天都围绕着你。微生物包括细菌、病毒、真菌以及一些小型的原生生物、显微藻类等，它们个体微小，与人类关系密切，涵盖了有益跟有害的众多种类，比如发酵馒头用的酵母菌、用于医药的青霉素菌等。在土壤中，它们也是关键的一环，没有微生物，树叶和各种动物的残体就不能腐烂，不能进入下一个循环。

堆肥是以新鲜的蔬菜、水果等，利用微生物发酵所产生的含有丰富的糖类、有机酸、矿物质、维生素、酚类等营养成分以及一些重要的酶类等生物活性物质的混合发酵液的过程。

我们本次采用的波卡西堆肥法是日本大学比嘉照夫教授研究开发的。“波卡西”在日语中的意思是“发酵过的有机物”。波卡西堆肥法，是将 EM 活菌制剂混合到厨余垃圾中，在放入密封的、底部可排水的堆肥桶里，通过厌氧发酵来分解厨余的方法。

【淬炼操作】

1. 把厨余掰成小块，将里面的蛋壳捏碎。厨余颗粒的体积越小，整体的接触面积就越大，越能方便活菌将之快速分解，缩短厨余完全发酵成堆肥的时间。

2. 放入一层厨余（大概 5 厘米厚）。

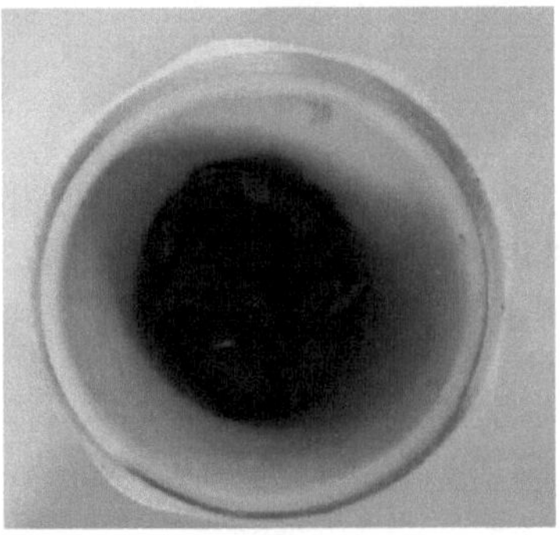

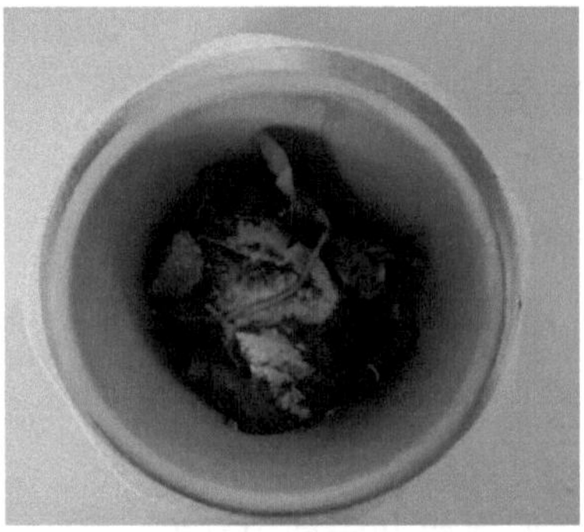

3. 放入一袋 EM 菌。

4. 继续放入厨余，每层厚 5 厘米，每层一把 EM 菌。

5. 最后一层厨余放完后放入 EM 菌即可封盖。

6. 封盖后的第 7 天，可以开始取底部的液肥。应 1—2 天取一次，否则影响后续发酵的效果。

7. 10—15 天后，桶内长出白色或偏红色菌丝，说明堆肥正在顺利进行中。

8. 再过 5—7 天后，菌丝老化、退去，可将堆肥全部倒出，作为基底肥埋入土中，或密封装袋备用。

【实践体验】

分发材料，学生操作，老师适时给予指导。

【分享总结】

同学们，在操作的过程中，你遇到了哪些困难、发现了哪些问题、有哪些想法，可以和大家分享一下。

【老师结语】

今天，我们学习了如何制作堆肥。回家后，同学们可以将家里的厨余垃圾制作成堆肥，并将这种环保的方式推荐给身边的人。

（三）课后

1. 观察厨余的变化。厨余变成肥料是需要一个过程的。这个过程是什么样子的呢？我们要定期观察。大家可以相互交流自己看到了哪些变化。

2. 判断堆肥是否成功的方法如下。靠视觉：白色、偏红色菌丝是成功的，被发酵物变成绿色或黑色则是不成功的。

靠嗅觉：发酵顺利的话，应该有酸酸的、如同泡菜一样的味道，否则是腐败的恶臭味。

以下方法可以帮助我们尽量避免堆肥失败：每次添加足够的 EM 发酵糠，增加活菌的“兵力”；盖紧桶盖，营造厌氧环境，降低杂菌繁殖的概率；及时排出液肥（液肥稀释 100 倍后可以用来浇花浇菜）。

3. 肥料的使用方法如下。

波卡西堆肥的产物不是完全腐熟的，不要将堆肥的产物直接接触到植物，以免伤害其根系。波卡西堆肥的产物埋在土中两周左右才会腐熟。我们可以将肥料埋在离根部 10 厘米左右的位置，或者将液肥稀释 100 倍后喷洒在蔬菜或盆栽上。

有了堆肥的工具，自然是要充分利用它来帮助我们减少日常垃圾的产生量。常见的瓜皮果皮、剩饭剩菜都可以作为堆肥原料。改变点滴的生活习惯，我们就可以轻易在家完成资源循环。

学会堆肥后，相信你也会对每天丢掉的“垃圾”产生不一样的思考。“这个东西真的没有用了吗？”“有没有办法重新利用它呢？”多一些这样的思考，我们的生活就自然会一点点地“绿”起来。

三、学生评价表

学生评价表

评价维度	评价				
	评分内容	分数	自评	互评	师评
劳动观念	认同劳动最光荣、劳动最崇高、劳动最美丽	20			
劳动能力	劳动项目无缺失	10			
	按流程完成任务，符合标准要求	10			
	使用工具熟练，操作过程有效率	10			
	保质保量完成操作	10			

续表

评价维度	评价				
	评分内容	分数	自评	互评	师评
劳动习惯	做到工完场清，完成活动后清理台面、清洗工具、垃圾分类处理	5			
	爱护工具、设备，及时回收，使用后有序存放	5			
	积极参与总结与讨论，学生手册填写清晰、完整	5			
	积极回答问题，有合作意识，劳动氛围融洽	5			
劳动精神	具有崇尚劳动、热爱劳动、辛勤劳动、诚实劳动的精神	20			
总分		100			

四、知识链接

EM 菌中的“EM”是英文 effective microorganism 的缩写，意思是“有效微生物”。EM 菌剂由各种不同的光合菌、乳酸菌、酵母菌组成，在堆肥过程中，它们可以抑制有害微生物的产生，正确使用的话，能够避免堆肥发出难闻的气味。这也是波卡西堆肥适用于城市住宅的重要原因之一。当然，波卡西堆肥还有很多其他优点，如没有臭味、可以在室内操作等。普通的好氧堆肥须在室外进行，而我国大部分城市家庭没有足够的室外空间。因为节省空间，所以波卡西堆肥适合城市家庭。其操作简单，只要有一个带盖子的桶和一包 EM 菌就可以，不需要像好氧堆肥那样经常翻搅。

波卡西堆肥的原料广泛，所有的厨余垃圾都可以用来堆肥，减少厨余的浪费；相反好氧堆肥、蚯蚓堆肥等都对堆肥的原料有较多限制。

整理与收纳——整理书包

一、课程概况

（一）课程时长

1 课时。

（二）学习目标

1. 劳动观念：了解整洁、便利给生活带来的好处，树立劳动创造美、劳动改变生活的观念。

2. 劳动能力：掌握整理书包的方法，通过动手整理书包，培养分类能力、动手操作能力和对生活技能积极探索、认真实践的能力。

3. 劳动精神：通过对书包整理方法的学习，感受劳动人民的智慧和劳动创新带给生活的趣味。

4. 劳动习惯：在操作过程中注意安全，按照老师的步骤与规范操作，操作结束将材料清洁后放在相应位置，把台面整理干净。

（三）学习重点

归类的方法与技巧。

（四）学习难点

图书或试卷折页的处理。

二、教学设计

（一）课前

物品准备：书包、图书、作业本、试卷、雨伞、水杯、笔袋、笔、卷笔刀、便笺纸、纸巾。

安全提示：规范使用工具，轻拿轻放，注意安全。

（二）课中

【课程引入】

同学们，如果让你现在找到我们十几天前做过的一套试卷，你能快速找到吗？

【课程讲解】

“生活即教育”，管理好自己的物品和我们学习知识一样重要，也是人生中的重要一课。

如何管理自己的物品呢？

学会管理自己的物品，并持之以恒，是培养自律习惯的过程。

学习整理，我们需要掌握哪些能力呢？

最重要的是分类能力。

分类不仅是一种实用的生活方法，更是一种重要的数学思维方法，我们在以后的数学学习中会经常运用这一方法。

分类要依据一定的标准，我们可以按照用途、大小、薄厚等来进行分类。

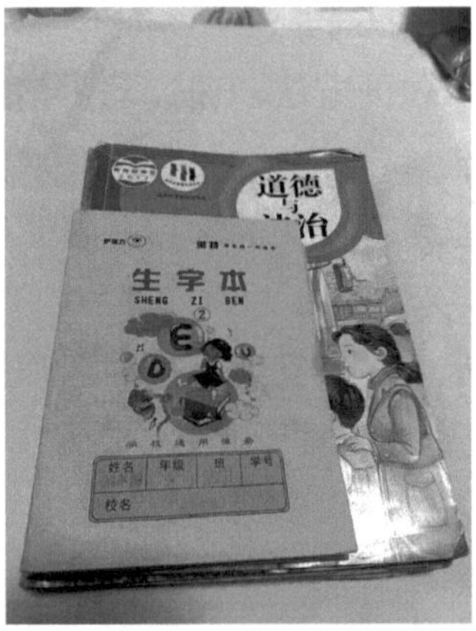

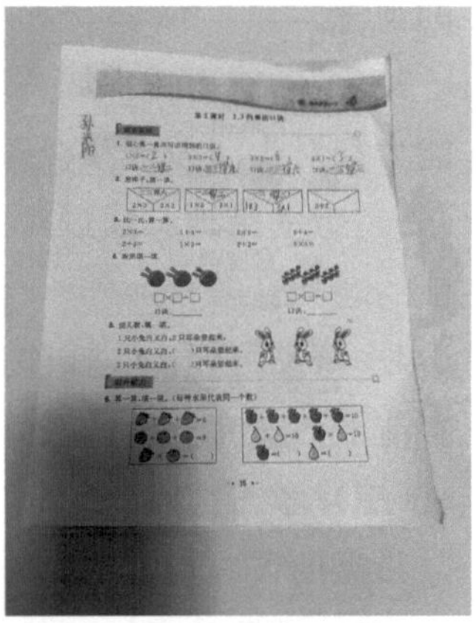

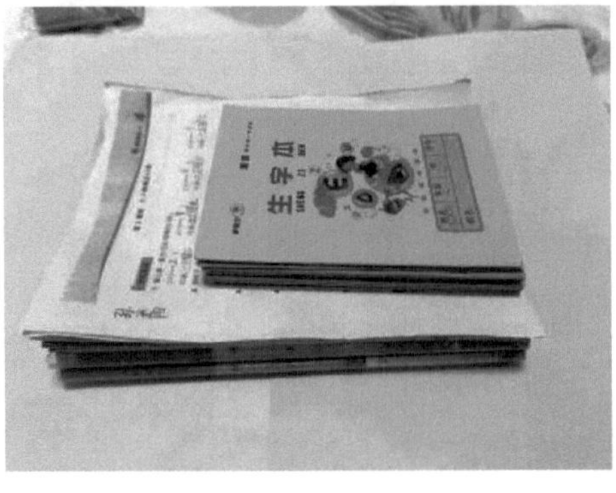

分类的标准多种多样，比如我们的衣服可以按照颜色、季节、具体用途等分类。

现在老师手里有 10 本尺寸各异的图书，大家看看应该如何分类呢？

请大家认真观察，给出你的分类方法。

在分类的时候，我们一般通过观察、比较，找出物品的相同和不同之处，然后给定标准（同一次只能采用同一个标准），再依据标准分类。

虽然每个人的分类方法有所不同，但是都能够达到分门别类、方便查找的目的。

【淬炼操作】

如何给我们书包里的所有物品分类呢？书包里有图书、试卷、练习册等，应如何分类，大家先想一想。

1. 每 4 人一个小组，以一位同学书包内的物品为例，大家讨论一下分类的方法。按照讨论的结果分好类后摆放在书包里。

2. 学生展示分类成果，老师适时点评。

刚才很多小组的分类方法都非常好，有的按照纸张大小给图书分类，有的同时考虑了图书的大小、薄厚、类型等，虽然分类方法不一样，但是各有特色。有的小组还将铅笔分类、将试卷折叠整齐，表现非常棒。

下面，同学们每个人都要选择用你觉得合理的分类方法整理一下自己的书包。

【实践体验】

学生整理书包，老师巡视适时指导。

1. 学会将个人物品有序地放入书包内，不乱塞乱放。

2. 知道拿出书包里的物品后要将书包放回原处，不将其丢弃在地上。

3. 能够将水壶、纸巾等必需品放在合适的位置。

【分享总结】

请同学们用 1 分钟的时间介绍自己在整理过程中的感受和收获。

【老师结语】

俗话说："播种一个行为，收获一种习惯；播种一种习惯，收获一种性格；播种一种性格，收获一种命运。"

请大家记住今天的分类方法，以后坚持用这种方法来整理自己的书包，持之以恒，养成良好的整理习惯。

（三）课后

整理是一种能力，除了个人物品的整理，我们也要习惯对教室区角的整理、家庭物品的整理、社区环境的整理，让我们发现身边需要整理的地方，培养整理习惯。

三、学生评价表

学生评价表

评价维度	评价				
	评分内容	分数	自评	互评	师评
劳动观念	认同劳动最光荣、劳动最崇高、劳动最美丽	20			
劳动能力	劳动项目无缺失	10			
	按流程完成任务，符合标准要求	10			
	使用工具熟练，操作过程有效率	10			
	保质保量完成操作	10			
劳动习惯	做到工完场清，完成活动后清理台面、清洗工具、垃圾分类处理	5			
	爱护工具、设备，及时回收，使用后有序存放	5			
	积极参与总结与讨论，学生手册填写清晰、完整	5			
	积极回答问题，有合作意识，劳动氛围融洽	5			
劳动精神	具有崇尚劳动、热爱劳动、辛勤劳动、诚实劳动的精神	20			
总分		100			

❖ 生产劳动

农业生产劳动——种植蔬菜盲盒

一、课程概况

（一）课程时长

1 课时。

（二）学习目标

1. 劳动观念：体会农耕的辛苦，尊重劳动及劳动人民。

2. 劳动能力：掌握种植蔬菜的技术，通过种植蔬菜，培养种植与独立思考的能力。

3. 劳动精神：通过种植蔬菜，形成劳动效率意识和劳动质量意识，培养爱岗敬业、乐于奉献的精神。

4. 劳动习惯：在操作过程中注意安全，按照老师的步骤与规范操作，操作结束将材料清洁后放在相应位置，把台面整理干净。

（三）学习重点

蔬菜的种植。

（四）学习难点

种植蔬菜后能坚持进行管理。

二、教学设计

（一）课前

物品准备：塑料盒、种子、营养土。

安全提示：在活动中，注意不要将土壤和水撒到地上，种植完成后及时洗手。

（二）课中

【课程引入】

说到蔬菜大家最先想到的是什么？

蔬菜是我们饮食中不可缺少的一类，蔬菜可提供人体所必需的多种维生素和矿物质等营养成分。

【课程讲解】

蔬菜的分类方法很多，常见的有植物学分类法、食用（产品）器官分类法、农业生物学分类法等。

我相信大家最熟悉的应该是食用器官分类法，也就是你吃的是蔬菜的哪个部分。

我们知道植物的结构分为：根、茎、叶、花、果实、种子等，这些就是植物的器官。

请大家想一想，哪些蔬菜是吃叶子的，哪些是吃根的，哪些是吃花的，哪些吃的是果实?

除了植物器官，我们再来了解一下蔬菜有趣的名称。

中国自古地大物博，一种物产——特别是外来物产，在各处称谓不同最正常不过，比如土豆，至少有六七种不同的叫法，芫荽也是如此。没想到的是，“芫荽”和“香菜”的叫法竟然还起了争议，有人以为前者系“学名”，后者为“通称”，这种说法对不对，得有证据支撑才行。有关外来物种的称谓，其实是有痕迹可循的。

唐宋及以前自中亚引进的，常带“胡”字，如胡麻、胡椒、胡桃（核桃）、胡瓜（黄瓜）、胡豆等。明代自海外传入的果蔬植物，常带“番”字，如番茄、番椒（辣椒）、番薯、西番莲、番石榴等。清代以后，引进的植物往往带“洋”字，如洋姜、洋桃等。

同学们，你们最喜欢的蔬菜是什么?

现在，每个同学都有一个蔬菜盲盒，不知道里面是什么蔬菜的种子。首先，我们来观察一下种子的形状，看看是什么颜色的，再摸一摸，闻一闻。然后，我们要把蔬菜盲盒里的种子种到小花盆里面，等待它长大，看看它到底是谁的种子。

【淬炼操作】

1. 挑出发霉或破损的种子，只留下健康的种子进行播种。

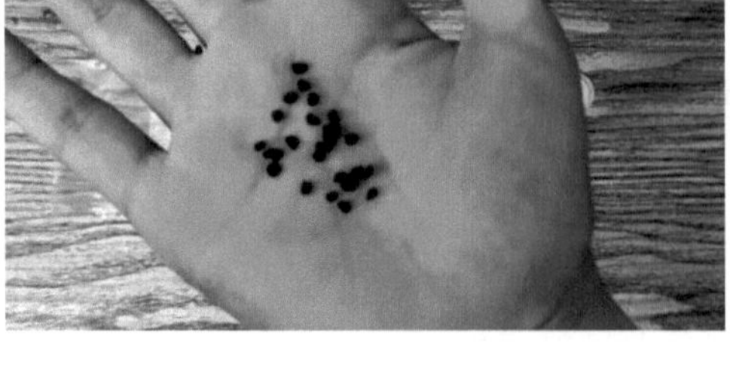

2. 每人一个塑料盒，在里面装上营养土，记得留出 1/4 的空间，方便后期浇水时不容易溢出，再将土铺平。

3. 用手贴着盒子边缘在土壤表面挖出 2—3 厘米坑槽。

4. 将种子紧贴盒子边缘放入土壤，再轻轻地将土盖上，需保证盖好土后可以在盒子外侧看到种子。

5. 在种植的盒子中浇水，要充分湿润土壤层。

6. 将种植盒放到阳光充足的地方等待发芽。

【实践体验】

分发材料，学生操作，老师适时给予指导。

【分享总结】

同学们，在操作的过程中，你遇到了哪些困难、发现了哪些问题、有哪些想法，可以和大家分享一下。

【老师结语】

本次劳动体验是一次充满期待的过程，我们了解了身边蔬菜的名称和蔬菜的历史，还掌握了种植蔬菜的方法，希望同学们通过本次学习可以尝试在家中的阳台上种植自己喜欢的蔬菜。

（三）课后

观察记录蔬菜的生长过程并确定自己种植的是什么蔬菜。

三、学生评价表

学生评价表

评价维度	评价				
	评分内容	分数	自评	互评	师评
劳动观念	认同劳动最光荣、劳动最崇高、劳动最美丽	20			
劳动能力	劳动项目无缺失	10			
	按流程完成任务，符合标准要求	10			
	使用工具熟练，操作过程有效率	10			
	保质保量完成操作	10			
劳动习惯	做到工完场清，完成活动后清理台面、清洗工具、垃圾分类处理	5			

续表

<table>
<tr><td rowspan="2">评价维度</td><td colspan="5">评价</td></tr>
<tr><td>评分内容</td><td>分数</td><td>自评</td><td>互评</td><td>师评</td></tr>
<tr><td rowspan="3"></td><td>爱护工具、设备，及时回收，使用后有序存放</td><td>5</td><td></td><td></td><td></td></tr>
<tr><td>积极参与总结与讨论，学生手册填写清晰、完整</td><td>5</td><td></td><td></td><td></td></tr>
<tr><td>积极回答问题，有合作意识，劳动氛围融洽</td><td>5</td><td></td><td></td><td></td></tr>
<tr><td>劳动精神</td><td>具有崇尚劳动、热爱劳动、辛勤劳动、诚实劳动的精神</td><td>20</td><td></td><td></td><td></td></tr>
<tr><td colspan="2">总分</td><td>100</td><td></td><td></td><td></td></tr>
</table>

四、知识链接

白菜古名为菘，作为真真正正起源于中国本土的蔬菜，其在我国有着非常悠久的种植历史。西安新石器时期的半坡遗址中就出土了白菜籽，这说明早在六七千年前我国人民便开始种植白菜了。

葵菜又名冬葵，民间称冬苋菜或滑菜，属锦葵科植物。葵菜也是原产于中国的蔬菜。

除此之外，葱、冬瓜、莴笋、丝瓜等，均已确认为起源于中国的蔬菜。但是，根据我国现有古史典籍来看，古代蔬菜品种相对较少。《夏小正》《诗经》中所记载的蔬菜大部分实为野菜。

黄瓜，原产于印度的喜马拉雅山脉南麓热带雨林地区，张骞出使西域时从印度带回种子，经新疆传入北方，经驯化形成华北系统的黄瓜，古时也称胡瓜。

后来，我们又从美洲引进了玉米、辣椒、红薯、西红柿等蔬菜。

农业生产劳动——种植土豆

一、课程概况

（一）课程时长

1 课时。

（二）学习目标

1. 劳动观念：理解农耕的辛苦，尊重劳动及劳动人民。

2. 劳动能力：通过种植土豆，掌握种植土豆的方法，培养学生的种植能力，掌握农耕劳动技能。

3. 劳动精神：通过种植土豆，感受劳动人民种植的辛苦，培养学生热爱劳动的劳动精神。

4. 劳动习惯：在操作过程中注意安全，按照老师的步骤与规范操作，操作结束将材料清洁后放在相应位置，把台面整理干净。

（三）学习重点

了解土豆的历史，并掌握其种植方法。

（四）学习难点

掌握土豆种植及管理的方法。

二、教学设计

（一）课前

物品准备：土豆块、刀具、种植袋、椰砖、营养土。

安全提示：在种植过程中不要把营养土弄到眼睛里，准备种植的土豆块时注意刀具的使用。

（二）课中

【课程引入】

说到土豆大家应该都认识，并且很多人都喜欢吃，那么土豆能做成哪些美食呢？

土豆是我国本土植物吗？

【课程讲解】

大约在8000年前，在南美安第斯山的山顶上，古秘鲁人第一次驯化了土豆。之所以说“驯化”，是因为在此之前的“野生”土豆是一种有毒的植物，它体内祖传的配糖生物碱毒素和龙葵素，正是我们吃了发芽的土豆后食物中毒的原因。经过古秘鲁人的长期培育，才获得了毒素含量较低、块茎较大的土豆品种。

1532年，西班牙人的入侵终结了印加帝国，入侵者将土豆带回了欧洲。对于爱吃小麦等谷物的欧洲人来说，这种看似新奇的作物并没有一下引发所有人的兴趣。欧洲贵族们一开始并不将其视为食物，而是通过种植土豆来欣赏它结出的花朵，直到两个世纪后，欧洲人才逐渐开始食用土豆，因为它耐寒、耐干，十分高产，只要晒干水分，甚至可以储存数年。除了维生素A和维生素D以外，土豆几乎含有人体所需的每一种重要维生素和营养物质。

饱受战乱侵袭的欧洲村民很快发现了种植土豆的其他好处——不容易被征税，也很难被人夺走。因为土豆生长在地下，可以躲避征税者的目光；四处掠夺的士兵会抢走农民的谷物，但很少会停下来慢慢挖土豆。

同时受到土豆影响的还有中国，土豆传入中国的时间为明朝万历年间。在此之前，由于土地与粮食分配的严重不均，中国人口很难突破1亿大关。而到了清朝道光年间，全国人口居然达到了4亿，咸丰元年更是达到了4.3亿，是明朝的3倍多。能够创造人口奇迹的原因自然离不开土豆、甘薯、玉米这些农作物的传入。

历经300年的传播，跨越明清两个朝代，外来的土豆终于在中国落地生根。时至今日，土豆已是中国饮食文化中不可或缺的一部分。

今天，我们就来种植土豆。

【淬炼操作】

1. 选择土豆。土豆一般用块茎来繁殖，所以要提前买好用来种植的土豆，如果家里有发芽的土豆可以直接用。

2. 将土豆切成块。需要切成小块来播种，切块时也有讲究，仔细地看一下土豆会发现土豆的表面有一些“小眼”，这些“小眼”其实就是土豆的芽眼，将来土豆发芽生根就靠它了，所以切块时每块都要含有芽眼才行。

3. 播种。将土豆块茎埋到种植袋里的基质中，基质包括提前泡发好的椰砖和营养土。土豆芽眼朝上，间距约 15—20 厘米一个，然后盖上 3 厘米厚的土，土壤微湿即可，后放在阳光充足、温暖的地方。当温度过低时，可用塑料薄膜将种植袋覆盖住，保暖保湿。

4. 将种植袋放置在阳光充足且避风的地方并保持土壤湿润。土豆的生长需要大量的水分，天热时一天可以浇两次水，每两周可以用专用肥对土豆进行施肥。

5. 等到土豆叶枯萎时就可以收获了。拔掉地上部分，直接倒出袋子中的土就可以收获到土豆了。

【实践体验】

分发材料，学生操作，老师适时给予指导。

【分享总结】

同学们，在操作的过程中，你遇到了哪些困难、发现了哪些问题、有哪些想法，可以和大家分享一下。

【老师结语】

小小的土豆有着如此重要的历史地位，其实现在我们吃的常见蔬菜都有很多的故事和历史，它们经过大浪淘沙留在了我们的生活中，一定有其不可替代的优势。多观察、多思考、多学习，生活中处处有学问。希望大家回去后好好照顾我们的土豆，多观察植物的变化，总结种植经验，期末时我们来分享。

（三）课后

观察记录土豆的生长情况。

土豆生长情况记录表

时间	出土情况	叶片长度	叶片数量	高度

三、学生评价表

学生评价表

评价维度	评价				
	评分内容	分数	自评	互评	师评
劳动观念	认同劳动最光荣、劳动最崇高、劳动最美丽	20			
劳动能力	劳动项目无缺失	10			
	按流程完成任务，符合标准要求	10			
	使用工具熟练，操作过程有效率	10			
	保质保量完成操作	10			
劳动习惯	做到工完场清，完成活动后清理台面、清洗工具、垃圾分类处理	5			
	爱护工具、设备，及时回收，使用后有序存放	5			
	积极参与总结与讨论，学生手册填写清晰、完整	5			
	积极回答问题，有合作意识，劳动氛围融洽	5			
劳动精神	具有崇尚劳动、热爱劳动、辛勤劳动、诚实劳动的精神	20			
总分		100			

四、知识链接

种植后大约经过三四个星期，土豆盆栽便可正常出苗啦。

当土豆又长大了一截，就可以开始施肥了，一般人们使用黄豆或淘米水沤肥。

如何用淘米水沤肥？

把淘米水装进塑料瓶里，瓶盖不要拧紧，之后每天摇一摇，并把瓶盖拧开一会儿，让微生物发酵，气温高的话 3 天就沤好啦，沤好的淘米水可以直接浇在花盆里。

土豆盆栽种植好后，浇足水，然后把花盆放在阳光充足的环境下养护就可以了。

当土豆盆栽的叶子发黄、掉落非常严重的时候，就可以开始挖土豆了。收获土豆最好选一个好天气，挖出的土豆在太阳下晒一晒，这样不容易坏掉。如果你收获了很多土豆，可以把它们装入草袋、麻袋或垫了纸的筐里，上面撒一些干燥的沙土，放在阴凉干燥处保存，这样可延缓土豆发芽。

传统手工制作——毛毡杯垫

一、课程概况

（一）课程时长

1 课时。

（二）学习目标

1. 劳动观念：通过用简单材料创造独一无二的艺术品，能够理解劳动创造幸福。通过了解现代化纤的优秀性能，了解科学技术进步对人类生活的影响，形成崇尚劳动、尊重劳动的观念。

2. 劳动能力：能够按照正确步骤制作毛毡杯垫，能够在制作过程中发挥自己的观察与想象力，创造新的图案并探究相关制作方法。

3. 劳动精神：通过制作与探索，感受劳动是幸福的源泉。

4. 劳动习惯：在操作过程中注意安全使用工具，按照老师的步骤与规范操作，操作结束将材料清洁后放在相应位置，把台面整理干净。

（三）学习重点

掌握缝制的方法。

（四）学习难点

将毛毡布裁剪出自己想要的形状。

二、教学设计

（一）课前

物品准备：毛毡布、针线、剪刀。

安全提示：规范使用工具，注意剪刀的使用，用完后及时放到指定位置。

（二）课中

【课程引入】

大家看到的下面这些美好的小作品，都是用同一种材质制成的，它的学名叫毛毡。

【课程讲解】

毛毡，顾名思义就是把动物的毛紧密结合在一起形成一块毡子。我们小时候盖屋顶的油毡、剪鞋垫的毛毡就是这种东西。

大家养过猫或狗吗？到了脱毛的季节，能梳下来大把的毛。这些毛用手揉搓久了，会弄出一小块像地毯一样结实的毛毡。这是因为动物的毛发上有非常微小的毛鳞片，不管是揉搓、压碾都会让小鳞片互相勾结在一起。

毡，没有经过纺捻和编织加工的过程，在纺织学上被称为无纺织物。无纺织物是目前最古老的织品形式，距今至少有8000年的历史，比纺织、针织等技术更早被人类所使用。

后来毛毡从工业用、家用转而发展出一个手工艺术类的分支，也就是毛毡手工。

毛毡手工，大都用纯羊毛做原材料，把染色羊毛用机器压制毡化成一块一块的布料，就成了羊毛毡。这种材料色彩鲜艳又不用锁边，手缝、机器缝都好用，慢慢就成了流行的手工材料。

现在，毛毡手工也叫作不织布手工，这是为什么呢？

因为这些花花绿绿的毛毡现在大部分是化纤——腈纶纤维制作的。确切来说，它就不是毛毡，而是化纤毡了。

为什么要用化纤来代替羊毛呢？

首先是便宜，但其实除了性价比高之外，化纤不织布还有一个非常重要的优势。由于羊毛不织布含有动物蛋白，极易引起过敏反应，而当把毛毡布做成小朋友过家家用的玩具或家居生活用品时，安全卫生非常重要，所以很多人专门寻找优质的化纤不织布或混纺毛毡布来降低过敏的风险。现在，我们的纺织技术日新月异，优秀的化纤布料不但拥有天然纤维的柔软、光泽，还有耐腐蚀、耐摩擦等多种优势。

杯垫是日常生活中很不起眼的小物件，但你想过吗，若加入一些巧妙的创意，作为配件的它也会让人眼前一亮。平淡的生活中，能够时时体味一些细节的美好，也是一种小小的幸福。

利用毛毡布制作杯垫的手工教程简单又可爱，而且大家还可以在掌握基本的思路后，自己动手制作更多的水果杯垫，是不是很值得期待呢！

【淬炼操作】

1. 准备好红色、白色、绿色和深棕色的毛毡布。
2. 切割前，要先画出需要的零部件。比如做苹果的话需要果皮 2 片、果肉 1 片、叶子 1 片、种子 4 片、果柄 1 片。
3. 穿针引线，线头打结，准备缝合。
4. 将果皮、果肉缝合起来。
5. 将 4 颗种子缝在苹果正中间，对称分布。
6. 缝上叶子和果柄。

【实践体验】

分发材料，学生操作，老师适时给予指导。

【分享总结】

同学们，在操作的过程中，你遇到了哪些困难、发现了哪些问题、有哪些想法，可以和大家分享一下。

【老师结语】

利用毡布可以制作颜色鲜艳的水果杯垫，在将我们的餐桌装饰得更漂亮的同时，也使我们的生活更加丰富多彩。

（三）课后

废物利用，找出家里不用的布料做自己喜欢的杯垫。

三、学生评价表

学生评价表

评价维度	评价				
	评分内容	分数	自评	互评	师评
劳动观念	认同劳动最光荣、劳动最崇高、劳动最美丽	20			
劳动能力	劳动项目无缺失	10			
	按流程完成任务，符合标准要求	10			
	使用工具熟练，操作过程有效率	10			
	保质保量完成操作	10			

续表

评价维度	评价				
	评分内容	分数	自评	互评	师评
劳动习惯	做到工完场清，完成活动后清理台面、清洗工具、垃圾分类处理	5			
	爱护工具、设备，及时回收，使用后有序存放	5			
	积极参与总结与讨论，学生手册填写清晰、完整	5			
	积极回答问题，有合作意识，劳动氛围融洽	5			
劳动精神	具有崇尚劳动、热爱劳动、辛勤劳动、诚实劳动的精神	20			
总分		100			

四、知识链接

中国的毛毡生产历史悠久，古时候的制作方法主要靠人工给湿、捣击、滚压，促使羊毛毡化，以制成各种生活用品，如毡毯、毡帽、毡靴、帐篷、门帘等。到近代，由于毛毡具有适宜于工业用途的各种优良特性，可以制成各种工业用毡，于是逐渐由生活领域发展到工业领域，并由以生活用途为主变为以工业用途为主。随着工业的发展，对于毡制品的需求越来越多，制毡工业的发展前景也越来越广阔。

由于毛毡有各种优良特性，故可针对工业上的各种需要制成各种工业用材料，供工业上应用。毛毡的特性和用途简述如下。

一是有良好的弹性。可作为精密的机器仪表以及经不起冲击的机件的防震和缓冲材料。

二是有良好的毛细管作用。能贮存油类并能逐渐输出，可以作为飞机、汽车以及各种机械高速运转时轴承的润滑材料。

三是有良好的过滤作用。是油类、液体、空气的良好过滤材料，化学、食品、制药、航空等领域均有应用。

四是有良好的耐磨性。毡轮是汽车、飞机等使用的精密机件，也是玻璃、大理石等的抛光、研磨工具。

五是有良好的密封作用。可用于汽车、飞机、冷库等，作为密封件来防尘、防漏、隔热、隔音。

六是有良好的保暖性。可作为衣着用品及帐篷、门帘、床毯等保暖用品。

传统手工制作——编织挂饰

一、课程概况

（一）课程时长

1 课时。

（二）学习目标

1. 劳动观念：通过了解编织挂饰的历史及图案的意义，理解劳动是人类最基本和最重要的社会实践，是人类社会生存和发展的根本前提。

2. 劳动能力：通过编织挂饰培养动手能力，通过对挂饰的进一步加工与创作培养创新能力。

3. 劳动精神：通过对挂饰的了解与制作，感受手工劳动的乐趣和古代劳动人民的智慧，培养诚实劳动的劳动精神。

4. 劳动习惯：在操作过程中注意安全，按照老师的步骤与规范操作，操作结束将材料清洁后放在相应位置，把台面整理干净。

（三）学习重点

掌握编织挂饰的方法。

（四）学习难点

理解曼达拉图形的意义。

二、教学设计

（一）课前

物品准备：木棍、彩色毛线、剪刀、羽毛等装饰品。

安全提示：规范使用工具，注意剪刀的使用，用完后及时放到指定位置。

（二）课中

【课程引入】

编织是人类最古老的手工艺之一。旧石器时代，人们就开始将植物的枝条、叶、茎、皮等加工后，制作成对自己有用的物品。

编织是一种技术，也是一次手指的运动，人类使用工具或者双手使这些线条因互相交错或钩连而组织起来，形成丰富、美丽的图案。

有的编织技法本身就能形成图案花纹，曼达拉就是其中一种。

【课程讲解】

曼达拉，是指在人类历史文化的长河中以及在人们大脑当中储存的一种图式或图形。此图形分为内、外两部分，外围一般是圆形或者方形。整个曼达拉的最中间部分有着千年不变的恪守规律即对称，基本以“十”字形和“米”字形为主。

曼达拉，是用各种线料编扎的一种色彩和视觉纬度立体感非常强烈的绕线艺术，需要利用特定的木材等分画面，用毛线进行有规律地穿插缠绕，可以单一可以复合，也可以加入串珠、羽毛、饰品等元素装点。

【淬炼操作】

1. 准备质地较软的2—3毫米粗的毛线及木棒，也可以在自然界中寻找羽毛、叶子等配饰。

2. 虽然曼达拉的图样繁复且不同，不过设计与制作部分可以分为三个部分：起头、中间的图样、尾部流苏的制作。

3. 曼达拉的起头要点是将两根木条以十字形式中间部位打结系紧，可以用任何你熟悉的结或者是用胶将两根木条粘在一起。注意要将它系牢固，然后将线固定在十字架上，确保结不会脱落。

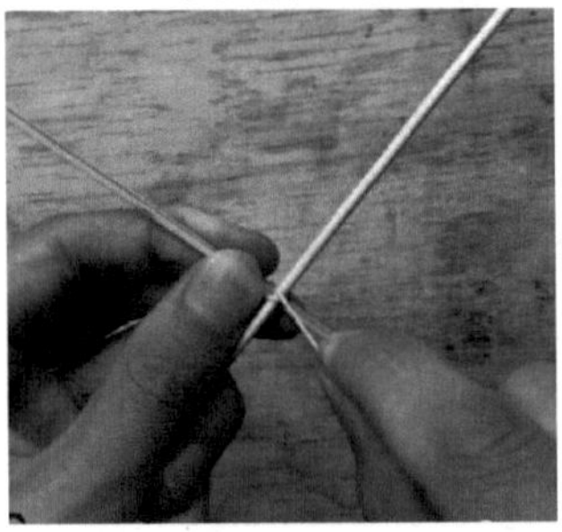

毛线沿木棍每个对角各绕一圈，随后每个对角绕三圈，沿每根木棍各绕三圈，这样中心便可以形成一个很基础、很常见的方形，绕满五圈后，翻到背面，打结固定。

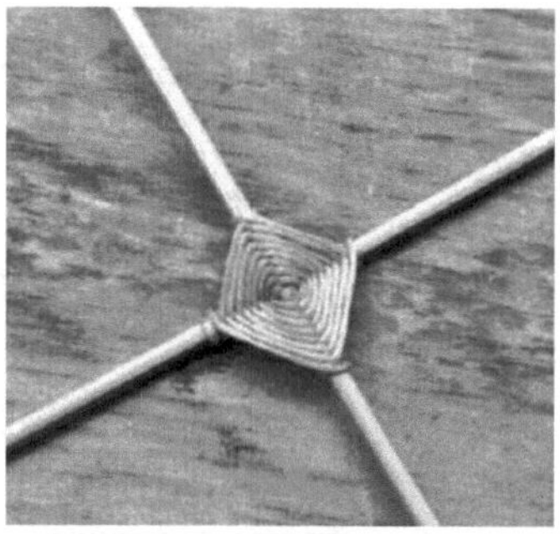

4. 曼达拉十字形花朵的编织要点是取一根蓝色的线，在一根木棍上绕一圈，随后绕到对角的木棍上，再绕一圈，重复以上绕线方法，绕五圈，翻到背面，打结固定，剪掉多余的线头，一对花瓣便制作完成。另一对花瓣，重复以上步骤即可。

5. 自由创作。选择自己喜欢的毛线继续绕线，直到你认为大小合适即可停止。然后，可以在曼达拉的四个角中留一个角固定成悬挂线绳，其余三个角加装饰羽毛或是流苏、毛线球等自己认为好看的装饰品。

【实践体验】

分发材料，学生操作，老师适时给予指导。

【分享总结】

同学们，在操作的过程中，你遇到了哪些困难、发现了哪些问题、有哪些想法，可以和大家分享一下。

【老师结语】

手工是人类历史上最为古老、普遍的一种综合艺术，它陪伴着人类度过了悠久而漫长的历史，从古至今不断地满足着人们的精神文化生活。随着社会科技的不断进步，人们的物质文化生活得到极大满足后人们便开始追求精神文化生活，开始喜欢有双手余温、饱含情感的纯手工制作的东西。这些手工制品的原料源于生活、源于自然，满足了人们回归自然、释放心灵、放飞自我的追求。

（三）课后

尝试用不同颜色的毛线进行搭配，制作手工艺品。

三、学生评价表

学生评价表

评价维度	评价				
	评分内容	分数	自评	互评	师评
劳动观念	认同劳动最光荣、劳动最崇高、劳动最美丽	20			
劳动能力	劳动项目无缺失	10			
	按流程完成任务，符合标准要求	10			
	使用工具熟练，操作过程有效率	10			
	保质保量完成操作	10			

续表

评价维度	评价				
	评分内容	分数	自评	互评	师评
劳动习惯	做到工完场清，完成活动后清理台面、清洗工具、垃圾分类处理	5			
	爱护工具、设备，及时回收，使用后有序存放	5			
	积极参与总结与讨论，学生手册填写清晰、完整	5			
	积极回答问题，有合作意识，劳动氛围融洽	5			
劳动精神	具有崇尚劳动、热爱劳动、辛勤劳动、诚实劳动的精神	20			
总分		100			

传统手工制作——草编蜻蜓

一、课程概况

（一）课程时长

1 课时。

（二）学习目标

1. 劳动观念：了解玉米皮编织的历史与优势，学习利用身边材料进行手工创作，在艺术创作中融入环保教育，关注废弃物利用，发现手工创作的多种途径。在实践中切实感受手工制作的独特魅力。

2. 劳动能力：了解蜻蜓的身体结构和玉米皮结、辫、捻、搓、拧的编织技巧与方法。能够辨别玉米皮的正反面，学习编小辫的方法并实践操作。培养动手操作能力。

3. 劳动精神：通过对玉米皮编织复杂细致的操作方法实操，感受生活中处处有艺术，同时提高合理利用资源、变废为宝的环保意识。通过探究蜻蜓腿的制作方法，培养善于观察、积极实践的探究精神。

4. 劳动习惯：在操作过程中注意安全，按照老师的步骤与规范操作，操作结束将材料清洁后放在相应位置，把台面整理干净。

（三）学习重点

玉米皮编织蜻蜓的方法。

（四）学习难点

玉米皮的性能与草编的生态环保意义。

二、教学设计

（一）课前

物品准备：玉米皮、绳子、剪刀。

安全提示：在用玉米皮编织的过程中注意安全。

（二）课中

【课程引入】

今天的劳动体验课，我们要用到一种天然的材料。大家知道这是什么吗？

【课程讲解】

玉米皮，大家一定见过它青绿的时候，当我们吃完玉米时，它就会被作为垃圾扔掉。在农村，每当玉米丰收时，也会产生大量的玉米皮。原来农民用它来烧火，也会留下一些作为手工材料，因为它的韧性特别好，是非常优良的植物纤维手工材料。

玉米皮编织是我国民间广为流传的手工技艺，它纹理清晰、门类繁多、式样新颖、色彩丰富、工艺精致，富有鲜明的民族特色，具有手工织品的自然美、艺术美和实用价值，形成了天然、朴素、清新、简练的艺术特色。

在原料上，玉米皮天然的浅黄、乳白等色彩和质地，给人们以自然质朴的美和淳朴的艺术享受。

在工艺上，通过运用编织、缠扣、钉串等多种技法，编织成丰富多彩的花纹和造型。采用疏密对比、经纬交叉、穿插掩压、粗细对比等手法，使之在编织平面上形成凹凸、起伏、隐现、虚实等浮雕般的艺术效果，既增添了色彩层次，也显示了精巧的手工技艺。

在装饰方法上，编织工艺还运用布贴、刺绣、蓝印花布、绒绣等工艺，使之更加多彩。在玉米皮编织的提篮上装饰刺绣、布贴、绒绣或彩色草编图案，雅致高贵。山东莱西的玉米皮缠扣提篮是以蓝印花布为面料，在深蓝色的衬托下，使得乳白色的玉米皮缠扣更显洁白且玲珑剔透。在玉米皮编织的壁挂上，饰以灯芯绒的布贴图案，手法新颖。

在色彩上，编织工艺品大多以乳白、咖啡、浅绿、浅土黄、灰绿、浅蓝等中间色、调和色为主，并适当在小面积上运用对比色，取得既调和又对比的效果，显示了典雅、朴素的艺术特色。

玉米皮编织的特点：玉米皮结实、有光泽、韧性强，薄而柔软，便于加工，可以编织成各式各样的工艺品。玉米皮也是一种草的纤维，俗称草编，主要产品有地毯、坐垫、靠背垫、茶具垫、提箱、果篮、水果盘等。

玉米皮编织产品美观大方、经济实用，但它和其他草编产品一样，都是有机物质，在潮湿、阴暗的环境下容易发霉，产生霉斑，颜色变黑变暗，甚至腐烂，因此玉米皮编织产品应注意保持干燥清洁，才能常用常新。

每一个玉米最多只能挑选出 3 张符合要求的玉米皮，选好玉米皮后，要用漂水、蒸煮、晾晒、破皮等工艺处理玉米皮，其中硬度强、皮白、无虫洞的玉米皮质量为最佳。为了让编织的动物“动”起来，有时候还需要用植物作为染料浸泡玉米皮，让它拥有丰富的颜色，从而做出不同造型。

【淬炼操作】

小辫编织法是将撕好的玉米皮先编成像女孩子们的小辫那样的细辫条，然后再加工成各种工艺品。本次我们会用到编小辫的方法。

在编织前，我们要了解蜻蜓的身体结构。蜻蜓的身体分为 4 个主要部分：身体、头、翅膀、腿。

1. 准备玉米皮，先将一片玉米皮撕成 2 厘米宽的小条。

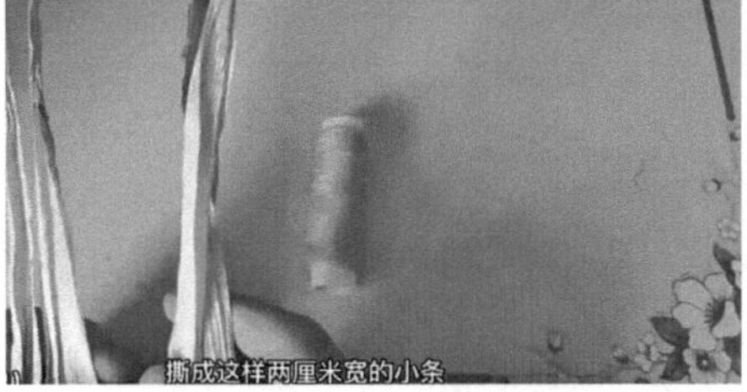

2. 取 4 根撕好的玉米皮条，光面（即贴玉米棒子的那一面）朝外，一头用绳子固定。

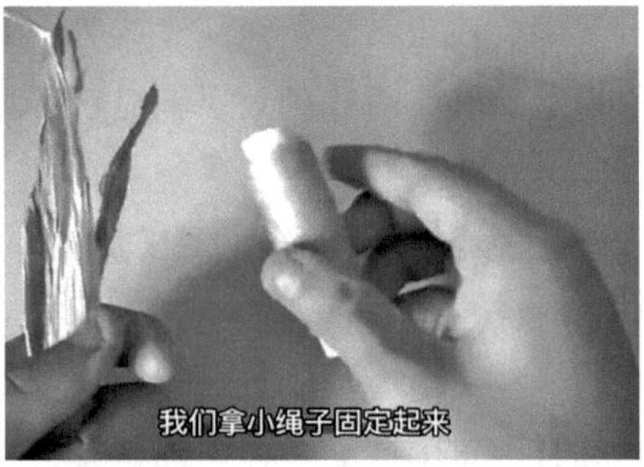

3. 将 4 根玉米皮条按照下图的方法编成小辫，保持右边光亮，然后一股压一股地按照女孩子们编发辫的方法编成小辫。长度够了后扎起来。

4. 另剪一小条玉米皮，作为蜻蜓眼睛的材料，将其折成一个小圆柱。

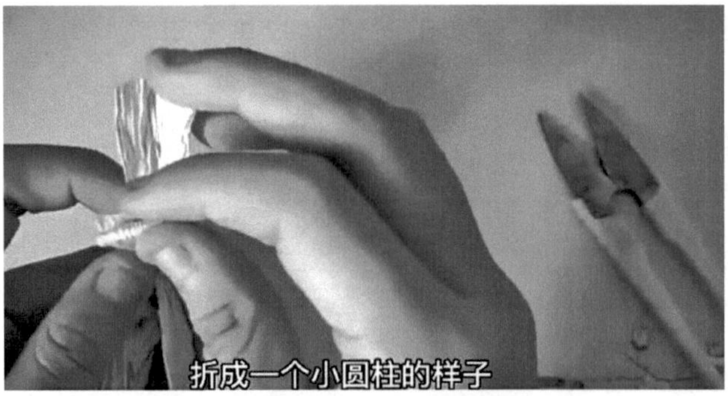

5. 将眼睛固定到蜻蜓的头部，扎紧，剪去多余部分。

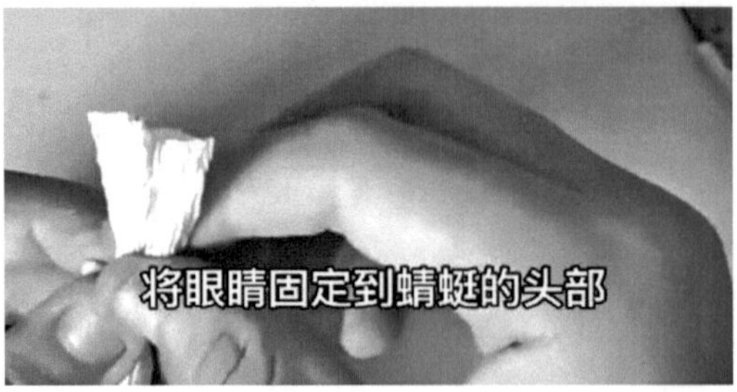

6. 整理蜻蜓的翅膀，将每侧的翅膀剪成两半，并剪出蜻蜓翅膀的形状。蜻蜓就制作完成了。

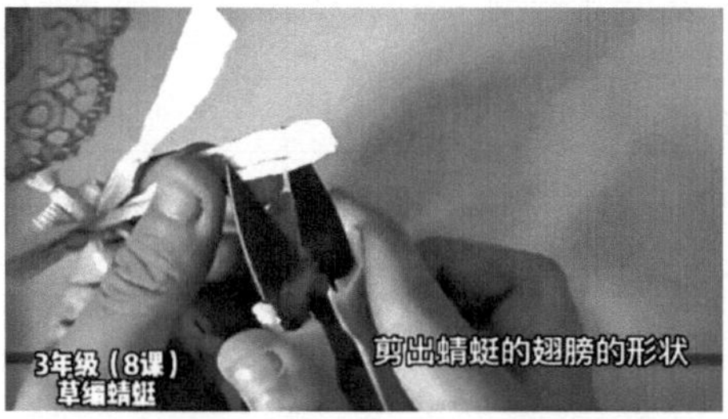

【实践体验】

分发材料，学生操作，老师适时给予指导。

【分享总结】

同学们，在操作的过程中，你遇到了哪些困难、发现了哪些问题、有哪些想法，可以和大家分享一下。

【老师结语】

通过本次活动，同学们了解了玉米皮编织，对玉米皮这种材料有了新的认识——我们在生活中经常会作为厨余垃圾扔掉，但在手艺人手里会变成漂亮的工艺品。我们今天编织了简单的蜻蜓，其实可以做的还有很多，大家可以尝试去做一做。

（三）课后

仔细观察身边的小虫子，尝试用我们今天学习的方法制作其他的手工作品。

三、学生评价表

学生评价表

评价维度	评价				
	评分内容	分数	自评	互评	师评
劳动观念	认同劳动最光荣、劳动最崇高、劳动最美丽	20			
劳动能力	劳动项目无缺失	10			
	按流程完成任务，符合标准要求	10			
	使用工具熟练，操作过程有效率	10			
	保质保量完成操作	10			
劳动习惯	做到工完场清，完成活动后清理台面、清洗工具、垃圾分类处理	5			
	爱护工具、设备，及时回收，使用后有序存放	5			

续表

评价维度	评价				
	评分内容	分数	自评	互评	师评
	积极参与总结与讨论，学生手册填写清晰、完整	5			
	积极回答问题，有合作意识，劳动氛围融洽	5			
劳动精神	具有崇尚劳动、热爱劳动、辛勤劳动、诚实劳动的精神	20			
总分		100			

四、知识链接

中国编织工艺品按原料划分，主要有竹编、藤编、草编、棕编、柳编、麻编等6大类。编织工艺品的品种主要有日用品、欣赏品、家具、玩具、鞋帽等5类。其中，日用品有席（地席、卧席）、坐垫、靠垫、各式提篮（花篮、菜篮、水果篮）、盆套（花盆套）、箱子、旅游吊床、盘子（水果盘、面包盘）、门帘、筐、灯罩等；欣赏品有挂屏、屏风及人物、动物造型的编织工艺品等。

传统手工制作——活字印刷

一、课程概况

（一）课程时长

1 课时。

（二）学习目标

1. 劳动观念：了解活字印刷的历史，知道活字印刷的发明对人类文化传播和发展进步的巨大影响，树立劳动使社会进步的观念。

2. 劳动能力：通过体验活字印刷，培养动手能力；通过对新技术的讨论，培养善于思考、多角度分析问题的思辨能力。

3. 劳动精神：通过对印刷术的了解，感受古代劳动人民的智慧，增强民族自信，弘扬开拓创新的劳动精神。

4. 劳动习惯：在操作过程中注意安全，按照老师的步骤与规范操作，操作结束将材料清洁后放在相应位置，把台面整理干净。

（三）学习重点

正确操作活字印刷。

（四）学习难点

理解印刷术对人类文化发展的促进作用。

二、教学设计

（一）课前

物品准备：拓版、木框、白乳胶、黑色素、画笔、宣纸、小碗。

安全提示：不要将黑色素弄到眼睛里。

（二）课中

【课程引入】

大家知道我们书本上的字是如何印刷上去的吗？——是通过印刷厂的大型数字化

印刷机器。数字化印刷是指把计算机处理好的数字化信息直接输出到纸张或其他基材上去的印刷术。那大家知道在古代，没有电力的情况下，人们是怎么完成印刷吗？

【课程讲解】

活字印刷术是一种中国古代劳动人民经过长期实践发明的印刷方法。

中国最早的活字排印，是春秋时期秦穆公的《秦公敦》铭文 100 字，它是用戳子印字在土范之上，然后翻铸的。后来，秦始皇统一全国度量衡器的陶量器上有诏书 40 字，也是用木活字戳印的。自从汉朝发明纸以后，书写材料比起过去用的甲骨、简牍、金石和缣帛要轻便且经济多了，但是抄写书籍还是非常费工的，远远不能满足社会的需要。到了唐朝，开始普遍使用雕版印刷术。雕版印刷术是在版料上雕刻图文进行印刷的技术，一般选用纹质细密坚实的木材，如枣木、梨木等，然后把木材锯成一块块木板，把要印的字写在薄纸上后反贴在木板上，再根据每个字的笔画，用刀一笔一笔雕刻成阳文，使每个字的笔画凸出在板上。木板雕好以后就可以印刷了。

北宋庆历年间，中国的毕昇发明了胶泥活字，标志着活字印刷术的诞生。活字印刷术的发明是印刷史上一次伟大的技术革命。

毕昇是怎么发明出活字印刷术的？还有这样一段故事。

毕昇生活在北宋庆历年间，是印刷铺里的一名工人，常年从事雕版印刷工作。毕昇是个有心人，非常善于观察和总结。他发现雕版印刷术存在很大的弊端：在雕版的时候需要耗费大量的时间、精力和材料，每印一本书，就要重新雕一次版；大量的书版积累起来，保存时要占用很大的空间；而且书版雕成以后，若发现其中存在错字，再想改正就难了。

在发现了这些情况以后，毕昇便开始思索解决的办法。后来，他从自己的两个儿子那里得到了启发。有一年临近清明时，毕昇带着妻子和孩子们回到家乡为祖先扫墓。他的两个儿子年纪尚小，觉得无聊，便玩儿起了泥巴。两个孩子用泥捏成了小人儿、小狗、桌椅等小玩意儿，然后将它们排列起来，并不断调换它们的位置。

这一幕落到了毕昇眼中，让他豁然开朗。毕昇心想，若是将每个字都刻成一个印章，书中写到哪个字，就将哪个字的印章排列进去，这样一来，不就可以排成完整的一页书吗？这一页印刷完毕，还可以用这些印章再排成下一页；这一本书印刷完毕，还可以用这些印章再排成下一本书。如此印刷，岂不比现有的雕版印刷要简单方便得多？

回去之后毕昇马上着手研究这种新型的活字印刷术。开始的时候，他用来制作活字的材料是木头。不过，他在研究的过程中发现木材遇水之后容易膨胀变形，操作起来很是麻烦，于是改成用胶泥来制作活字。大约在 1040 年，毕昇终于发明出了胶泥活字印刷术，这比德国发明铅活字印刷术的谷登堡早了 400 年。毕昇是当之无愧的世界活字印刷第一人。活字制版避免了雕版的不足，只要事先准备好足够的单个活字，就可随时拼版，大大地加快了制版时间。活字版印完后，可以拆版，活字可重复使用，且比雕版占用的空间小，容易存储和保管。

大家听过这个故事后有什么感想呢？你从中学到了毕昇什么样的劳动品质呢？

印刷术不仅仅是中国的，也是全世界的瑰宝，它对推动人类的文化发展有着重大作用。2010 年 11 月 15 日，“中国活字印刷术”被联合国教科文组织列入 2010 年“急需保护的非物质文化遗产名录”。

活字印刷有以下四个步骤。

一是先制成单字的阳文反文字模。

二是按照稿件将单字挑选出来，排列在字盘内。

三是涂墨印刷。

四是印完后，再将字模拆除，清洗阴干，留待下次排版时再次使用。

虽说步骤简短，但操作起来还是非常考验人的细心、耐心和动手能力的。今天，让我们一起尝试活字印刷，体验古人的劳动智慧。

【淬炼操作】

1. 拿出准备好的材料。

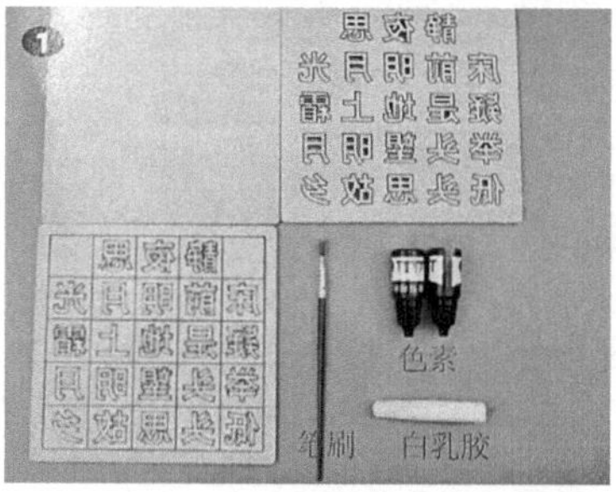

2. 用白乳胶将木框粘贴在底板上。

3. 将单字按诗词顺序摆放在木框内。

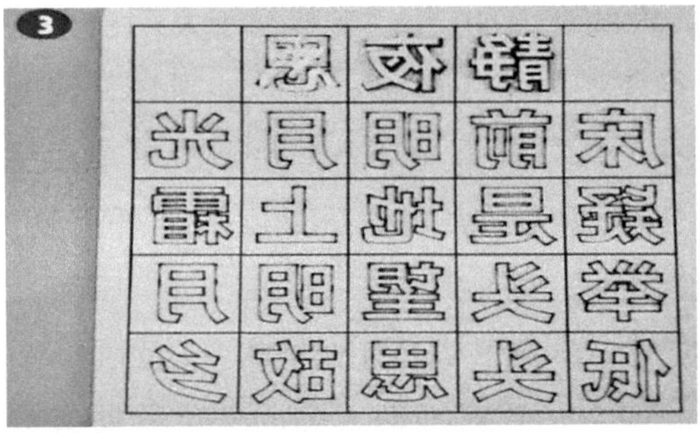

4. 将活字用白乳胶粘贴在木板的对应位置。

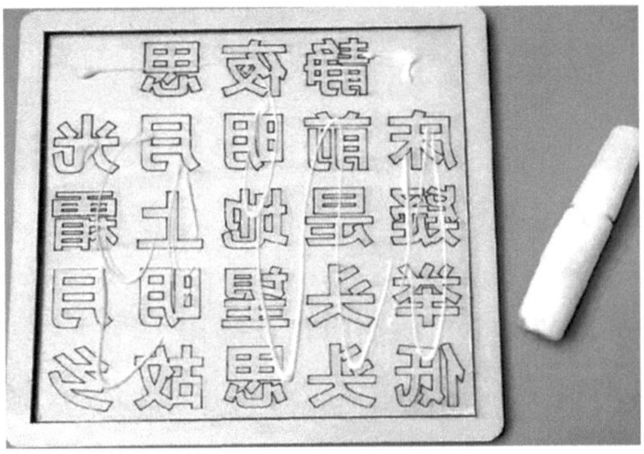

5. 用画笔和黑色素将凸出的字刷上色。

6. 将宣纸印在木板上，纸上会印出字样。

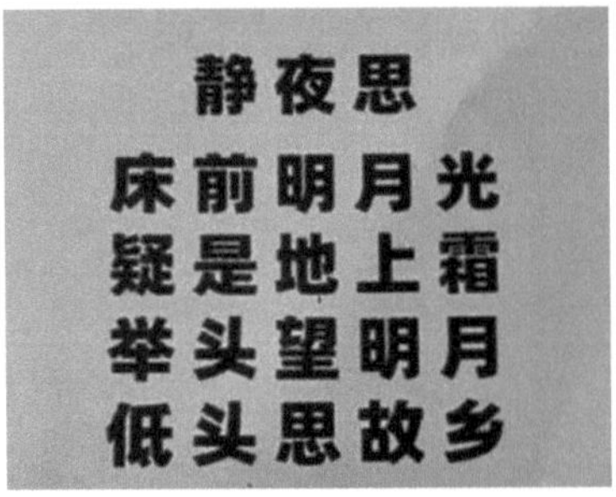

【实践体验】

分发材料，学生操作，老师适时给予指导。

【分享总结】

同学们，在操作的过程中，你遇到了哪些困难、发现了哪些问题、有哪些想法，可以和大家分享一下。

【老师结语】

印刷术是人类文明发展的促进工具。在印刷术发明之前，文化的传播主要靠手抄的书籍。手抄费时、费事，又容易抄错、抄漏，阻碍了文化的发展。印刷术发明后，促进了文化的传播，方便了人们印刷书籍，传播知识，为各地区的交流创造了条件。我们在了解活字印刷术的发明，感受中国传统文化博大精深的同时，也深刻体会了古代劳动人民的智慧。我们要学会学习、学会创造，将知识转化为科技，不断创新，用科技服务社会，为实现中华民族伟大复兴的中国梦而努力。

（三）课后

大胆设想，未来我们是否可以完全用电子文件取代纸质文件和书籍呢？我们还可以通过什么样的科技手段提高印刷效率呢？

三、学生评价表

学生评价表

评价维度	评价				
	评分内容	分数	自评	互评	师评
劳动观念	认同劳动最光荣、劳动最崇高、劳动最美丽	20			
劳动能力	劳动项目无缺失	10			
	按流程完成任务，符合标准要求	10			
	使用工具熟练，操作过程有效率	10			
	保质保量完成操作	10			
劳动习惯	做到工完场清，完成活动后清理台面、清洗工具、垃圾分类处理	5			
	爱护工具、设备，及时回收，使用后有序存放	5			
	积极参与总结与讨论，学生手册填写清晰、完整	5			
	积极回答问题，有合作意识，劳动氛围融洽	5			
劳动精神	具有崇尚劳动、热爱劳动、辛勤劳动、诚实劳动的精神	20			
总分		100			

四、知识链接

2010 年 11 月 15 日，“中国活字印刷术”被联合国教科文组织保护非物质文化遗产政府间委员会第五次会议审议通过，列入 2010 年“急需保护的非物质文化遗产名录”。该名录收录的是那些在社区或群体的努力保护下，生存能力仍然受到威胁的文化遗产。为将文化遗产列入名录，相关国家需要承诺执行专门的保护计划，并有可能从教科文组织管理的一个基金获得财政方面的资助。

传统工艺制作——植物染

一、课程概况

（一）课程时长

1 课时。

（二）学习目标

1. 劳动观念：在了解植物颜色并扎染的过程中了解古人的生活智慧，理解劳动对于个人生活与社会进步的意义。

2. 劳动能力：了解什么植物能够用来染色；能够利用工具制备染色溶液；学习扎染方法，创造自己的特色图案。

3. 劳动精神：能够在扎染实践中秉持认真劳动的信念，弘扬开拓创新的精神。

4. 劳动习惯：在操作过程中注意安全，按照老师的步骤与规范操作，操作结束将材料清洁后放在相应位置，把台面整理干净。

（三）学习重点

了解植物颜色的来源，掌握扎染的方法。

（四）学习难点

掌握扎染的方法。

二、教学设计

（一）课前

物品准备：手绢、皮筋、夹子、洋葱皮、电磁炉、锅、水。

安全提示：在煮颜料的时候不要被热水烫伤。

（二）课中

【课程引入】

同学们，请问你们拔草、摘花的时候，手上会染上颜色吗？（互动）

每种植物都有自己的色彩，很多色彩都能被我们用来染色。今天，我们先去采集一些野草、野花和树叶，然后通过挤压、敲打的方式，看看从它们身体里能挤出“颜料”吗?

【课程讲解】

每一种植物都呈现出不同的颜色，那它们的汁液跟呈现出来的颜色有什么关系呢?让我们探索一下。

首先，把采集的植物放在桌子上摆开看看，并取一些用手挤压一下，看看能不能挤压出汁液来。

我们发现有的植物容易挤压出汁液，有的不容易挤压出汁液。

我们再用捶打的方式试一下。把植物放在餐巾纸中间，用软锤子或石头敲打一下看看。

你们有没有发现那些柔软的、肉质厚的叶子挤压、敲打出的汁液多，质地硬的、薄的挤压、敲打出的汁液少，茎部比叶片的汁液少。

植物里的颜色是什么呢?

植物里的颜色很复杂，由花青素、纤维素、植物色素等构成。

我们把这些植物的叶子和花瓣摆放在素描纸上，尝试摆成图案，用敲打的方式，把汁液印在素描纸上看看效果。

为什么有的植物汁液多，有的少呢?

这和它们叶片的质地类型不同有关系。叶片的质地随植物种类而异，常见的有以下几种。

一是膜质。叶片薄而半透明，如麻黄的鳞片叶等。

二是草质。叶片薄而柔软，如薄荷、商陆、藿香叶等。

三是革质。叶片厚而较强韧，类似皮革，如枇杷、山茶、夹竹桃叶等。

四是肉质。叶片肥厚多汁，如芦荟、马齿苋、景天叶等多肉植物。

大自然中可以被当做染料的植物很多，如红花、苏木、姜黄等，古人获取它们的方式大多为“煮”。今天，我们来试试煮洋葱皮提取植物染料。

为什么用洋葱皮就能在布上染色呢? 这是因为植物中含有各种色素，这些色素渗透到布的纤维中就可以染色了。在染色后接触到明矾溶液，就能使纤维和色素牢牢地粘在一起，不褪色。

【淬炼操作】

1. 将洋葱外皮剥下放入锅中，用大约 500 毫升的清水煮，沸腾 20 分钟后，水变成很浓的红茶色。

2. 把洋葱皮捞出来，将煮好的水用滤纸滤几遍，除去杂质。

3. 将待染色的手绢洗干净，用皮筋绑好进行扎染。不用皮筋的话，染过之后整个手绢都是一种颜色，如果我们把手绢扎起来，让某些部位进不去颜色，就会形成好看的花纹。我们来试试不同扎法。

捆扎法。将织物按照预先的设想，或揪起一点儿，或顺成长条，用皮筋捆扎。

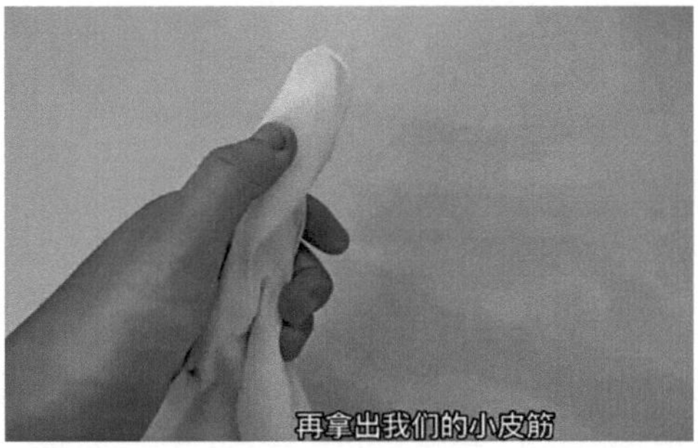

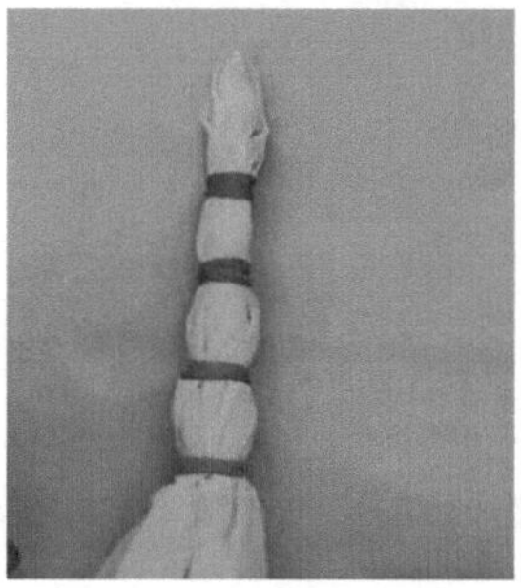

折叠扎法。广泛使用的方法，对折后的织物捆扎染色成为对称的单独图案纹样；一反一正多次折叠后可制成二方连续图案纹样。

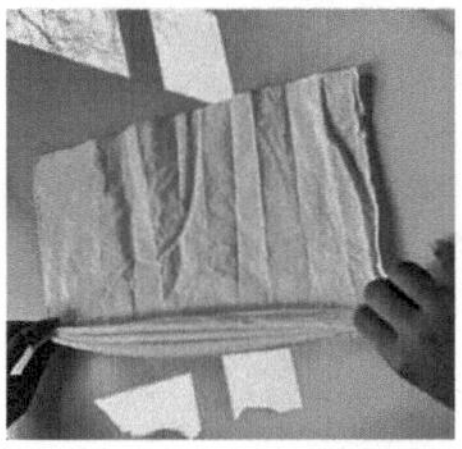

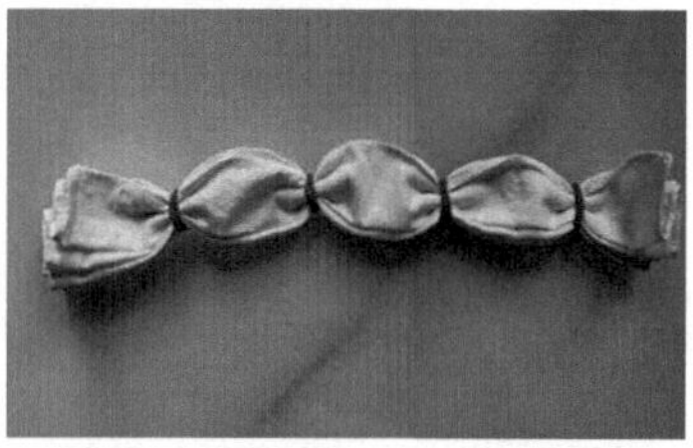

打结扎法。将织物作对角折叠，防止染液渗入。

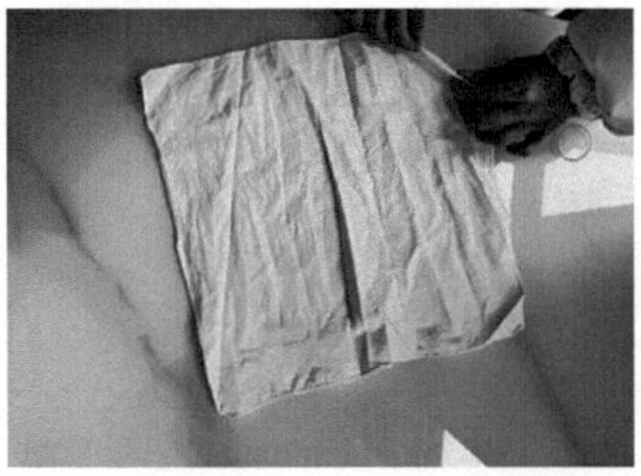

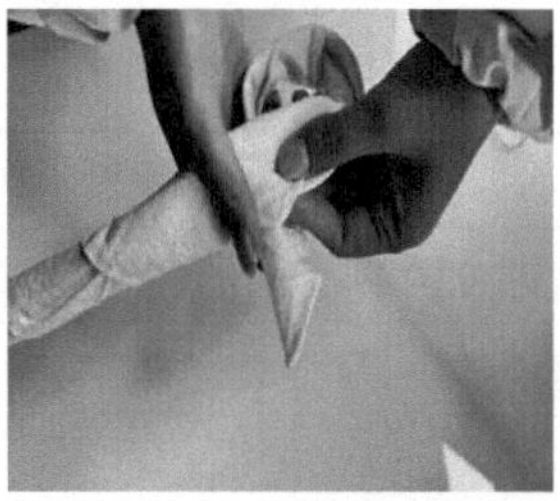

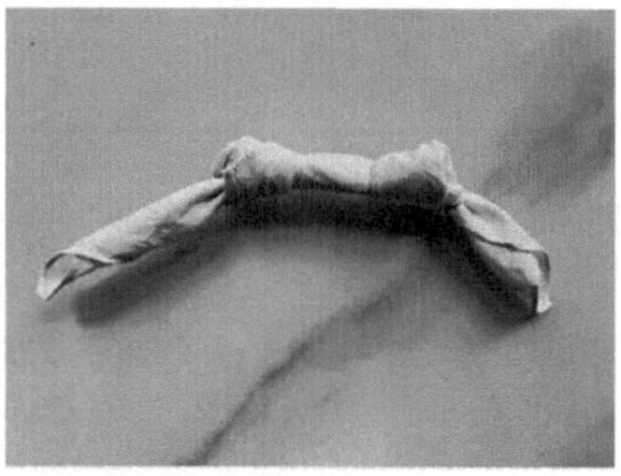

4. 把手绢放入煮过洋葱皮的水中浸泡 5 分钟后取出，解开皮筋。

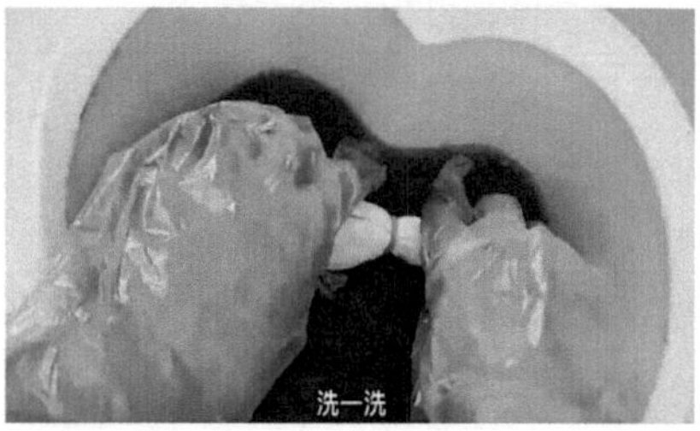

5. 将手绢用夹子夹住，自然晾晒。

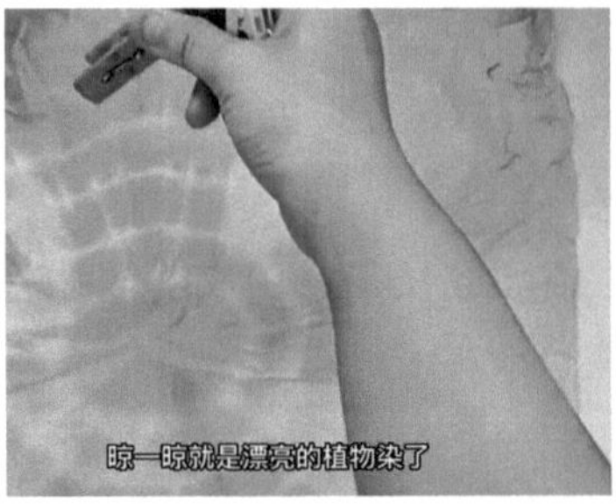

【实践体验】

分发材料，学生操作，老师适时给予指导。

【分享总结】

同学们，在操作的过程中，你遇到了哪些困难、发现了哪些问题、有哪些想法，可以和大家分享一下。

【老师结语】

通过亲手制作扎染，用布料延续植物的生命。大家染制出来的颜色和花纹都不同，打开布料的那一刻如同在拆盲盒，总给我们带来惊喜，这就是植物染的魅力。

（三）课后

在家里，大家可以尝试用不同的植物和扎法进行扎染，并尽可能做成装饰品或日用品，以此培养动手能力和生活情趣。

三、学生评价表

学生评价表

评价维度	评价				
	评分内容	分数	自评	互评	师评
劳动观念	认同劳动最光荣、劳动最崇高、劳动最美丽	20			
劳动能力	劳动项目无缺失	10			
	按流程完成任务，符合标准要求	10			
	使用工具熟练，操作过程有效率	10			
	保质保量完成操作	10			
劳动习惯	做到工完场清，完成活动后清理台面、清洗工具、垃圾分类处理	5			
	爱护工具、设备，及时回收，使用后有序存放	5			
	积极参与总结与讨论，学生手册填写清晰、完整	5			
	积极回答问题，有合作意识，劳动氛围融洽	5			

续表

评价维度	评价				
	评分内容	分数	自评	互评	师评
劳动精神	具有崇尚劳动、热爱劳动、辛勤劳动、诚实劳动的精神	20			
总分		100			

四、知识链接

植物作为最传统的染料，其染色技艺的历史相当悠久。

有关植物染最早的文字记载是在周朝。西周时期设有“染草官”一职，又称“染人”，专门负责染色。

春秋战国时，已经出现了许多专门染色的染坊，发现了多种植物染料，其中以蓝草和紫草用得最多。春秋时期的齐桓公喜欢穿紫色的衣服，还带动了齐国穿紫衣的风潮。

到了唐代，植物印染技术全面发展且成就斐然。“织为云外秋雁行，染作江南春水色”——白居易的《缭绫》中对织染的描绘，也让我们对唐代高超的染色技术有了直观的印象。

明清设有“蓝靛所”，植物染色工艺与技术在那时达到鼎盛。植物染是古代服饰染色的主流，如今植物染艺术颇有单独成为一门当代艺术形式的势头。

传统工艺制作——干花书签

一、课程概况

（一）课程时长

2 课时。

（二）学习目标

1. 劳动观念：掌握干花书签的制作方法，培养学生在不断创新和探索的过程中创造美好生活的劳动观念。

2. 劳动能力：通过制作干花书签，培养学生的动手能力和善于思考、多角度分析问题的思辨能力。

3. 劳动精神：通过对干花书签制作方法的学习，感受劳动人民的智慧和劳动创新带给生活的趣味。

4. 劳动习惯：在操作过程中注意安全，按照老师的步骤与规范操作，操作结束将材料清洁后放在相应位置，把台面整理干净。

（三）学习重点

制作干花书签。

（四）学习难点

制作的干花书签美观、实用。

二、教学设计

（一）课前

物品准备：干花、卡片、塑封膜、流苏、剪刀。

安全提示：规范使用工具，使用剪刀时不要扎到自己或者他人，轻拿轻放，注意安全。

（二）课中

【课程引入】

古人说：“书中自有黄金屋，书中自有颜如玉。”每天，我们都在读书，比如我手里就有一本装帧精美的课外书，这本书中有很多特别精美的图画，但其中很多页却被折叠，让人好生心疼。我知道这是读书的人看到某页或因喜欢某页而做的记号，虽然只是一个小小的折痕，但感觉影响了整本书的美观。在当今社会，爱看书的人值得敬重，但爱看书也要珍惜书。一本书往往不能一口气读完，需要标上记号，所以备上一些书签做记号是最好的方式。别看一枚小小的书签，它可以给我们在阅读时带来一种别样的心情。

如果你既是一位手工爱好者，又是一位热爱大自然、热爱花草的人，那么制作一些花朵、叶子类的书签，便有了“书中自有百花开”的大好心情。

【课程讲解】

书签最早出现在春秋战国时期，人们把动物的牙齿等放在竹简里面，用来标记阅读进度。随着时间的推移，又出现了各种形式的书签，如竹片、绢布、铜尺等。

“书签”一词最早出现在唐代，如杜甫诗云：笔架沾窗雨，书签映隙曛。按照《汉语大词典》的解释，“书签”的“签”是指“竹片或纸片上写有文字符号的一种标识”。所以，书签最初可能取义于书籍中写有文字符号并具有某种标识作用的竹片。

还有一种“挂签”，是人们在卷轴装书的轴的一端系上署有书名、卷次的小牌子。晋代开始流行卷轴装书，它带有一根用圆木棒做成的轴，很像现在带轴的画。“挂签”通常用竹片做成，唐代集贤院所藏《四库全书》，就分别用红、绿、碧、白四色挂签区分经、史、子、集四部典籍。

从唐代至宋初，印本书籍开始出现并逐步取代写本书，册页制取代了卷轴制。积累许多单页装订成为一册，就是册页制。

这一时期的书签多为贴在封皮上的用以题写书名的纸或绢条，为了区别于卷轴装书用的“挂签”，又称为“浮签”。

宋代文人生活态度普遍风雅，开创了中国独有的文房艺术，注重实用与欣赏的生活美学，喜在纸张或绢布上题诗作为书签。清代，夹在书里作为阅读进度标记的小薄片被固定称为“书签”。

从上文我们可以知道，书签的材质多样，形状也不固定，还可以用各种装饰方法让其光彩夺目。今天，我们就用干花来装饰书签。

干花取自植物的花朵，以特定方式干燥和保存，保存时间长于鲜花。

干花是如何制成的？一般有 3 种方法。一是通过空气干燥。将花朵的茎梗放在一根棍子上，然后倒挂在黑暗的环境中。二是使用微波炉。每隔 30 秒加热一次，每朵花加热约 3 分钟。三是将花朵压在书籍中。使用书籍并将花朵放在吸水纸中。书籍的重量有助于压缩树叶和花瓣，并且不会破坏书页，但以这种方法获得干花的时间比较长，需要一周左右。

哪些花适合制作干花？适合制作干花的品种很多。制作干花的重点是颜色和气味，不是所有的花在变干后都有好闻的香味。一些较受欢迎的干花有百子莲、薰衣草、刺芍药、牡丹、向日葵、菊花、玫瑰等。

有时，我们还可以将干花通过染色剂染成任意一种想要的颜色，以达到更好的装饰作用。干花只需要除尘，不需要进行其他的管理就可以保持很好的状态。

【淬炼操作】

1. 拿出干花。提前构图，想好干花摆放的位置，然后将干花放在卡片上，尽量放在卡片中间的位置。

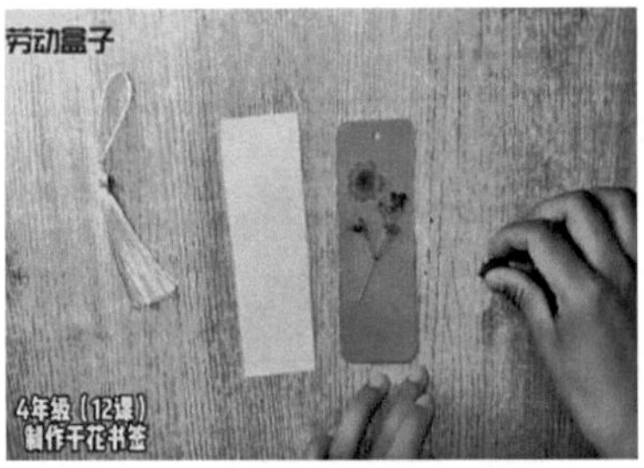

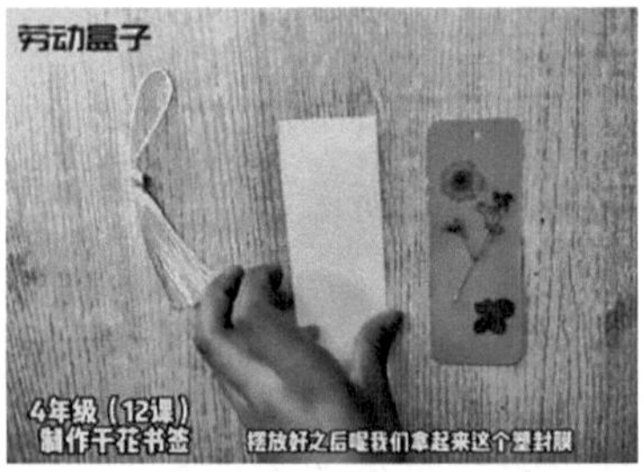

2. 摆放好以后，将塑料膜贴在卡片及干花上面，完成定型。塑料膜是可以撕开的，将其中一端撕开一小部分，与卡片相应位置重合贴好，再慢慢将塑料膜全部撕开，贴在卡片上。

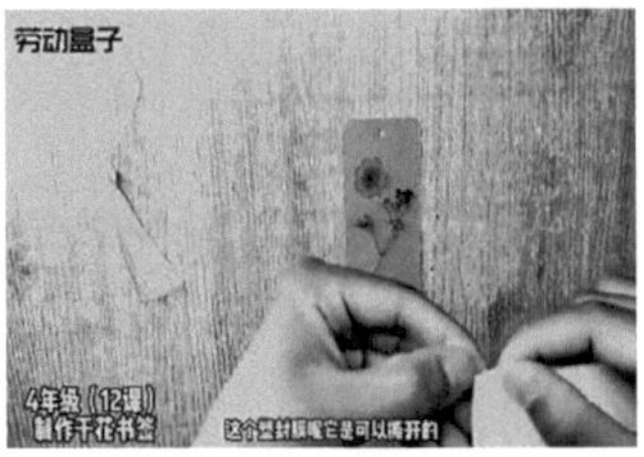

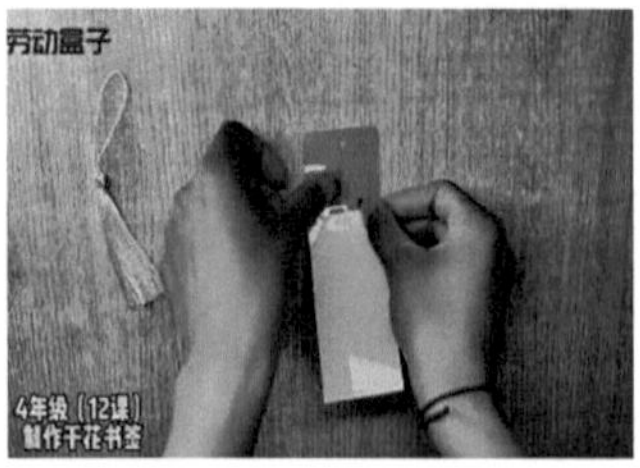

3. 将塑料膜压平，使空气完全排出。多余的塑料膜可用剪刀剪掉。

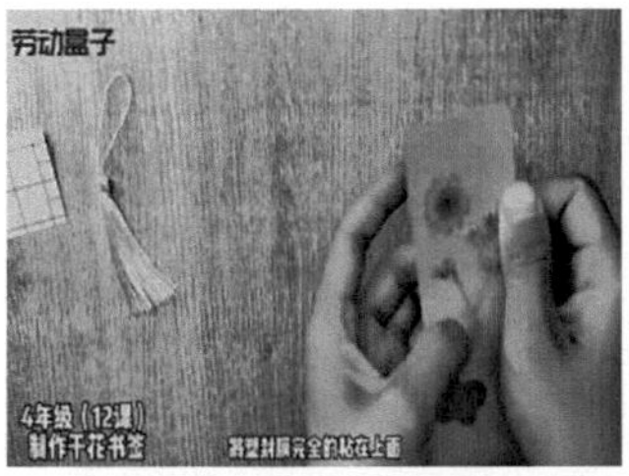

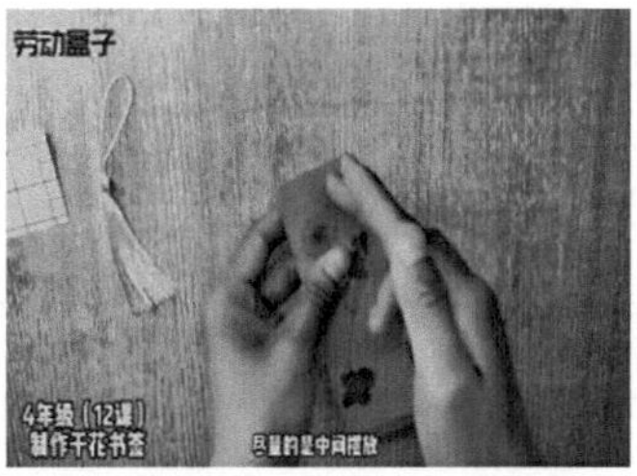

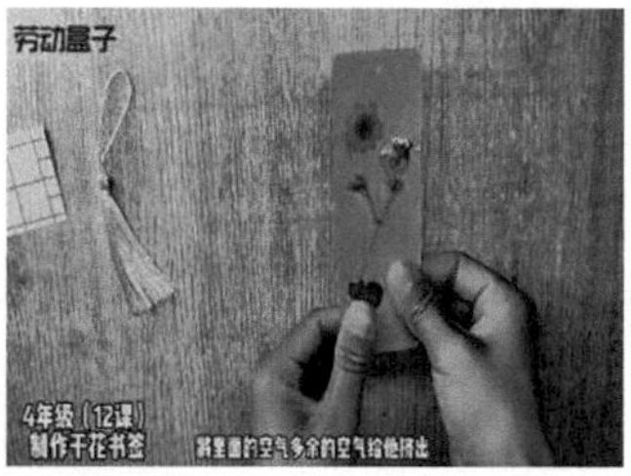

4. 将塑料膜对应的卡片孔部位置用剪刀扎出一个孔。

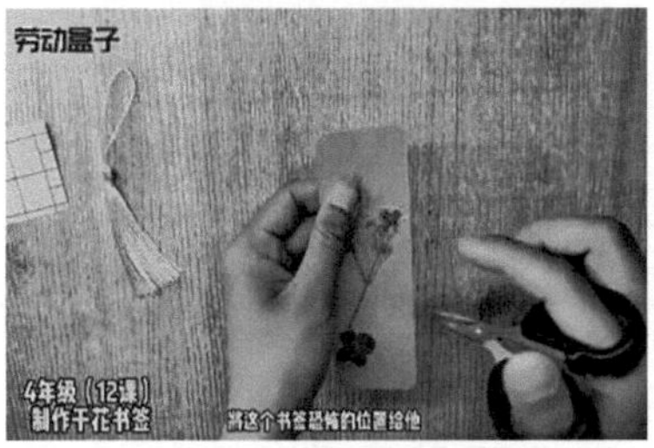

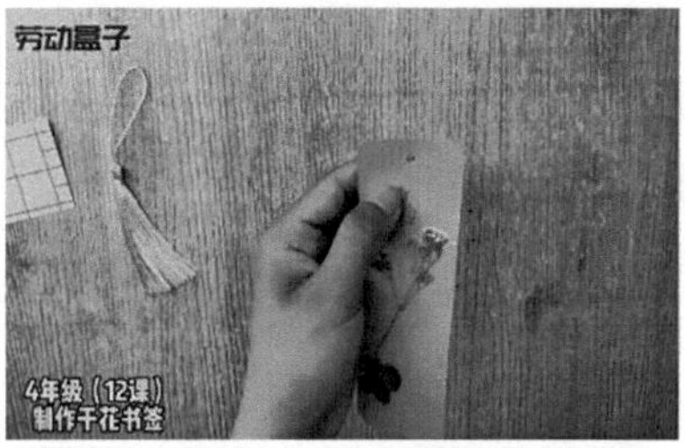

5. 将流苏绳子的部分穿过所打的孔，并将流苏的底部穿过绳子的中间部分（如下图所示）。整理好流苏，干花书签就完成了。

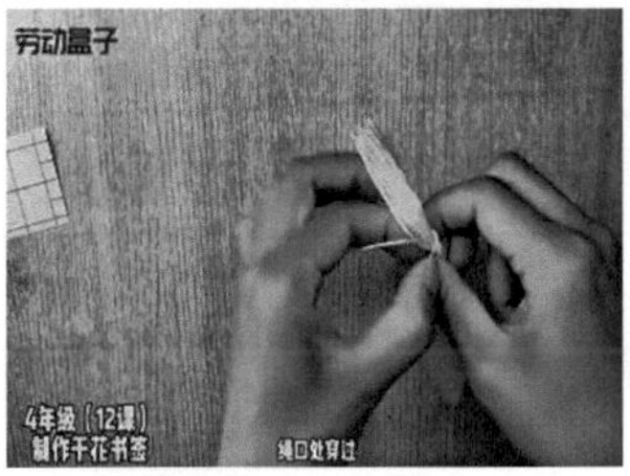

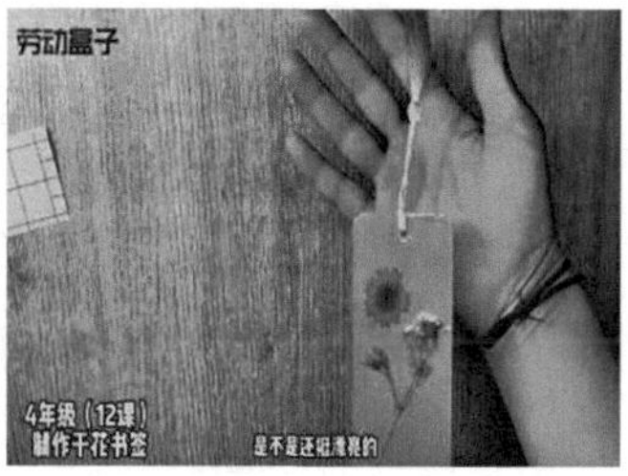

【实践体验】

分发材料，学生操作，老师适时给予指导。

【分享总结】

同学们，在操作的过程中，你遇到了哪些困难、发现了哪些问题、有哪些想法，可以和大家分享一下。

【老师结语】

书签如同一面镜子，可窥千年文化，可见百态人生。万物有灵，让我们以更细腻的方式，用心灵和指尖碰触、感受大自然至美的样子，期望书签能常伴同学们的学习之路。

（三）课后

回家后，在小区里收集一些自己喜欢的鲜花做成干花。

三、学生评价表

学生评价表

评价维度	评价				
	评分内容	分数	自评	互评	师评
劳动观念	认同劳动最光荣、劳动最崇高、劳动最美丽	20			
劳动能力	劳动项目无缺失	10			
	按流程完成任务，符合标准要求	10			
	使用工具熟练，操作过程有效率	10			
	保质保量完成操作	10			
劳动习惯	做到工完场清，完成活动后清理台面、清洗工具、垃圾分类处理	5			
	爱护工具、设备，及时回收，使用后有序存放	5			
	积极参与总结与讨论，学生手册填写清晰、完整	5			
	积极回答问题，有合作意识，劳动氛围融洽	5			
劳动精神	具有崇尚劳动、热爱劳动、辛勤劳动、诚实劳动的精神	20			
总分		100			

四、知识链接

永生花是干花吗？——不是的。干花是天然的、干燥的花。由于这种“风干”的过程，它们很脆，按压会使花瓣或叶子破裂。

永生花是选择天然优质鲜花采用高科技手段，经过脱水、脱色、烘干、染色等一系列复杂工序加工而成的。其保留了鲜花的手感和质感，无论在视觉还是触感上都与真花基本无异，可以摆放3—5年的时间。永生花的处理比干花有更多的人造元素。永生花保留了自然的触感，就好像它是一朵真正的花一样。

四年级

❖ 生活劳动

清洁与卫生——制作蜂蜜唇膏

一、课程概况

（一）课程时长

2 课时。

（二）学习目标

1. 劳动观念：在劳动中创造美，感受劳动的乐趣，让大家在有趣的唇膏制作过程中学习，在收获中体验劳动的辛苦，形成珍惜劳动成果的劳动观念。

2. 劳动能力：通过动手制作蜂蜜唇膏，培养动手能力；通过大胆尝试，培养善于思考、多角度分析问题的思辨能力。

3. 劳动精神：通过对唇膏成分及原理的思考，感受劳动人民的智慧和劳动创新带给生活的趣味。

4. 劳动习惯：在操作过程中注意安全，按照老师的步骤与规范操作，操作结束将材料清洁后放在相应位置，把台面整理干净。

（三）学习重点

制作出蜂蜜唇膏。

（四）学习难点

了解蜜蜂的形态特征和分工等知识。

二、教学设计

（一）课前

物品准备：蜂蜡、唇膏管、蜂蜜、锅、橄榄油、电磁炉、不锈钢盆、电子秤、量杯、搅拌棒。

安全提示：规范使用工具，溶解后热的混合液体要轻拿轻放，不要被烫伤。

（二）课中

【课程引入】

同学们，蜜蜂大家都经常见到，关于蜜蜂你知道哪些趣闻和小知识呢？

【课程讲解】

我们经常看到鲜花上会有蜜蜂在繁忙的工作，你有认真观察过蜜蜂的身体结构吗？

蜜蜂有两对透明的翅膀、两个触角，背部有一层一层的纹路。走近一点儿观察蜜蜂的外部形态特征，可以发现它的身体分为头、胸、腹三部分。头部具有感觉和取食功能，有触角、口器和眼睛；胸部是运动中心，有三对足、两对翅膀；腹部是生殖中心，大部分内脏在腹中。蜜蜂的口器是嚼吸式的，能吃固体食物也能吮吸液体食物。

我们通常看到的是蜜蜂的成虫，但它小时候并不是这个样子。蜜蜂是完全变态昆虫，一生要经过卵、幼虫、蛹、成虫四个阶段。蜜蜂的卵是乳白色的，芝麻粒大小，卵期只有 3 天就会被孵化成幼虫了。工蜂负责喂养幼虫，8 天左右幼虫化蛹，12 天就羽化成蜜蜂了，速度比蝉快了好多倍。从卵到成虫，蜂王需要 16 天、雄蜂需要 24 天、工蜂需要 21 天。

前面说到了不同蜜蜂的成长时间不同，下面我们来看这些蜜蜂是如何分工的。

蜂王——体型最大，管理蜂群，产卵繁衍后代。

雄蜂——中等大小，黑色，负责与蜂王交配繁殖。

工蜂——个体相对较小，数量最多，负责清理蜂巢、采集食物、喂养幼虫等工作。我们常看到的就是忙碌的工蜂。

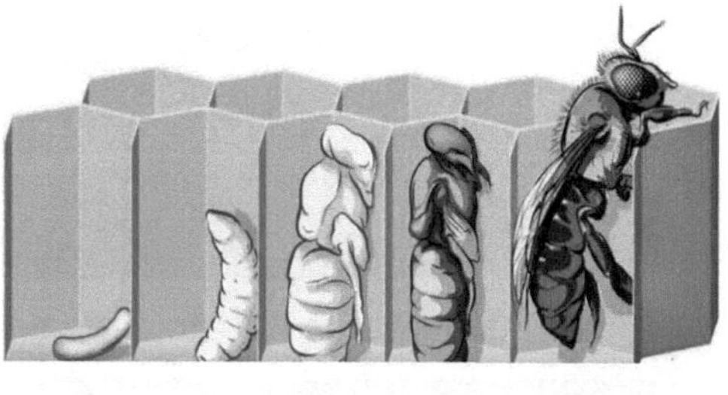

采集行为：蜜蜂能够采集花粉、花蜜、水、盐等食物，水能用来降低蜂巢温度。

信息交流：蜜蜂采蜜时飞成 8 字形，像是在跳舞，以此来通知同伴这里有蜜源，速来采蜜。怎么通过这支舞蹈判断蜜源在哪个方向呢？蜜蜂有时自上往下飞，说明蜜源在朝着太阳的方向；有时自下向上飞，说明蜜源地在背着太阳的方向。没有太阳参照，蜜蜂就不能辨别方向，一般不会跳 8 字舞了。大家以后可以根据蜜蜂的舞蹈来确定它们的运动方向。

蜜蜂在受到威胁时会蜇人，所以不要

招惹蜜蜂。

蜇人的一般是工蜂。工蜂要保护整个蜂巢及蜂群，尤其是蜂王的安全。其攻击方式是用它尾部的毒针进行蜇刺。工蜂的腹部末端有一根毒针，毒针由一根背刺针和两根腹刺针组成，另一端连接着毒腺和内脏器官，刺针尖端有几个呈倒齿状的小倒钩，小挂钩让毒刺牢牢钩住皮肤，蜇人的同时工蜂的内脏也会被拉出来。蜜蜂蜇人后会死去，所以它不到万不得已是不会蜇人的。

那么蜂蜜是什么呢？

蜂蜜是工蜂采集的花蜜，混合了蜜蜂酶液经过充分酿造而成贮藏在巢脾内的甜物质。蜂蜜是甜而有黏性的、透明或半透明的液体。

蜂蜜有滋润的作用。秋冬时空气变得干燥，我们的嘴唇容易感到干裂、起皮，这时就可以做蜂蜜唇膏来滋润它。

今天，老师就教大家制作一款蜂蜜唇膏。

【淬炼操作】

1. 拿出准备好的材料。

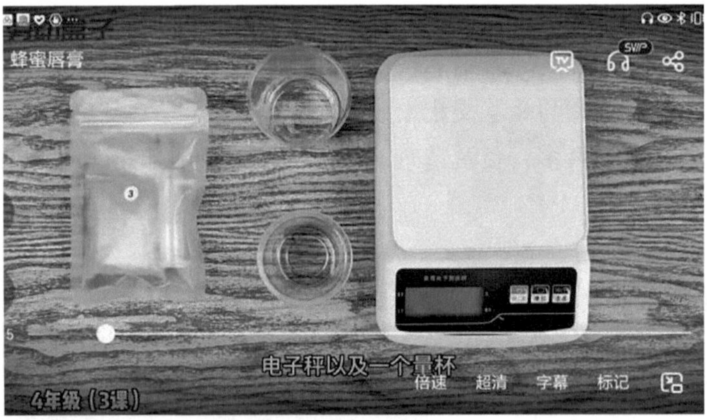

2. 打开电子秤，量杯去皮。

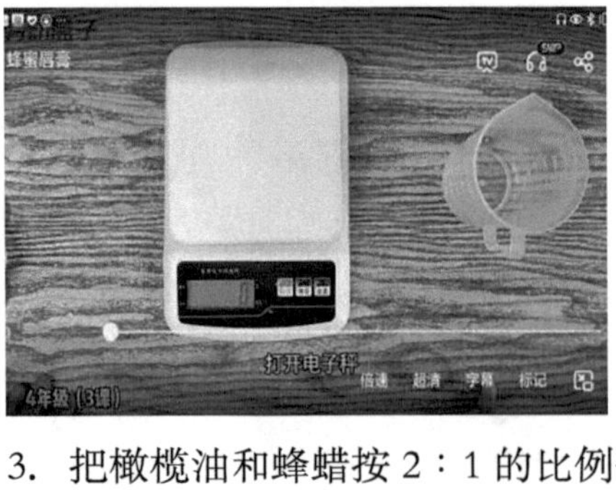

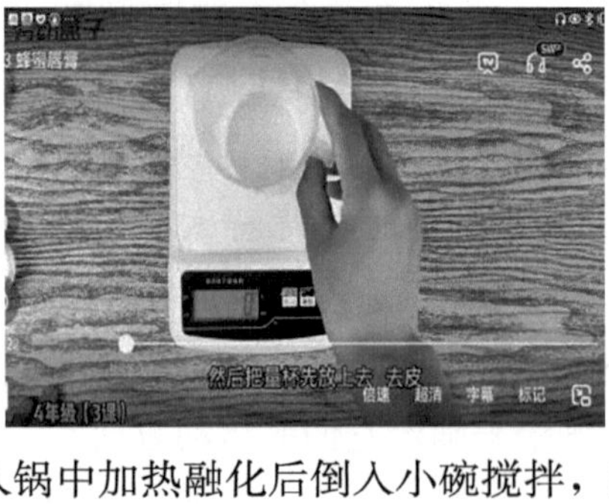

3. 把橄榄油和蜂蜡按 2∶1 的比例倒入锅中加热融化后倒入小碗搅拌，晾凉待用。

4. 将配制好的溶液放进锅里隔水加热，并不断搅拌至蜂蜡完全溶解。

5. 把加热后的液体倒入唇膏管内。液体很热，大家慢慢倒入，不要烫到手。

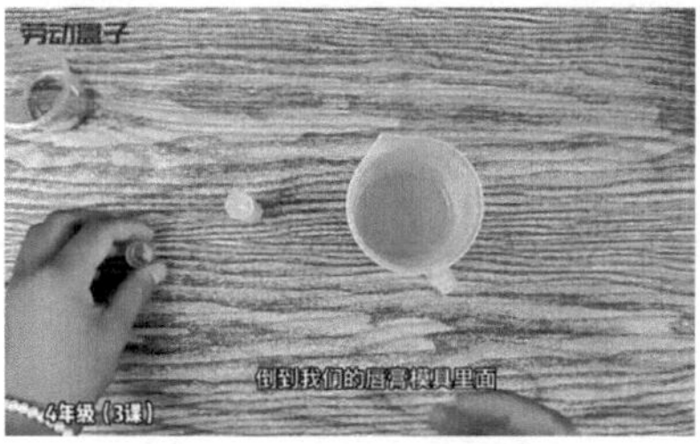

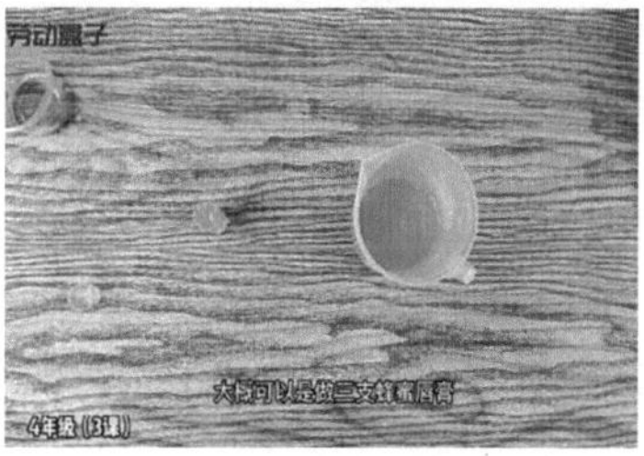

6. 放到一边让它冷却凝固，凝固后我们的唇膏就做好了。把液体放在通风的地方能让温度下降得快一些。

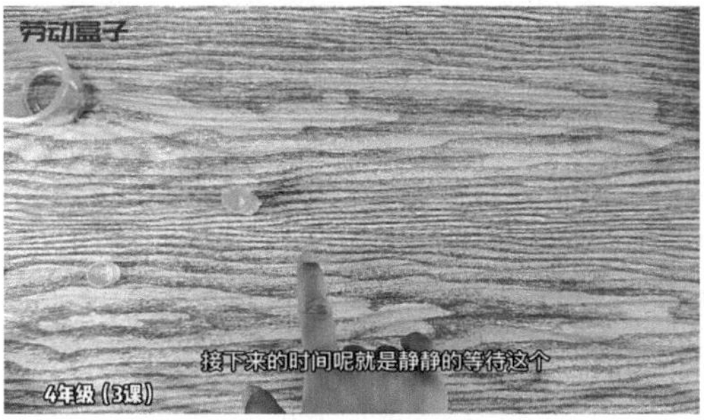

融化橄榄油和蜂蜡的步骤可以由老师带着全班同学一起做。同学们的蜂蜡可以放在一起用。

制作完成后可以抹抹看，分享一下使用唇膏的感受。

【实践体验】

分发材料，学生操作，老师适时给予指导。

【分享总结】

同学们，在操作的过程中，你遇到了哪些困难、发现了哪些问题、有哪些想法，可以和大家分享一下。

【老师结语】

通过本次活动，我们了解和认识了蜜蜂，并体验了制作蜂蜜唇膏。虽然蜜蜂的个体很小，但却影响着我们的食物安全。据了解，90%以上的植物都依赖蜜蜂授粉。同学们可以将制作的唇膏送给我们的亲人、朋友，让大家一起感受蜜蜂的馈赠，好好保护蜜蜂。

（三）课后

在生活中留意观察蜜蜂是如何采蜜的，观察时不要大声喧哗，并且身上不能有香味，不能靠得太近，小心别被蜇伤。

三、学生评价表

学生评价表

评价维度	评价				
	评分内容	分数	自评	互评	师评
劳动观念	认同劳动最光荣、劳动最崇高、劳动最美丽	20			
劳动能力	劳动项目无缺失	10			
	按流程完成任务，符合标准要求	10			
	使用工具熟练，操作过程有效率	10			
	保质保量完成操作	10			
劳动习惯	做到工完场清，完成活动后清理台面、清洗工具、垃圾分类处理	5			
	爱护工具、设备，及时回收，使用后有序存放	5			
	积极参与总结与讨论，学生手册填写清晰、完整	5			
	积极回答问题，有合作意识，劳动氛围融洽	5			
劳动精神	具有崇尚劳动、热爱劳动、辛勤劳动、诚实劳动的精神	20			
总分		100			

四、知识链接

蜜蜂的天敌里有一种膜翅目的昆虫叫作胡蜂，它身形细长，有黑黄相间的条纹。蜜蜂属于蜜蜂科，平时以花粉等素食为生；胡蜂是胡蜂科，肉食性昆虫。胡蜂会在发现蜂巢后在其上空不停地飞舞，甚至干脆堵在蜂巢的巢门前捕食工蜂。蜜蜂在面对强敌的时候会想很多自救的方法，如先躲在蜂巢中等待胡蜂自己离去，但当发现胡蜂不走且数量还越来越多时，蜜蜂会弃巢逃跑，蜂王会带着大家集体出逃。东方蜜蜂比较勇敢，在受到胡蜂威胁时会主动震动腹部，发出警报信息素通知同伴增援，并抖动翅膀发出“嘶嘶”声向胡蜂示威。胡蜂一旦靠近，蜜蜂就会出击，主动咬住胡蜂的腿、翅膀、触角等部位。蜜蜂数量多，胡蜂很快就被分解了。东方蜜蜂日本亚种在面对金环胡蜂时更聪明，它们聚成一个团，将胡蜂包在中间，大家一起振动翅膀提高内部温度，将胡蜂活活热死。

清洁与卫生——垃圾分类宣传冰箱贴

一、课程概况

（一）课程时长

2 课时。

（二）学习目标

1. 劳动观念：通过了解什么是垃圾分类、如何正确地垃圾分类及分类的方法，培养学生正确的劳动观念。

2. 劳动能力：通过进行垃圾分类，培养学生的动手能力和通过劳动创造美好生活环境的能力。

3. 劳动精神：通过对垃圾分类的学习，培养学生热爱劳动的劳动精神。

4. 劳动习惯：在操作过程中注意安全，按照老师的步骤与规范操作，操作结束将材料清洁后放在相应位置，把台面整理干净。

（三）学习重点

掌握垃圾分类的方法。

（四）学习难点

能够正确地进行垃圾分类。

二、教学设计

（一）课前

物品准备：空白冰箱贴、彩笔、白板、剪刀。

安全提示：使用剪刀时注意安全。

（二）课中

【课程引入】

同学们，大家所在的小区进行垃圾分类吗？一般分为几类？你会参与家庭的垃圾分类吗？

【课程讲解】

什么是垃圾?

垃圾是失去使用价值、无法利用的废弃物品，是物质循环的重要环节。

不同环境会产生不同的垃圾，比如生活垃圾、工业垃圾、农业垃圾等。

在我们日常生活中产生的垃圾就是生活垃圾。生活垃圾又被细分为几小类，有纸制品垃圾，如报纸、包装纸等；塑料垃圾，如塑料袋、塑料瓶、泡沫塑料、一次性餐具等；金属垃圾，如易拉罐、铁皮罐头盒、铅皮牙膏皮等；厨余垃圾，如烂菜叶、剩菜、剩饭、果皮、蛋壳、茶渣、骨头等。

垃圾处理方式为填埋处理，或是用焚化炉焚化。填埋垃圾需要很大的空间，垃圾降解的时间又很长，那片用来填埋的地方什么都不能做，还会对地下水、土壤、海洋等周围环境造成影响。焚烧垃圾会产生有害气体污染空气。所以，我们需要一些方法来解决人类产生的垃圾问题。

垃圾分类的目的是将废弃物分流处理，利用现有的生产制造能力，合理回收可以利用垃圾。

分类后的有害垃圾会被送至废危垃圾处理企业进行无害化处理。厨余垃圾通过发酵产生沼气，可以用来发电，还可以制成有机肥。其他垃圾可进行焚烧，垃圾焚烧时产生的热量也可以用来发电。垃圾残渣可用于道路建设或制砖。属于可回收垃圾的玻璃、金属、塑料、纸张、织物等废弃物也会被送至回收企业的处理厂，经过处理后再次投入使用。垃圾分类可以降低垃圾处理的成本，减少处理垃圾的二次污染，保护了环境。

各地的垃圾分类标准不同，可以根据各地的实际情况制定不同的分类方法。

现在社区里都设有分类垃圾桶，谁能说说分类垃圾桶都是怎么分类的?(互动)

我们国家由于人口众多，一年的生活垃圾产量为 4 亿吨左右，相当于 223 万只重 180 吨的蓝鲸。目前，垃圾分类是对垃圾进行有效处置的一种科学管理方法。通过分类投放、分类收集，把有用的、可以回收再利用的垃圾单独投放，重新回收、利用，变废为宝。

我们可以将垃圾分为哪几类呢?

我们一起来看下页这张图片。垃圾可分为可回收垃圾，如使用完的纸张、喝完的饮料瓶等；厨余垃圾，主要是菜叶、骨头、果皮等；有害垃圾，主要是废弃的电池、过期的药品、废弃的灯管等；其他垃圾，如我们用过的纸巾、厕纸、破旧的陶瓷品、一次性餐具等。

想一想，我们家中产生的哪类垃圾比较多?

什么是降解呢？一般指有机化合物分子中的碳原子数目减少，分子量降低。对于降解，不同的学者有不同的定义，有一种观点认为，降解物最终要被分解成二氧化碳和水才能称为降解。

不同垃圾的降解时间不同，具体如下表。

不同垃圾降解时间表

降解时间	物品	降解时间	物品
2 周	苹果核	20 年	塑料袋等
4 周左右	纸箱、报纸、纸巾等	30—40 年	一次性尿不湿等尼龙制品
6 周	麦片包装盒、香蕉皮等	50 年	汽车轮胎、运动鞋等
2—3 个月	表面涂蜡的牛奶和果汁硬纸板	75—80 年	薯片包装袋等
6 个月	T 恤等棉质衣物	200 年	铝制饮料罐等
1 年	轻薄的羊毛衣物	500 年	塑料瓶等
2 年	橘子皮、胶合板、烟头等	100 万—200 万年	玻璃罐和玻璃瓶
5 年	大衣等厚重的羊毛衣物	不知道要多久	电池

我们每天都会产生很多垃圾，我们要践行垃圾分类，将垃圾进行合理的利用和处理。今天，老师就教大家制作一款垃圾分类冰箱贴。

【淬炼操作】

1. 拿出准备好的材料。

2. 在白板上按照冰箱贴的大小画一个圆。

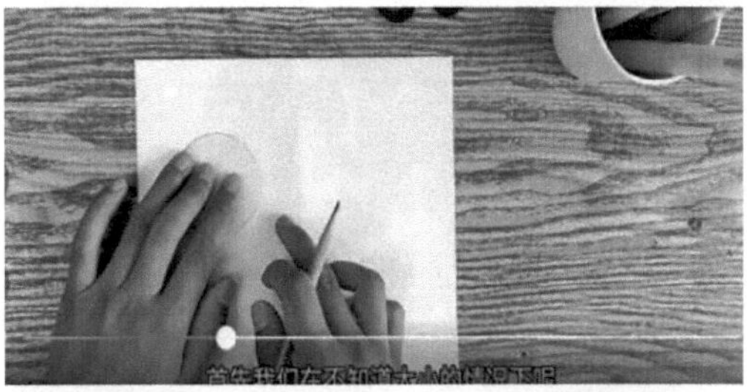

3. 在圆内设计垃圾分类标志的图案。

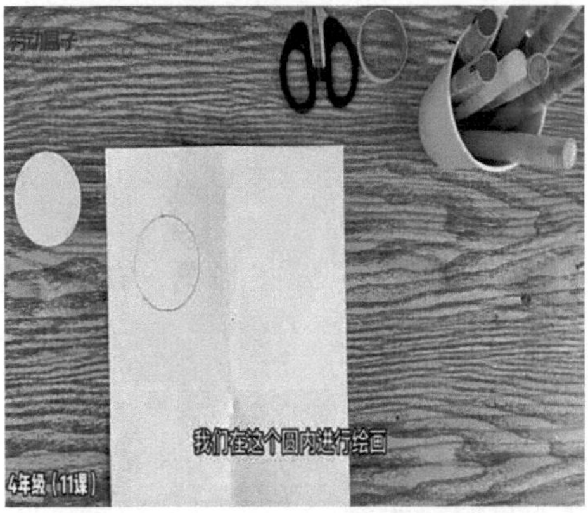

4. 给图案上色，再用黑色的笔描字体和图案。

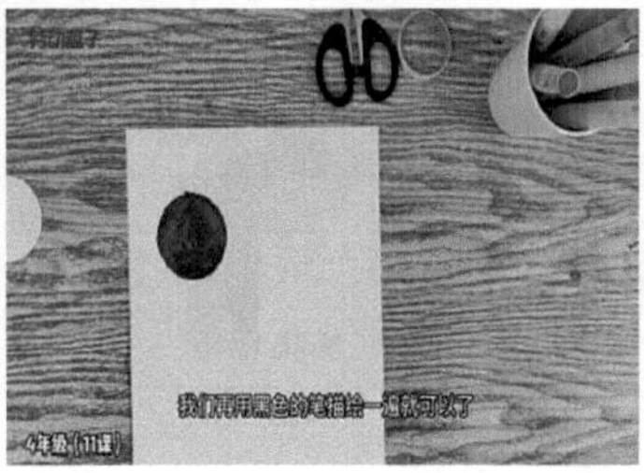

5. 将白板上画好的圆剪下来，和冰箱贴比对一下，修剪成冰箱贴的大小。小心使用剪刀，不要伤到手。

6. 在白板后面贴上双面胶，将背面的双面胶的撕掉，把它们粘贴到冰箱贴上。垃圾分类宣传冰箱贴就完成了。

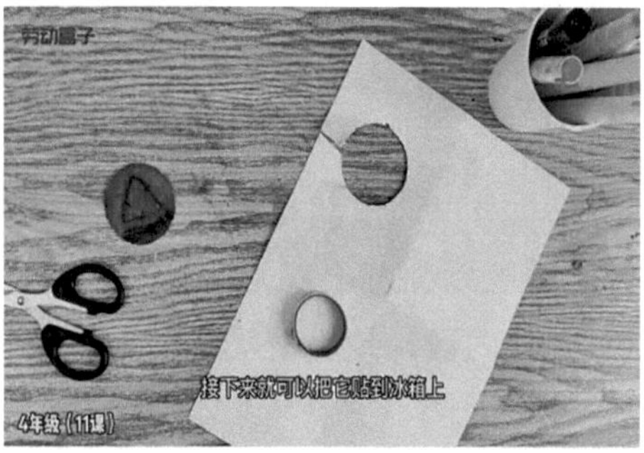

【实践体验】

分发材料，学生操作，老师适时给予指导。

【分享总结】

同学们，在操作的过程中，你遇到了哪些困难、发现了哪些问题、有哪些想法，可以和大家分享一下。

【老师结语】

通过本次活动，我们了解了垃圾分类的方法及好处，并制作了垃圾分类宣传冰箱贴。正确的垃圾分类可以保护我们的生活环境。我们每天都会产生很多垃圾，我们要践行并宣传垃圾分类，将垃圾进行合理的利用和处理。

（三）课后

在家中实践并宣传垃圾分类。

三、学生评价表

学生评价表

评价维度	评价				
	评分内容	分数	自评	互评	师评
劳动观念	认同劳动最光荣、劳动最崇高、劳动最美丽	20			
劳动能力	劳动项目无缺失	10			
	按流程完成任务，符合标准要求	10			
	使用工具熟练，操作过程有效率	10			
	保质保量完成操作	10			
劳动习惯	做到工完场清，完成活动后清理台面、清洗工具、垃圾分类处理	5			
	爱护工具、设备，及时回收，使用后有序存放	5			
	积极参与总结与讨论，学生手册填写清晰、完整	5			
	积极回答问题，有合作意识，劳动氛围融洽	5			
劳动精神	具有崇尚劳动、热爱劳动、辛勤劳动、诚实劳动的精神	20			
总分		100			

四、知识链接

如何减少垃圾的产生?

首先，不购买不需要的物品，多购买可以循环使用的产品，如可换芯的圆珠笔、自动铅笔、充电电池等。

其次，减少一次性物品的使用，如免洗餐具、纸杯、纸巾等。

再次，出门带水杯和环保袋。

最后，使用热水或者植物制剂代替清洁剂，可减少水源污染。

有效减少垃圾的产生就是在保护环境。

整理与收纳——缝扣子

一、课程概况

（一）课程时长

1 课时。

（二）学习目标

1. 劳动观念：了解扣子的发展历史与分类，学习扣子的各种用途，知道小小发明在美观、实用等各方面对生活的影响，认识到劳动创造生活。

2. 劳动能力：学习使用针线，掌握三种缝扣子的方法，通过对纫针、挽扣、打结等环节的认真练习，进行劳动方式、方法的对比与探索，在掌握正确缝法的基础上，培养学生善于思考、多角度分析问题的思辨能力。

3. 劳动精神：通过学习缝扣子，将理论与实践相结合，增加劳动兴趣，营造劳动光荣、技能宝贵的时代风尚。

4. 劳动习惯：在操作过程中注意安全，按照老师的步骤与规范操作，操作结束将材料清洁后放在相应位置，把台面整理干净。

（三）学习重点

缝扣子的三种方法。

（四）学习难点

扣子松紧度的把握。

二、教学设计

（一）课前

物品准备：扣子、针线、布料。

安全提示：规范使用工具，用针时一定不要扎到自己或者他人，轻拿轻放，注意安全。

（二）课中

【课程引入】

很多时候，我们穿的衣服上有不同形状的扣子，大家知道扣子的作用是什么吗?

【课程讲解】

扣子是一种常见的服装配件，用于连接和固定两块或多块面料，使服装更加整齐和紧密。扣子的位置和数量可以根据设计需要进行调整，有些服装可能只需要几粒扣子，而有些则需要很多扣子。扣子的种类繁多，有各种各样的形状、颜色和材质，可以根据服装的风格和主题来选择合适的扣子。有些扣子设计精美，可能有花纹、图案或者镶嵌宝石，可以让服装看起来更加华丽和高贵。

扣子还可以用于调节服装的紧度。有些扣子，例如钩眼扣和拉链扣等，可以根据个人需要调整腰围或袖口的松紧度，使服装更加合身。这对于需要灵活调整的服装，如裤子和内衣等，非常方便。

扣子还可以用于固定和连接配件。在一些外套和背心上，可以看到扣子被用来固定口袋、领子、肩章等服装配件，以保持整洁和有序。扣子还可以用于固定帽子、饰品和其他配饰，使其不易脱落或丢失。

在我国，扣子最早可以追溯到1800年前，最初的扣子主要是石扣子、木扣子、贝壳扣子，后来发展到用布料制成的带扣子、盘结扣子。盘结扣子在我国服装的发展进程中起了很大的作用，由最初的服装功能扣件向服装装饰过渡。中式盘扣是我国传统服饰的扣子形式，是将各种布料缝成细条，盘结成各种形状的花式扣子。

在古罗马，最初的扣子是用来做装饰品的，而系衣服用的是饰针。13世纪起，扣子的作用才与今天相同。那时，人们已懂得在衣服上开扣眼，这种做法大大提高了扣子的实用价值。16世纪，扣子得到了普及。随着快时尚的兴起，扣子从以前的功能型转变成创意型，开始成为服装装饰等。

扣子在生活中很常见，扣子材质的好坏也决定着整件衣服的品质，一粒看似不起眼的扣子可能会立刻提升服装的档次。

扣子发展到现在，种类众多，但常见的还是明眼扣和暗眼扣。

明眼扣，直接通扣子正反面，一般分四眼扣和两眼扣。

暗眼扣，一般在扣子的背面，经扣子径向穿孔。

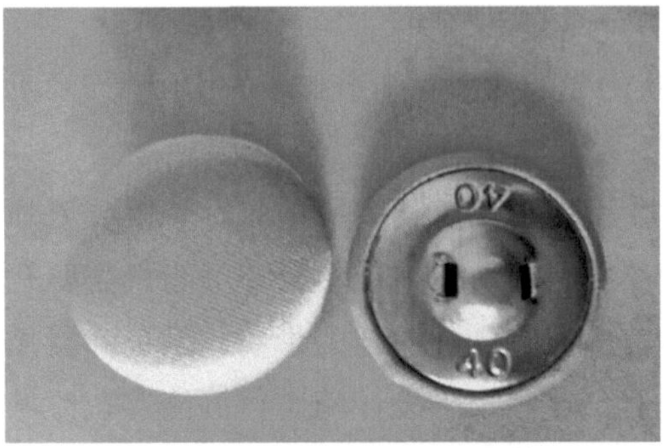

今天这节劳动实践课，我们就来做一次针线活儿，学习几种扣子的缝纫方法，看看谁能够把扣子缝得又快又结实，好看无痕迹。

【淬炼操作】

1. 四孔扣子平行缝法。

（1）根据线的粗细，采用双线或单线缝，线头打结，在布料上准备缝扣子。

（2）针线穿入扣子背面孔中，从扣子正面穿出。

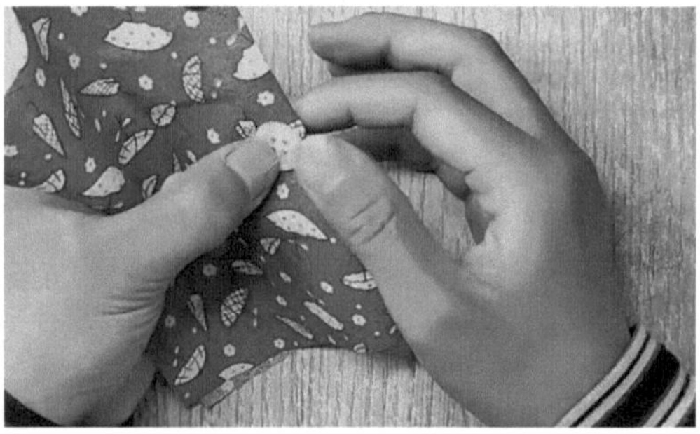

（3）从旁边的孔中穿入扣子，再穿入布料。

（4）针线松松地在两孔与衣服之间进出 3—4 次，然后以同样方法进出另外两孔。

（5）用针线把扣子与衣服之间的线缠束 3—4 圈。

（6）把针线穿入布料，打一个止缝结。

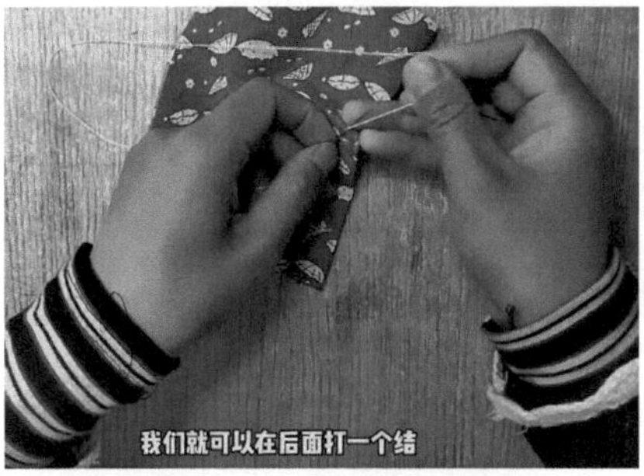

2. 四孔扣子十字交叉缝法。

四孔扣子除了上面讲的平行缝法，也可以用十字交叉缝法，只是穿线入孔不一样，形成了十字形，缠绕多圈固定，最后打结。这种缝法多用于缝制装饰性扣子。基本缝合方法和上面的相同，需要注意的是洞与洞之间的穿梭方式，常见的四种分别是平行、交叉、口字形和 8 字形。

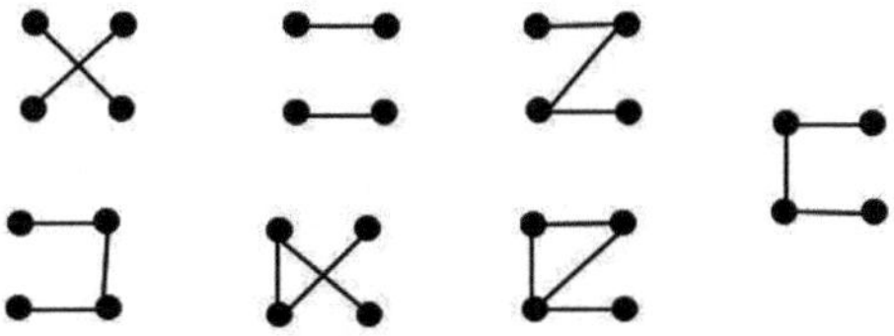

3. 双孔扣子缝法。

和四孔扣子一样，也是穿线后在线脚处缠绕多圈固定，最后打结。

4. 带脚扣子缝法。

（1）线头打结，在缝扣子的布料位置挑一针。

（2）让针线从扣子背后的小孔中穿过。

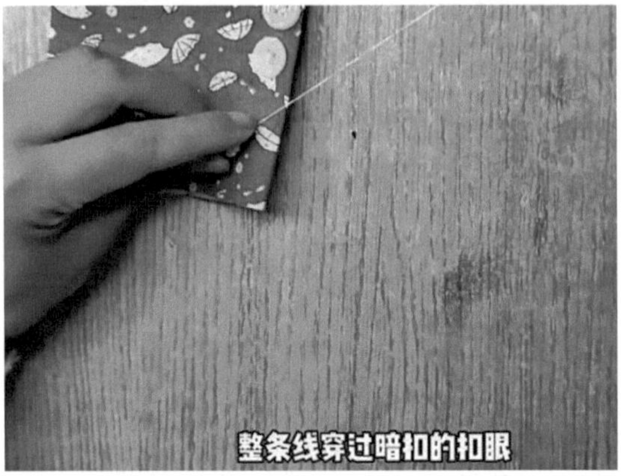

（3）在线重复穿过扣眼后将线扯紧，扣子就可以固定在布上子。

（4）重复上述步骤 2—3 次，最后针线从布料背面穿出，打好止缝结，完成扣子缝制。

【实践体验】

分发材料，学生操作，老师适时给予指导。

【分享总结】

同学们，在操作的过程中，你遇到了哪些困难、发现了哪些问题、有哪些想法，可以和大家分享一下。

【老师结语】

缝扣子虽然只是一件小事，但也需要有耐心，细心去体会才能完成好。同学们虽然都是第一次拿起针线，但是每一针、每一线都缝得有模有样。虽然针脚还略显稚嫩，但大家认真的态度非常值得表扬。

（三）课后

可以试着给自己的衣服或者给布娃娃的衣服缝上新扣子。

三、学生评价表

学生评价表

评价维度	评价				
	评分内容	分数	自评	互评	师评
劳动观念	认同劳动最光荣、劳动最崇高、劳动最美丽	20			
劳动能力	劳动项目无缺失	10			
	按流程完成任务，符合标准要求	10			
	使用工具熟练，操作过程有效率	10			
	保质保量完成操作	10			
劳动习惯	做到工完场清，完成活动后清理台面、清洗工具、垃圾分类处理	5			
	爱护工具、设备，及时回收，使用后有序存放	5			
	积极参与总结与讨论，学生手册填写清晰、完整	5			
	积极回答问题，有合作意识，劳动氛围融洽	5			
劳动精神	具有崇尚劳动、热爱劳动、辛勤劳动、诚实劳动的精神	20			
总分		100			

❖ 生产劳动

农业生产劳动——多肉植物的栽培

一、课程概况

（一）课程时长

2 课时。

（二）学习目标

1. 劳动观念：在创新、钻研、探索的过程中，用劳动创造美好生活，带来幸福感。

2. 劳动能力：掌握多肉植物的栽培技术，通过种植多肉植物及对多肉植物的叶片形态与生长环境的探索，培养学生种植与独立思考的能力。

3. 劳动精神：通过种植多肉植物，感受劳动人民种植的辛苦和劳动创新带给生活的趣味，培养热爱劳动的劳动精神。

4. 劳动习惯：在操作过程中注意安全，按照老师的步骤与规范操作，操作结束将材料清洁后放在相应位置，把台面整理干净。

（三）学习重点

种植多肉植物的方法。

（四）学习难点

理解多肉植物形态形成的原因。

二、教学设计

（一）课前

物品准备：花盆、多肉植物种子、土壤、种植工具。

安全提示：规范使用工具，使用种植工具时要和其他同学保持一定距离，轻拿轻放，注意安全。

（二）课中

【课程引入】

同学们，这是什么植物，大家认识吗？你能说说多肉植物对比其他植物有哪些特点吗？（互动）

【课程讲解】

多肉植物也叫作“多浆植物”，是指植物的根、茎、叶三种营养器官中至少有一种是肉质组织，这种组织肥厚多汁并且具备储藏大量水分的功能。多肉植物遵守达尔文的进化论，进化论的主要观点是物竞天择，适者生存。多肉植物经过长期的进化，把一些能够适应周围环境的特点通过优胜劣汰延续了下来。经常处于干旱状态下的多肉植物，为了减少蒸发量并储存足够的水分，叶片会变得又短又胖，这就是我们常说的丸叶状态，同时根系会更加旺盛，保证能够吸取足够的水分。

多肉植物在全世界共有 1 万余种，在分类上隶属 100 余科。按其贮水器官的不同分 4 类：叶多肉植物、根多肉植物、茎多肉植物和其他多肉植物；根据生长期分 3 种类型，分别为喜好稳定暖和气候的春秋型、喜好高温的夏型，以及喜好寒冷气候的冬型。

很多人喜欢多肉植物，一方面是因为多肉植物比较好养活，需水、需肥量少，对于种植新手来说是比较好的选择；另一方面，大家也是被多肉植物的外表所吸引，肉乎乎的叶子晶莹剔透，呈现不同的颜色，和一般的植物相比更具观赏性。多肉植物的外表美，让大家更希望给它们起一些美丽的名字，如爱染锦、白斑玉露、不夜城芦荟、灿烂缀化等。

尽管多肉植物的养护比较容易，但要想长得好，还是需要了解它的生长条件。多肉植物的养护方法具体如下。

1. 通风。多肉植物喜欢通风良好的场地，最好是养在室外，如养在室内也应该多开窗通风。

2. 温度。多肉植物生长最适宜的温度是 15 ℃—25 ℃，夏天高于 35 ℃或冬天低于 5 ℃时，大部分多肉植物会进入休眠、半休眠状态，休眠期间尽量不要动它，温度适宜了它会自动开始生长。此外，温差越高的地方多肉植物的状态越好。

3. 光照。要想多肉植物长得漂亮，可以多给它一些光照，每天如果能接受 8—10 小时的光照是最理想的。也可以根据实际情况适当增加光照时长。但光照时不是光照强度越高越好，炙热的阳光会灼伤多肉植物，不利于其生长。

4. 浇水。春秋一周左右，夏季两周，冬季一个月。浇水后也要通风，还要多观察，如果看到黄的底叶，要再次浇水。每次浇水的量不要过多。休眠期就不需要定期浇水了，否则根部会腐烂。

5. 土壤。干燥、疏松、透气的沙质土最适合它的生长。配土方法为泥炭土 1 份、粗沙 1 份。没有粗沙也可以用燃烧后的蜂窝煤渣来代替，煤渣要洗净敲碎后再用。

6. 花盆。多肉植物可以种在黑方盆、陶盆、瓦盆、紫砂盆中。其中，黑方盆便宜轻便，但是不耐磨损；瓦盆、陶盆透气、透水，不怕浇水过多。

7. 换盆。换盆的时间最好选择春季 3 月中下旬或秋季 10—11 月。由于多肉植物长得越来越大，所以需要换更大的盆来养，一般是 1—2 年换一次盆。

8. 徒长。多肉植物和其他植物一样，光照不充足就会造成肉质叶长得细高。这种情况不会因为多晒太阳有所改变。徒长会影响多肉植物本来的样子。

9. 木质化。有些多肉植物呈现干瘪茶色的茎部，其实这是多肉植物的“木质化”现象，多出现在向上生长的品种里。为了支撑不断成长加重的上半身，植株必须加固、加强自己茎部的承受能力，所以茎部就会慢慢变得像树干一样。这也是其健康成长的有力证明。

大多数多肉植物喜欢通风、光照良好、土壤疏松透气、水肥相对贫瘠的环境，天冷的时候也需要保温。

多肉的繁殖有扦插、分株、嫁接、叶插、不定芽、播种、根插等。今天，老师就教大家采用种子直播的方法种植多肉植物。

【淬炼操作】

1. 拿出准备好的材料。

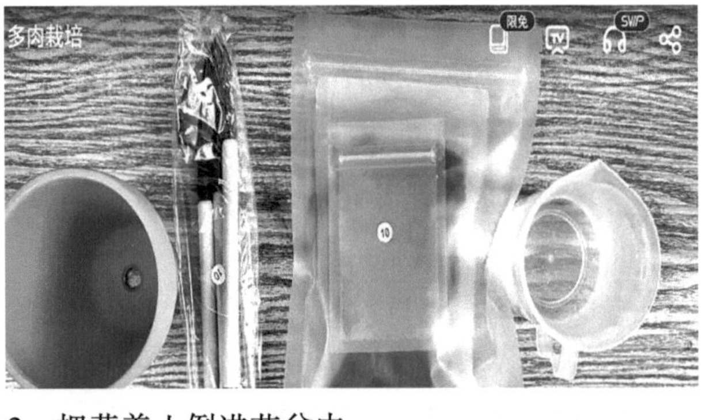

2. 把营养土倒进花盆内。

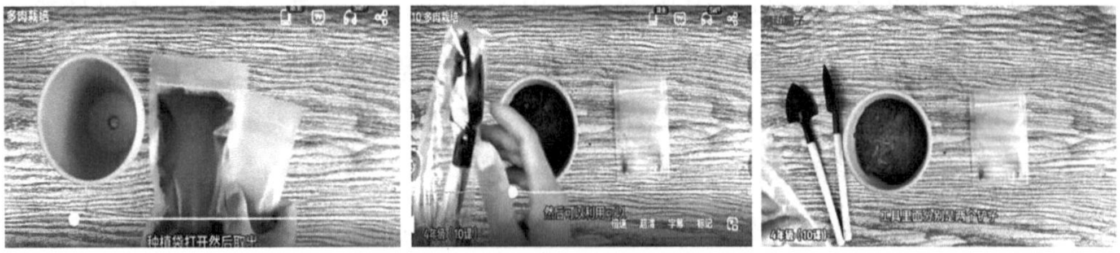

3. 把湿润的土按平整，越平整越好，凹凸不平的话会影响出芽率。

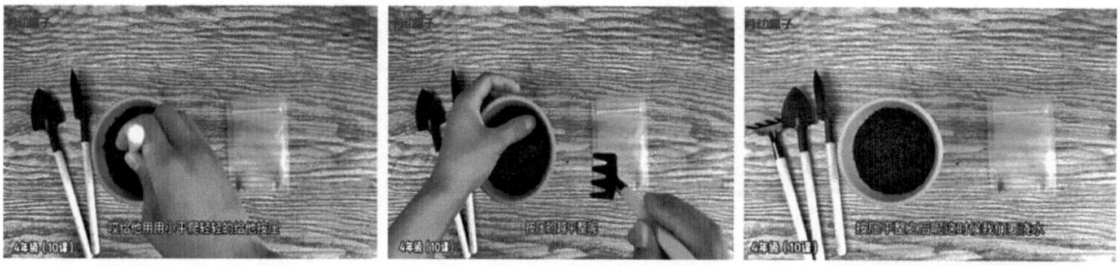

4. 缓慢浇水，水要浇透，浇水后可以看看花盆底部是否有水流出，有少部分水渗出即为浇透。

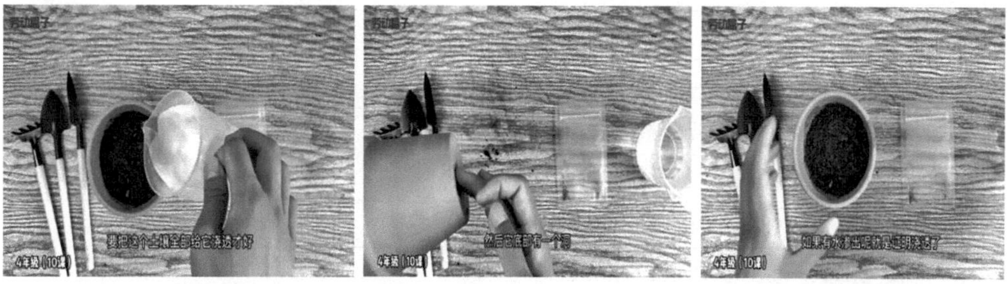

5. 将种子一粒粒均匀地撒入土中，不要太密。千万不要在种子上覆盖土，覆盖土的话一定不会出芽。

6. 种植出苗后，可与下节课种植的小白菜生长情况进行观察对比。

多肉植物与小白菜生长情况观察表

名称	出土时间	长出第一片子的叶时间	叶子长度对比	备注
小白菜				
多肉				

【实践体验】

分发材料，学生操作，老师适时给予指导。

【分享总结】

同学们，在操作的过程中，你遇到了哪些困难、发现了哪些问题、有哪些想法，可以和大家分享一下。

【老师结语】

多肉植物是一种生命力很强的植物，它们能在贫瘠而干燥的环境下存活。把我们种植的多肉植物摆放在家中作为装饰，还能提升空气湿度，具有一定的环保作用。

（三）课后

观察多肉植物在不同环境下的生长情况并记录下来。

三、学生评价表

学生评价表

评价维度	评价				
	评分内容	分数	自评	互评	师评
劳动观念	认同劳动最光荣、劳动最崇高、劳动最美丽	20			
劳动能力	劳动项目无缺失	10			
	按流程完成任务，符合标准要求	10			
	使用工具熟练，操作过程有效率	10			
	保质保量完成操作	10			
劳动习惯	做到工完场清，完成活动后清理台面、清洗工具、垃圾分类处理	5			
	爱护工具、设备，及时回收，使用后有序存放	5			
	积极参与总结与讨论，学生手册填写清晰、完整	5			
	积极回答问题，有合作意识，劳动氛围融洽	5			
劳动精神	具有崇尚劳动、热爱劳动、辛勤劳动、诚实劳动的精神	20			
总分		100			

四、知识链接

仙人掌在广义上是多肉植物，但因其形态的高度多样性，有时会与其他科多肉植物分开讨论，因而不被算在狭义的多肉植物范畴内。目前，世界上现有的仙人掌品种数量超过 2000 种，因为地形和气候原因，仙人掌在美洲较为常见。仙人掌根据用途可分为观赏性仙人掌和食用性仙人掌等。

农业生产劳动——土培小白菜

一、课程概况

（一）课程时长

2 课时。

（二）学习目标

1. 劳动观念：通过农耕劳动实践体会农民的辛苦，感受粮食的来之不易，树立热爱劳动、劳动创造美好生活的劳动观念。

2. 劳动能力：通过种植小白菜，培养动手能力和对农耕文化积极探索、认真实践的能力。

3. 劳动精神：通过对种植小白菜的方法及田间管理的学习，感受劳动人民的智慧和辛勤劳动的劳动精神。

4. 劳动习惯：在操作过程中注意安全，按照老师的步骤与规范操作，操作结束将材料清洁后放在相应位置，把台面整理干净。

（三）学习重点

小白菜的种植方法。

（四）学习难点

小白菜种植后的管理工作及观察记录。

二、教学设计

（一）课前

物品准备：塑料盒、营养土、小白菜种子、纸杯、水。

安全提示：规范使用工具，营养土和水撒在桌上时要及时清理。

（二）课中

【课程引入】

同学们，大家平时爱吃小白菜吗？你们知道小白菜和大白菜有什么关系吗？

【课程讲解】

小白菜是大白菜小时候吗？

小白菜长得比较矮小，叶子颜色为淡绿至墨绿，叶片呈现倒卵形或椭圆形，叶子表面比较光滑，边缘呈锯齿状，有的叶面有绒毛，叶片薄、叶柄处肥厚，叶柄一般是白色或者淡绿色、花黄色，圆形的种子呈现褐色，非常轻。其和大白菜的主要区别是不会结成球状，有叶柄。大白菜的体型大，外层偏绿，里面的菜心黄中带点儿白，包心较紧，菜叶是向里面弯曲的。大白菜没有明显的叶柄，都是叶片包裹起来的。

小白菜富含多种维生素，其所含的钙、维生素C、胡萝卜素等均比大白菜高，所含的糖类和碳水化合物略低于大白菜。

小白菜适宜生长的时间在3—10月，温度在18 ℃—20 ℃，喜温暖湿润环境。种植时可以选择在阳光充足的地方。种植使用的营养土，以疏松、透气、保水保肥为主。浇水在早、晚进行最好，不可以在过热的中午浇水。小白菜根系分布浅，但须根系发达。根部吸收能力弱，生长期短，直接用种子种植或者移栽成活后应及时追肥，最好10—15天施一次肥。

小白菜生长周期较短，在播种后20—30天即可采收食用，或者边长边采摘也是可以的。小白菜一般长到25厘米左右就会停止生长，在不见光或者过密种植的情况下，也会出现长得比较高的情况。

小白菜的虫害一般是蚜虫、小菜蛾、菜青虫。小菜蛾和菜青虫主要在苗期，蚜虫在所有阶段都有危害。本次种植，我们可以用手直接把虫子从小白菜上清除。这种物理除虫方法安全有效。我们室内种植的数量比较少，每天观察一下，可以尽早发现虫害，不会造成太大损失。

小白菜的储存时间比较短，最好当天采摘当天食用，放冰箱能储存两三天。如果用保鲜膜包住，可以储存一个星期左右。食用前可以先观察小白菜的叶子是否开始腐烂变黑，如果有这个现象就不要食用了。

今天，我们一起来种植小白菜。为了更好地完成小白菜种植后的管理，我们制作了土培小白菜观察记录表，定期观察、记录填表，能够很好地总结小白菜的生长情况。

土培小白菜观察记录表

种植管理时间	管理工作	新的发现	管理中遇到的问题	解决方案

【淬炼操作】

1．浸种。小白菜可直接播种也可先浸种。浸种时先将种子在 50℃—55℃的温水中浸泡 15 分钟，再置于常温的水中浸泡 6—8 小时。

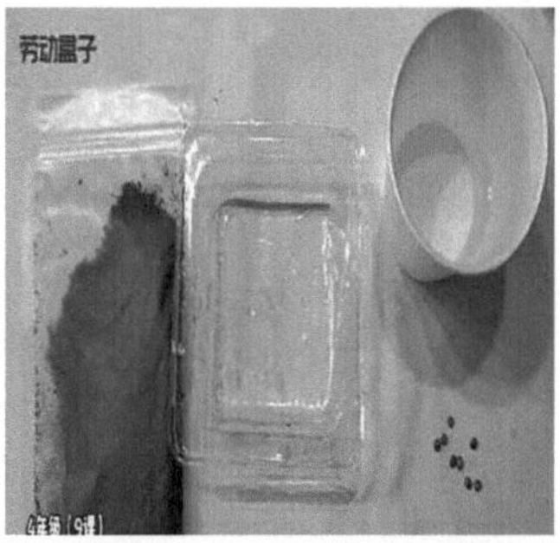

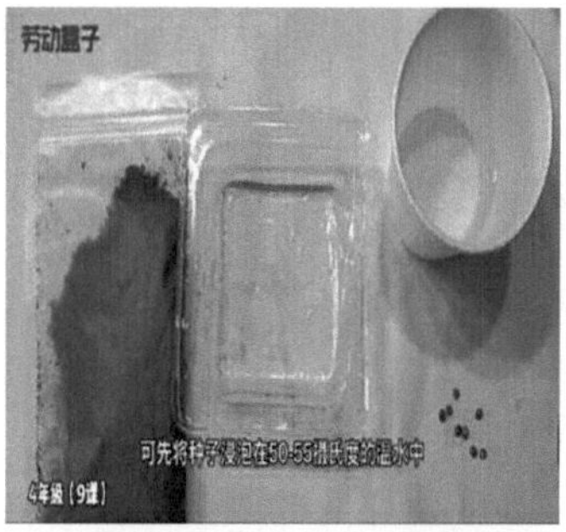

2．播种。将营养土放进塑料盒中，将土层表面推平整后挖穴，穴深为 1 厘米，每隔 1 厘米放 1 粒种子，种好后轻轻盖土，浇水。平整营养土时用手轻轻推平即可，浇水时要均匀移动纸杯进行浇水。

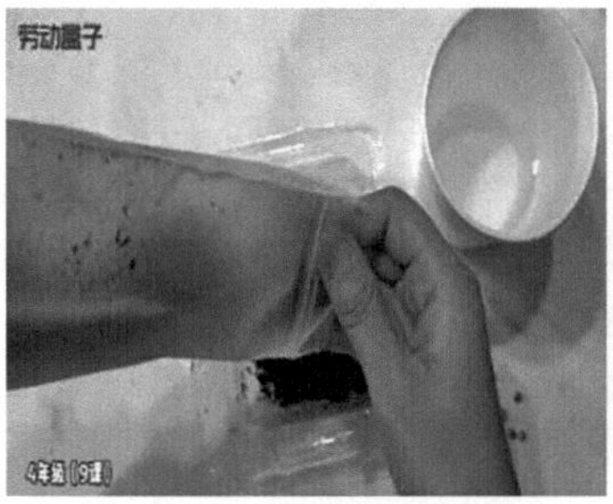

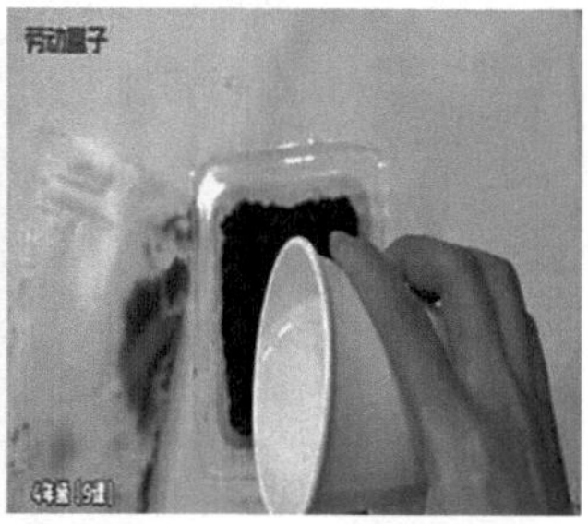

3．发芽。一般浇水后 3—4 天就会发芽，浇水时以土不干为宜。

4．间苗。小白菜发芽后，将发育不好的菜苗用手指捏住拔掉，两颗小白菜之间的距离为 3 厘米。为防止留下的菜苗倒掉，可适量培土。

5．收获。小白菜在长到 5 厘米后就可以采摘，当长到 25 厘米后就可以全部采收。用手直接在靠近土壤的茎部用力拔出来即可。注意不要伤到菜叶。

6. 填写观察记录表。

操作时需注意：小白菜的种子埋在土里时不要过深，否则不易出苗；水不要浇太多，浇水要缓慢，小白菜种子比较轻，一次性大量浇水容易出现种子移位的现象。

【实践体验】

分发材料，学生操作，老师适时给予指导。

【分享总结】

同学们，在操作的过程中，你遇到了哪些困难、发现了哪些问题、有哪些想法，可以和大家分享一下。

【老师结语】

通过本次活动，大家了解了小白菜的生长条件、种植方法，并学会了小白菜的田间管理。小白菜是常见的蔬菜，掌握了小白菜的土培种植方法，也就学会了大部分蔬菜的种植方法。同学们种植的小白菜可以成为家庭餐桌上的美食。

（三）课后

请完成小白菜的种植管理和收获并填写观察记录表，最后将它们制作成美食。

三、学生评价表

学生评价表

评价维度	评价				
	评分内容	分数	自评	互评	师评
劳动观念	认同劳动最光荣、劳动最崇高、劳动最美丽	20			
劳动能力	劳动项目无缺失	10			
	按流程完成任务，符合标准要求	10			
	使用工具熟练，操作过程有效率	10			
	保质保量完成操作	10			
劳动习惯	做到工完场清，完成活动后清理台面、清洗工具、垃圾分类处理	5			
	爱护工具、设备，及时回收，使用后有序存放	5			
	积极参与总结与讨论，学生手册填写清晰、完整	5			
	积极回答问题，有合作意识，劳动氛围融洽	5			
劳动精神	具有崇尚劳动、热爱劳动、辛勤劳动、诚实劳动的精神	20			
总分		100			

四、知识链接

小白菜不仅可以土培种植，水培种植也是非常好的一种方法。小白菜根系短，适合多种水培设备。水培小白菜生长周期短，可以全年多次种植。水培种植的小白菜由于营养液富含多种肥料，不需要追肥、浇水等田间管理，人力成本低，经济效益高，还避免了在土壤中感染病虫害，干净卫生。水培种植既适应了市场需求，可缓解蔬菜淡季供应短缺；又克服了土壤连作问题，可一年四季进行生产。

传统手工制作——编手链

一、课程概况

（一）课程时长

2课时。

（二）学习目标

1. 劳动观念：了解手链的传统寓意，树立劳动创造美、劳动改变生活的观念。

2. 劳动能力：掌握手链编结的方法，通过编结手链培养动手能力、手眼协调能力，发展精细动作。

3. 劳动精神：通过对手链的了解及制作方法的学习，感受劳动人民的智慧和劳动创新带给生活的趣味。

4. 劳动习惯：在操作过程中注意安全，按照老师的步骤与规范操作，操作结束将材料清洁后放在相应位置，把台面整理干净。

（三）学习重点

手链的编结方法。

（四）学习难点

穿线顺序与松紧控制。

二、教学设计

（一）课前

物品准备：五彩绳、剪刀、编织木架、夹子。

安全提示：规范使用工具，使用剪刀时不要扎到自己或者他人，轻拿轻放，注意安全。

（二）课中

【课程引入】

当北京2022年冬奥会宣传海报公布时，一件名为“热情连接世界”的作品吸引了

众人的目光。它将奥运五环巧妙地编入中国结当中。在 2023 年 12 月 9 日的“天宫课堂”第一课上，航天员王亚平也在水膜试验的道具中展示了中国结。中国结（Chinese knot），一种从头到尾都用一根丝线编结而成的装饰艺术品，已经成为代表中国的文化符号。从古至今，中国结被广泛应用于生活中的方方面面，讲述着古老智慧的传承与发展。

【课程讲解】

说到绳结，其产生可以追溯到远古时期。在距今约两万年前的北京周口店山顶洞人的遗迹中，就发现了骨针和各种带孔的骨、贝类等饰品，这表明人为加工的绳线至少在旧石器时代晚期就已经出现。而当先民们用这些绳线穿制兽骨、贝类装饰品或缝制衣物时，必然会产生简单的绳结。我们甚至可以认为，绳结几乎有与人类文明一样悠久的历史。

除了绑缚功能外，绳结还被智慧的先民们赋予了另一实用的功能——记事。结绳记事，即人类在语言产生后，在文字出现之前漫长的远古时代里的一种记事和沟通的方式。

到了春秋战国时期，随着社会经济、政治、文化等各领域的急剧变化，“结”亦从朴素的实用功能逐渐向审美功能转变。无论是器物、佩饰或是服装，均出现了装饰性的结。

唐朝作为中国艺术发展的高峰时期，这一时期编结工艺分工细致，出现了专门的编结作坊。唐朝时期的服饰雍容华贵、异彩纷呈，胸、腰、膝等部位都应用了大量的结饰。

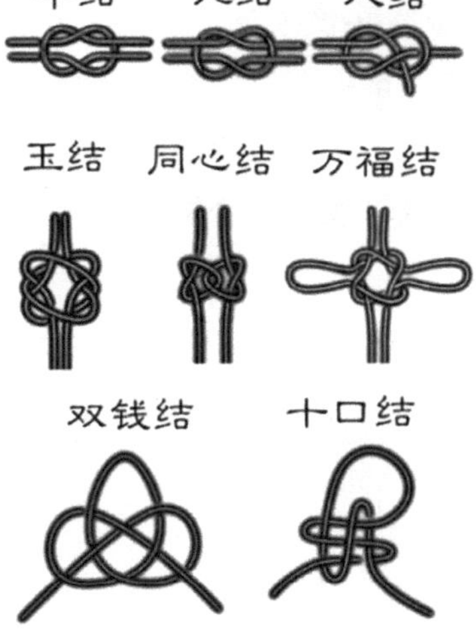

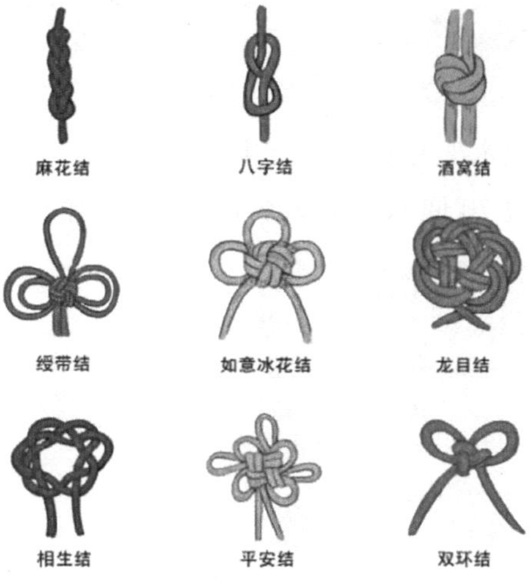

明清是结艺发展的鼎盛时期。诸多日常用品，比如扣子、香囊、荷包、扇袋等都能看到式样繁多、配色考究的结饰。每一个绳结都通过形、色、意等的有机结合，被人们赋予招福纳祥、传情达意的意义，体现出人们追求幸福生活的美好心愿。

从最初的记事之结，到后来的服饰之结、吉祥之结，这种充满古老智慧的艺术，已被当今设计师广泛地应用于生活之中，并随着日益频繁的文化交流传播到了世界各地。

发展到现代，结的种类繁多，绳子通过缩、结、穿、编、绕、缠、抽、修等多种工艺技巧，再按照一定程式连绵不断地编制，就可以编出不同的结饰，用在生活的方方面面。

【淬炼操作】

今天，我们学习一种双向平结编织方法。平结一般都会“包”在其他线的外面，里面的我们称为主轴线，外面的是编织线。

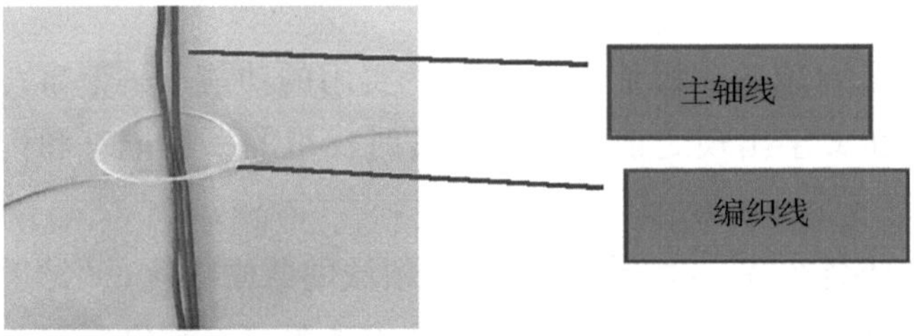

1. 按照手腕的粗度来准备主轴线的绳子，绳子比手腕粗度长 10 厘米左右即可。

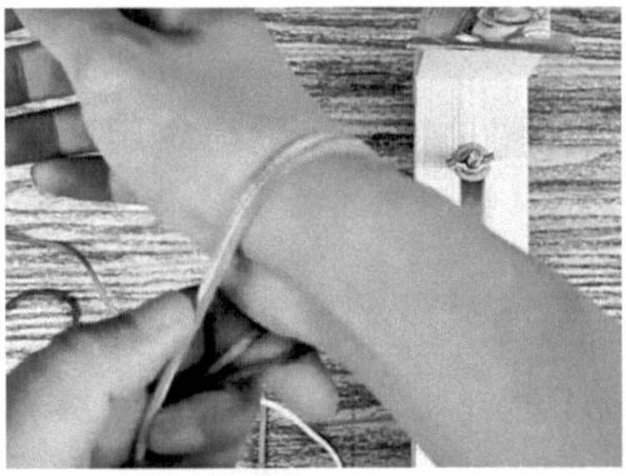

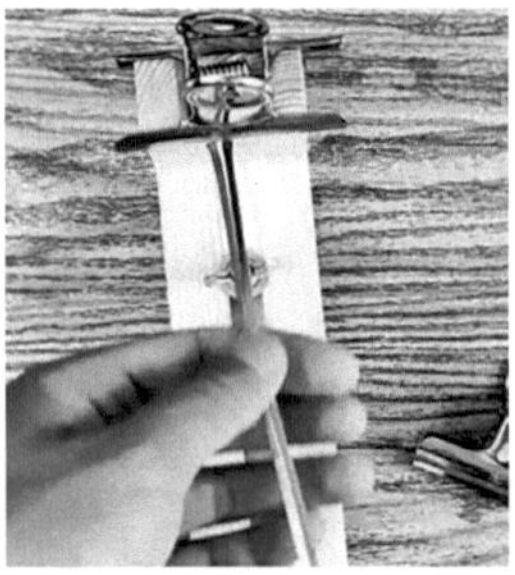

2. 用编织木架和夹子固定主轴线。
3. 截取约 70 厘米的编织线，用正中间的位置在主轴线上打个结。

4. 右侧的线从主轴线下绕到左侧。

5. 左侧的线从右侧线下方出来，经过主轴线上方，从右侧线圈穿出。

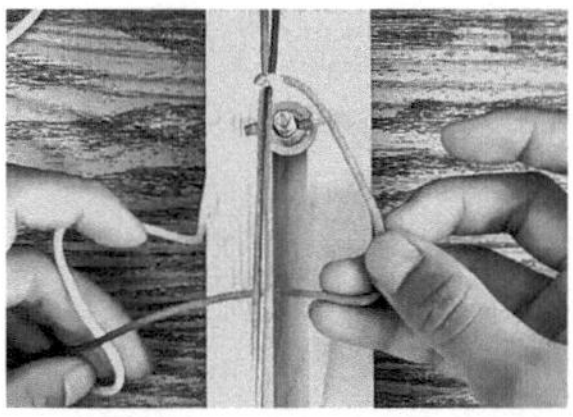

6. 将线拉紧，一个平结就编好了。

7. 第二个平结要换方向，从左侧线开始。左侧线从主轴线下方绕到右侧。

8. 右侧的线从左侧线下方出来，经过主轴线上方，从左侧线圈穿出。

9. 将线拉紧，第二个不同方向的平结就完成了。这样，一个双向平结就编好了。

10. 重复双向平结的编织过程。下图是多个双向平结编在一起的效果。

11. 将多余的绳子减掉，用打火机烧一下，防止脱出。

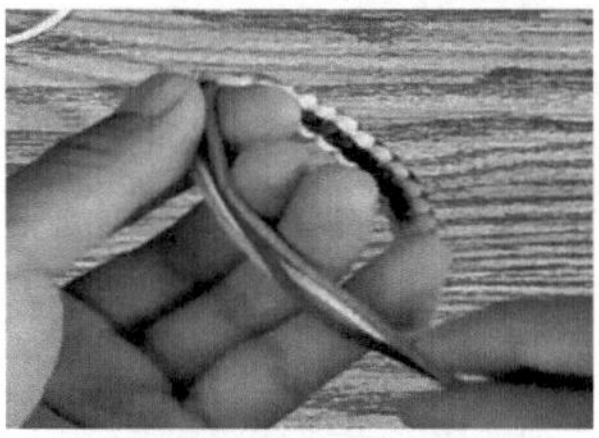

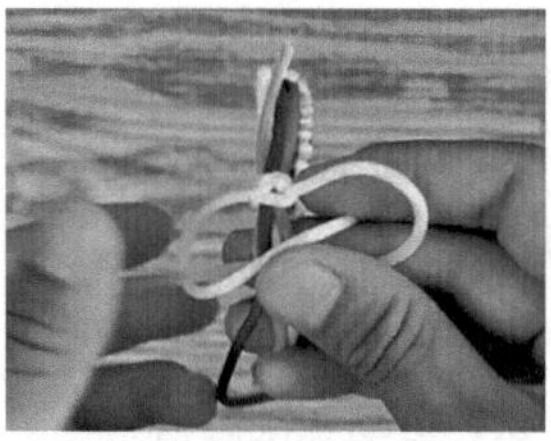

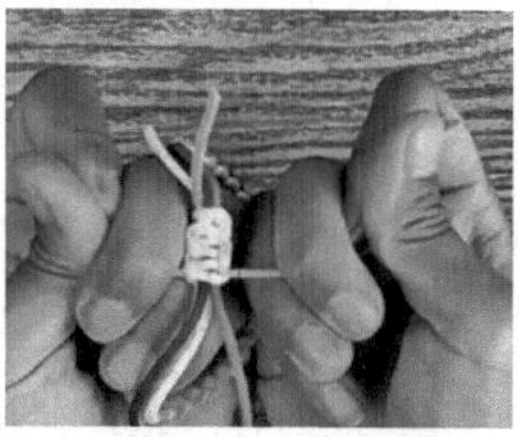

12. 将手链首尾相交叉，单独用一根绳子包住手链两端，打 5 个平结进行收尾，做一个可调节手链松紧的活动扣。

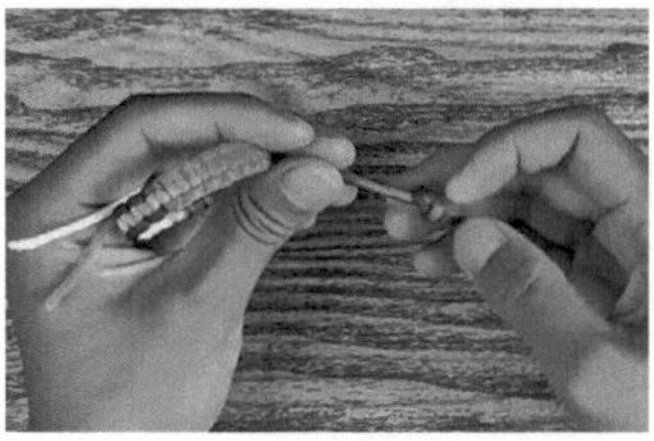

13. 同样，将多余的绳子剪掉，用打火机烧一下，防止脱出。

14. 在手链的首尾两端各打一个结，这样伸缩绳结的时候就不会被拽出来了。

【实践体验】

学生编结手链，老师适时给予指导，纠正编结中脱结、坏结、松散等状况。

【分享总结】

请同学们简要介绍自己在作品制作过程中的感受和收获。

【老师结语】

大家在熟练掌握基本结的编法后，可以举一反三，不断加以扩展、变化，进行多层次的组合与变化，编结出各种不同样式的手链。

（三）课后

找一找生活中都有哪些地方用到了绳结，是什么样的绳结。

三、学生评价表

学生评价表

评价维度	评价				
	评分内容	分数	自评	互评	师评
劳动观念	认同劳动最光荣、劳动最崇高、劳动最美丽	20			
劳动能力	劳动项目无缺失	10			
	按流程完成任务，符合标准要求	10			
	使用工具熟练，操作过程有效率	10			
	保质保量完成操作	10			
劳动习惯	做到工完场清，完成活动后清理台面、清洗工具、垃圾分类处理	5			
	爱护工具、设备，及时回收，使用后有序存放	5			
	积极参与总结与讨论，学生手册填写清晰、完整	5			
	积极回答问题，有合作意识，劳动氛围融洽	5			
劳动精神	具有崇尚劳动、热爱劳动、辛勤劳动、诚实劳动的精神	20			
总分		100			

传统手工制作——缝香囊

一、课程概况

（一）课程时长

2 课时。

（二）学习目标

1. 劳动观念：了解香囊在中华传统文化中的美好寓意，树立劳动创造美、劳动改变生活的观念。

2. 劳动能力：掌握香囊的制作方法，通过动手制作香囊，培养动手操作能力和对传统文化积极探索、认真实践的能力。

3. 劳动精神：通过对香囊文化的了解及制作方法的学习，感受劳动人民的智慧和劳动创新带给生活的趣味。

4. 劳动习惯：在操作过程中注意安全，按照老师的步骤与规范操作，操作结束将材料清洁后放在相应位置，把台面整理干净。

（三）学习重点

香囊的制作方法。

（四）学习难点

制作的香囊有美感，适于佩戴。

二、教学设计

（一）课前

物品准备：五彩绳、艾叶、针线、布、珠子。

安全提示：规范使用工具，尤其是针的使用，不要扎到自己或者他人，轻拿轻放，注意安全。

（二）课中

【课程引入】

同学们，大家知道端午节都有哪些习俗吗？

【课程讲解】

端午节，是集拜神祭祖、祈福辟邪、欢庆娱乐和饮食为一体的民俗大节。各地习俗不同，但主要有划龙舟、祭龙、采草药、赶药市、挂艾草与菖蒲、洗草药水、贴午时符、拜神祭祖、浸龙舟水、吃龙舟饭、食粽子、薰苍术、放纸鸢、拴五色丝线、佩戴香囊等。作为中国的四大传统节日之一，它不仅清晰地记录着先民们丰富多彩的社会文化生活，也积淀着博大精深的历史文化内涵。

为什么佩戴香囊会成为端午节的习俗呢？

俗话说："端午节，天气热；五毒醒，不安宁。"这段时间，空气中夹杂闷热、潮湿之感，蚊虫五毒出没，人也燥热不安，尤其是抵抗力弱的老年人和小孩子更易受病邪侵扰。因此，农历五月古时被认为是"毒月""恶月"。

在端午节，人们把插艾草和菖蒲作为过节的重要内容之一。农历五月，家家都洒扫庭除，以菖蒲、艾草插于门楣，悬于堂中。据了解，早在晋代人们已经开始把艾蒿（即艾草）挂在门上。由于艾草有特殊的香味，故悬挂艾草可以达到防蚊、杀菌、防病的效果。佩戴艾草香囊，具有祈福安康、驱恶辟邪的美好寓意，后来渐渐演变为端午节的传统习俗之一。

香囊又叫香袋、香包、荷包等，有用五色丝线缠成的、有用碎布缝成的，有的用丝绸制成还缝制各种图案纹饰，内装由多种浓烈芳香气味的中草药研制的细末，佩戴在胸前，香气扑鼻。古代的香囊是用来提神的，囊的形状不一，有圆形、方形、椭圆形、葫芦形、石榴形、桃形等，但都必须有孔透气，用以散发香味。

香囊的制作材料可谓十分丰富，不只有丝、棉、麻等，金属材料也运用广泛。

将艾草或其他中草药制成香囊佩戴，香囊里的药香味持续散发，其中的挥发性成分通过呼吸道进入人体，能够兴奋神经系统，刺激鼻黏膜分泌免疫球蛋白，提高身体的抗病能力，还可以驱赶蚊虫。

今天，老师就教大家制作一款艾草香囊。

【淬炼操作】

1. 拿出准备好的材料。

2. 将珠子穿入五彩绳。

3. 将五彩绳放在布料中间，对折布料（布料反面朝外）。

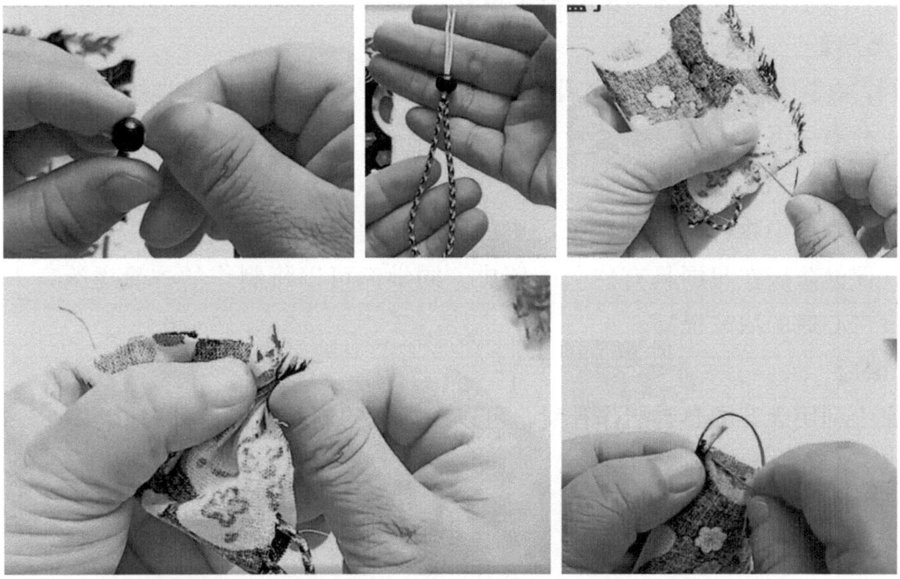

4. 沿一边缝合侧边，留一边不缝。

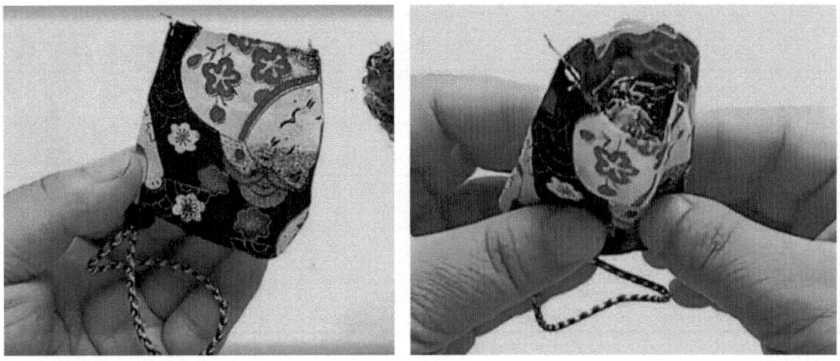

5. 从内向外翻转布料。

6. 装入艾叶，留口两边向内折把香囊压成粽子状，缝合最后一个口。

7. 缝合收尾，香包制作完成。

【实践体验】

分发材料，学生操作，老师适时给予指导。

【分享总结】

同学们，在操作的过程中，你遇到了哪些困难、发现了哪些问题、有哪些想法，可以和大家分享一下。

【老师结语】

香囊虽只是小小物件，却承载了历史的变迁，蕴含着丰富的文化，使用中药香囊驱邪辟秽、保健防病在我国具有悠久的历史。同学们可以将制作的香囊送给亲人，以表达我们发自心底的浓浓祝福。

（三）课后

请在家中利用废弃的布料制作香囊，可以发挥你的创意做出特别的形状。

三、学生评价表

学生评价表

评价维度	评价				
	评分内容	分数	自评	互评	师评
劳动观念	认同劳动最光荣、劳动最崇高、劳动最美丽	20			
劳动能力	劳动项目无缺失	10			
	按流程完成任务，符合标准要求	10			
	使用工具熟练，操作过程有效率	10			
	保质保量完成操作	10			

续表

评价维度	评价				
	评分内容	分数	自评	互评	师评
劳动习惯	做到工完场清，完成活动后清理台面、清洗工具、垃圾分类处理	5			
	爱护工具、设备，及时回收，使用后有序存放	5			
	积极参与总结与讨论，学生手册填写清晰、完整	5			
	积极回答问题，有合作意识，劳动氛围融洽	5			
劳动精神	具有崇尚劳动、热爱劳动、辛勤劳动、诚实劳动的精神	20			
总分		100			

四、知识链接

唐僖宗的“鎏金双蜂团花纹镂空银香囊”，直径 12. 8 厘米，重 547 克，链长 24. 5 厘米。该香囊为银质，呈球形，由上、下两部分扣合而成，上者为囊盖，下者称囊体，二者以铰链、勾环相连。更值得称道的是其内部装置颇为巧妙，以活轴铆接的手法使得置香盂与外壁在连接的同时又不完全受外壁的翻转所影响，充分体现了我国古代手工业者的高超工艺水平。香囊在转动之间，由于内部活轴的存在，置香盂不会发生反转，香料也不会倾洒，其原理大致相当于现在的陀螺仪。

传统手工制作——编花篮

一、课程概况

（一）课程时长

2 课时。

（二）学习目标

1．劳动观念：通过劳动制作让学生体会劳动的价值，培养学生热爱劳动的观念。

2．劳动能力：通过掌握编花篮的方法，锻炼学生的动手能力和观察能力，使其能掌握基本编织方法，并能独立完成编织作品。

3．劳动精神：通过编织过程体会劳动的不易，感受并培养精益求精的匠人精神。

4．劳动习惯：在操作过程中注意安全，按照老师的步骤与规范操作，操作结束将材料清洁后放在相应位置，把台面整理干净。

（三）学习重点

掌握编花篮的方法。

（四）学习难点

编织出美观的花篮。

二、教学设计

（一）课前

物品准备：麻绳、花秆、剪刀。

安全提示：规范使用工具，使用剪刀时，剪刀的尖头不要对着其他人，轻拿轻放，注意安全。

（二）课中

【课程引入】

同学们，大家都见过花篮吧，你们觉得它是怎么制作的呢？

【课程讲解】

花篮是编织出来的。

编织是人类最古老的手工艺之一。人类开始定居生活以后，肯定需要一些日常生活用品，用于食物及饮水的存储。于是，发现了竹子、植物的枝条等都可以改变形状，编成篮、筐等器皿。

编织，即人类使用工具或者双手使条状物因互相交错或钩连而组织起来，形成条形或块状类的编织的工艺操作。编织是一种技术，也是一次手指的运动。

我们国家物产丰富，很多自然资源都可以用来编织，这些编织成的物品可以成为生活中的艺术品。这在很多文学作品里都有体现。比如，《红楼梦》中薛宝钗的丫鬟莺儿擅长用线、绳编织出各种花样的网袋或饰物，古代俗称“绛子”或“络子”。还能用柳条编花环或者各种饰品，大家都很喜欢。

编织一般用绳、线、竹子、柳条、草、棕榈树叶等，这些物品本身有一定的韧性或者可塑性，不易断裂，是非常好的选择。由于所选的材料不同，编织出来的效果也有所不同。

竹编，是把竹子加工成柔软的竹篾、篾丝后编织的工艺品。我国南方比较多见，因为南方很适合竹子的生长，大量的竹子给了当地人发挥的空间，创造出了很多物品，如桌、椅、柜、床、果盒、果篮乃至案头的小摆设等。

草编，是以各种柔韧草类植物为原料加工编织的工艺品。由于草编的原料到处都有，所以没有地域限制，南北方都很发达。但草编对草的选取有一定要求，如草秆光滑、无节、柔韧，可产生较强的拉力，适合编织。

柳编，是以柳条（包括葛条、荆条等）为原料加工编织的工艺品。我们常见的筐、篮、篓、箱等都是柳编，其轻便、牢固、造价低，被广泛应用在日常生活中。河北沧州、固安等地都以柳编闻名。

棕编也是汉族传统手工技艺之一，是以棕榈叶为原料编制的工艺品。棕草制品柔韧有弹性，能沥水，不怕潮湿，特别适合日常使用。

随着编织工艺不断发展，染色工艺也越来越成熟、丰富。通常以乳白、咖啡、浅绿、浅土黄、灰绿、浅蓝等中间色、调和色为主，并适当在小面积上运用对比色，取得既调和又对比的效果，显示了典雅、朴素的艺术特色。但人们越来越追求自然之美，更喜欢保留原色系，所以编织品的颜色很少选择高饱和度。

前面提到的编织发展史中，编织类似篮的物品，最初并不是用于插花，而是日常生活中用于装食物的，后来宫廷贵族进行改良后用来插花。人们为了拿着方便，给篮加了提梁，后来形式不断变化，演变成为插花爱好者所喜爱的花篮。常见的篮型有圆形、方形、六角形、八角形等。插制的花篮是插花中常见的一种表现形式。花篮比较轻又易于携带，给插花者很大的创作空间，巧妙利用花篮可倍增造型美感。花篮既可以用于庆典等大型活动的布景，也可以作为礼物表达对友人的感情。

今天，我们就一起学习编花篮的方法吧！

【淬炼操作】

1. 我们今天主要使用的是麻绳和花秆。拿出 6 根花秆交叉摆放成米字形，并用细花秆进行中间的固定。

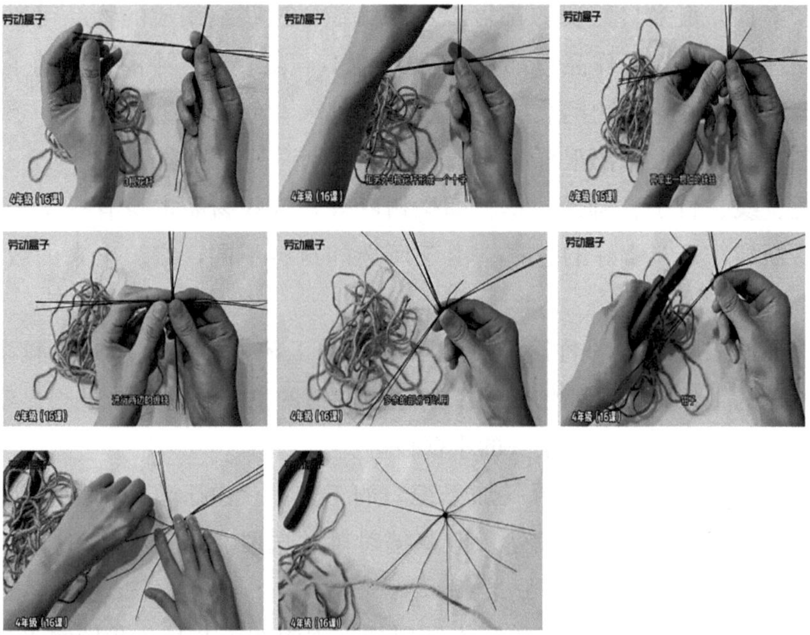

2. 拿出粗麻绳，套住第一根花秆后交叉一次套上第二根。循环到第三圈，把花秆全部分开继续进行一次交叉缠绕法。继续缠绕，两根花秆之间离得有点远的时候可以交叉两次，这样编出来的会很牢固。

3. 底座做好后，拿出花秆进行排线缠绕并固定。

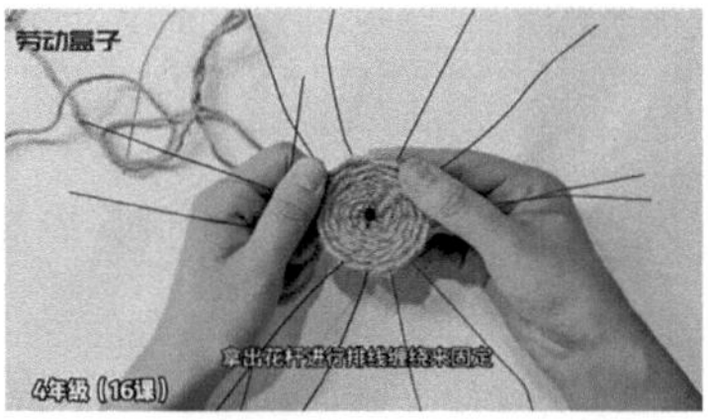

4. 花秆弯成竖的，再拿出麻绳，中间交叉两次缠绕可一正一正到第二根花秆在一反一反。

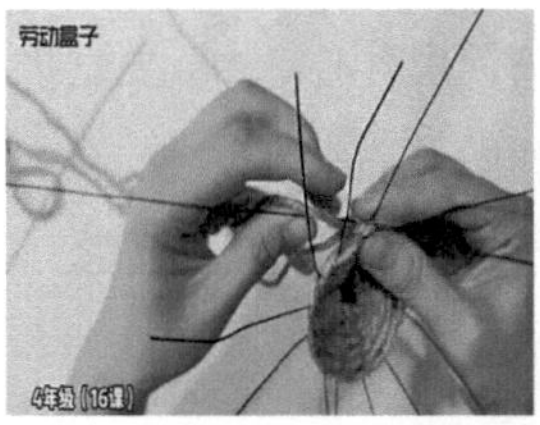
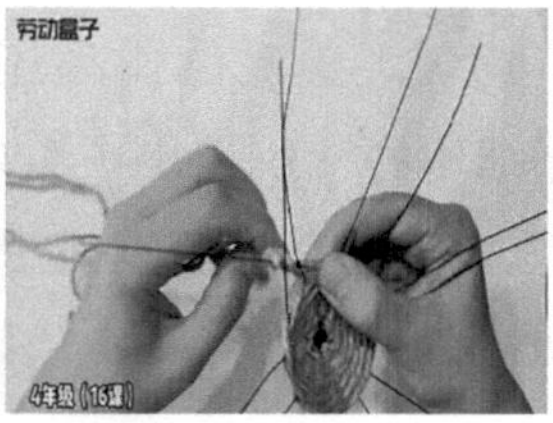
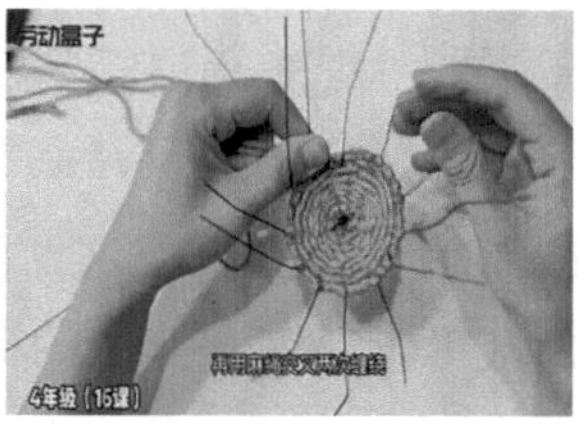
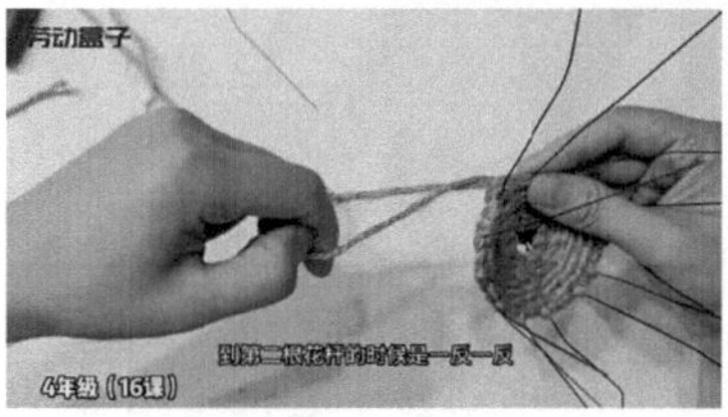

5. 花秆收尾，剪断缠在最上面的一根麻绳。

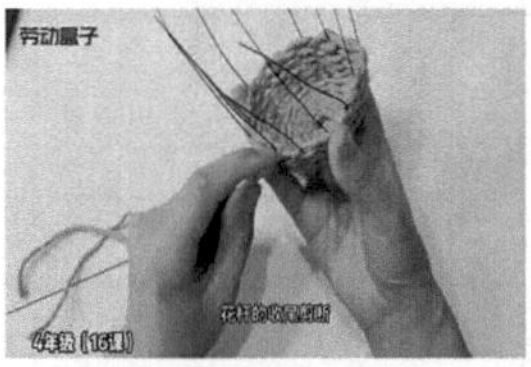
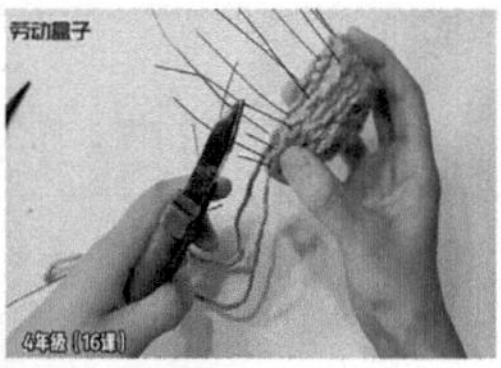
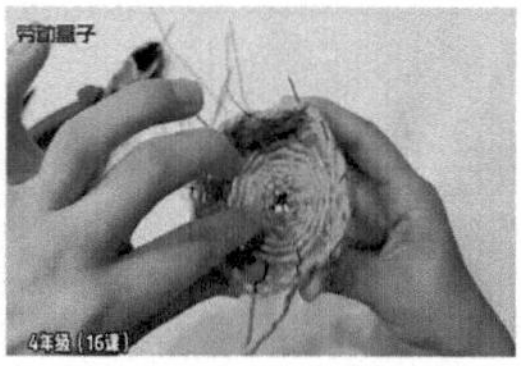
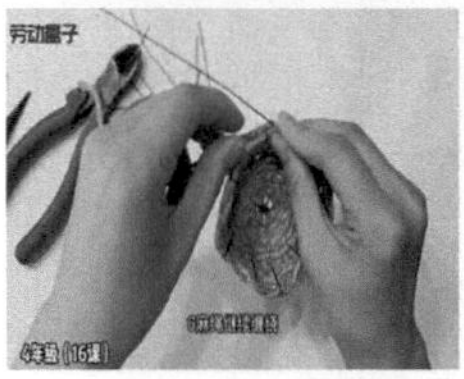
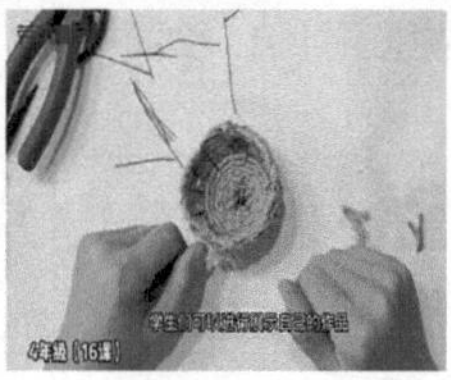

6. 拿出两根粗花秆进行排线，用麻绳缠绕后，将做好的篮子进行固定。

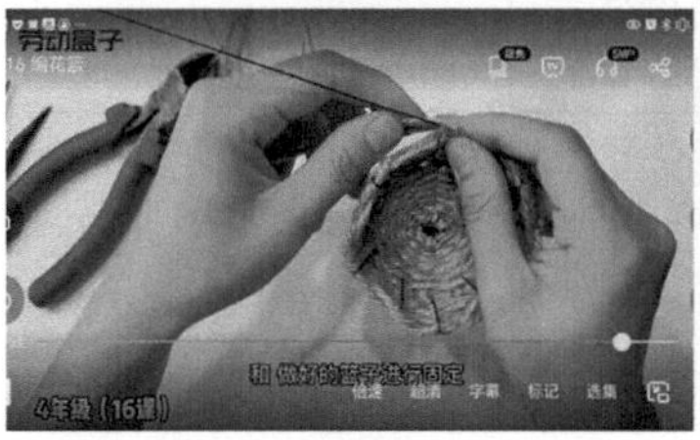

【实践体验】

分发材料，学生操作，老师适时给予指导。

【分享总结】

同学们，在操作的过程中，你遇到了哪些困难、发现了哪些问题、有哪些想法，可以和大家分享一下。

【老师结语】

基础的编织并不难，难的是如何利用编织技术制作出一件好看的作品。在绘画上有一种学习方式叫临摹，就是找一些优秀的作品进行参考和模仿，编织也是如此，在了解了基础的技法后，想要获得结实、均匀、美观的作品还需要耐心、细心地去琢磨如何让每根枝条完美配合。希望大家仔细琢磨，创造出更美好的作品。

（三）课后

收集柳条编织花篮，感受柳条的韧性。

三、学生评价表

学生评价表

评价维度	评价				
	评分内容	分数	自评	互评	师评
劳动观念	认同劳动最光荣、劳动最崇高、劳动最美丽	20			
劳动能力	劳动项目无缺失	10			
	按流程完成任务，符合标准要求	10			
	使用工具熟练，操作过程有效率	10			
	保质保量完成操作	10			
劳动习惯	做到工完场清，完成活动后清理台面、清洗工具、垃圾分类处理	5			
	爱护工具、设备，及时回收，使用后有序存放	5			
	积极参与总结与讨论，学生手册填写清晰、完整	5			
	积极回答问题，有合作意识，劳动氛围融洽	5			
劳动精神	具有崇尚劳动、热爱劳动、辛勤劳动、诚实劳动的精神	20			
总分		100			

传统手工制作——非遗毛猴

一、课程概况

（一）课程时长

2 课时。

（二）学习目标

1. 劳动观念：感受工匠的奇思妙想，以及劳动带来的幸福和快乐。

2. 劳动能力：仔细观察所需要的材料，通过动手制作毛猴培养动手能力，通过创新设计培养善于思考、探索钻研的能力。

3. 劳动精神：通过对毛猴的了解，感受古代劳动人民的智慧，增强民族自信，弘扬开拓创新、敬业奉献的优良传统。

4. 劳动习惯：在操作过程中注意安全，按照老师的步骤与规范操作，操作结束将材料清洁后放在相应位置，把台面整理干净。

（三）学习重点

制作毛猴的方法。

（四）学习难点

用毛猴构思出生动的故事。

二、教学设计

（一）课前

物品准备：蝉蜕、玉兰花苞、胶水、木片。

安全提示：规范使用工具，轻拿轻放，注意安全。

（二）课中

【课程引入】

同学们，大家知道毛猴吗，你们觉得它是用什么制作的呢？

【课程讲解】

传说清朝时京城的一家中药铺里，抓药的小伙计挨了账房先生的骂，觉得很委屈，不知道该如何宣泄，突然想到账房先生的模样，就用蝉蜕等药材粘了个尖嘴猴腮的“账房先生”。大家看了都觉得像极了，小伙计给“账房先生”摆出不同的造型，觉得自己出了口气。后来，中药铺老板从中看出生意来，把蝉蜕、辛夷、白及和木通等几味中药单独包装出售，称“猴料”。小朋友们看了非常喜欢，家长买“猴料”让小孩粘猴玩儿渐渐成了逢年过节的一个传统。毛猴艺术将猴子的天然情趣和艺术家的创作完美融合，每个毛猴都有了自己的生命力和表达，成就了一种绝妙的艺术境界。

今天，我们要制作一个非遗手工毛猴，请同学们说一下猴子的特点。（互动）

小猴子有一张桃子形的面孔，两颗大眼睛滴溜溜地转，小小的鼻子又塌又扁，而鼻孔却很大。鼻子下面有一张尖尖的大嘴巴。一身棕色的毛，仿佛是件毛皮大衣披在猴子身上。猴子活动的时候动作十分敏捷，常常连蹦带跳的和同伴们追逐打闹。

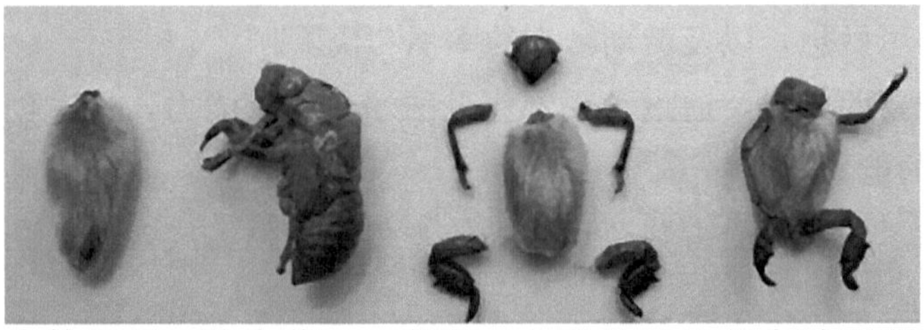

同学们，大家观察一下我们制作毛猴的材料是什么呢，谁能猜一下？（互动）

制作毛猴的材料全是中药。它是用蝉蜕做成四肢，身体是另一味中药——辛夷，也就是玉兰花在秋天里形成的花骨朵，表面有一层密密的灰褐色绒毛，是保护花过冬的外衣，冬去春来，绒毛逐渐退去，花骨朵慢慢长成朵朵美丽的玉兰花。

春天赏花时节里，大家有没有留意观察过玉兰花是先长叶还是先开花的呢？

玉兰花是先开花后长叶的。因为玉兰花的花芽和叶芽是分开的，花芽大，长在枝顶，在低温下就可以开花。叶芽的生长需要较高的温度，所以在开花之后才能长叶。

还有哪些植物像玉兰花一样先开花后长叶？

其实，像玉兰花这样先开花后长叶的植物并不少见。春天开花的植物，它们的叶和花都在头年秋天就已长成并包在芽里。这就是花的智慧，到了转年春天，气温逐渐升高，花和叶就很快生长起来露在芽外面，形成开花长叶的现象。至于植物是先开花还是先长叶，主要是由花芽和叶芽对生长温度的要求不同所决定的。

如果仔细观察我们会发现，身边很多植物都是先开花后长叶的，如蜡梅、迎春、紫荆、贴梗海棠、连翘、碧桃、樱花、杏花、木棉等。

制作毛猴的另一个材料是蝉蜕，就是蝉成虫羽化时留下的皮。

蝉的幼虫生活在土中，有一对强壮的开掘前足用来爬树。

它们通常会在土中待上几年甚至十几年，一般会是质数，如 3 年、5 年，甚至 17 年。我们猜测这是因为质数年因数少，可以在出土以后减少食物和领地的争夺。蝉的幼虫将要羽化时，在黄昏或者夜间钻出土面，爬到树上，然后抓紧树皮，蜕皮羽化。当蝉蛹的背上出现一条黑色的裂缝时，蜕皮的过程就开始了。一般头先出来，紧接着露出绿色的身体和褶皱的翅膀。然后会慢慢舒展，最后变成白色的蝉。6 月末，幼虫开始羽化为成虫，刚羽化的蝉是绿色的，最长寿命约 60—70 天。7 月下旬，雌成虫开始产卵，8 月上中旬为产卵盛期，卵多产在 4—5 毫米粗的枝梢上。然后，蝉蛹会慢慢长大并且掉到地上，进入土中，开始下一个轮回。

我们来观察一下蝉都有什么吧！有足、壳、刺吸式口器和一对粗壮的前腿。

同学们，观察一下老师制作的毛猴，想一个关于它的故事吧，谁想好了可以分享一下。比如，我的毛猴叫小花，它是个爱漂亮的女生，正在梳妆打扮。

大家是不是迫不及待地想要自己制作毛猴了呢？今天，老师就教大家制作毛猴的方法。

【淬炼操作】

1. 拿出准备好的材料。毛猴的头用的是蝉蜕的头，正好与花骨朵相配。

2. 拆解蝉蜕的头部和四肢，要轻轻地操作，不要弄断或者捏碎。

3. 将玉兰花苞作为毛猴的身体，需要找到适合的一面。

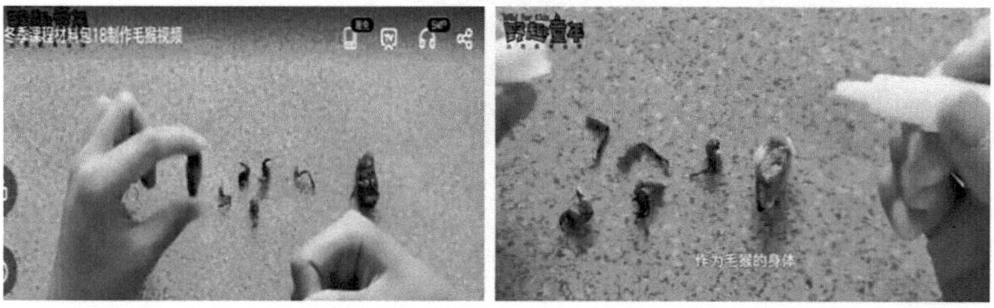

4. 将蝉蜕的头粘在玉兰花苞的花萼处，胶干了以后再进行下一步。

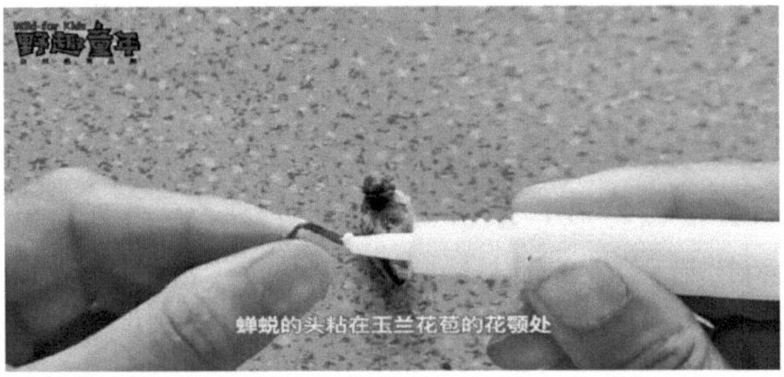

5. 将蝉蜕的两个比较小的腿对称地粘在玉兰花苞上部，制作成毛猴的上肢。

6. 将蝉蜕的两个比较粗壮的腿，对称地粘在玉兰花苞下部，制作成毛猴的下肢。

7. 将制作好的毛猴粘在木片上，毛猴制作就完成啦！

【实践体验】

分发材料，学生操作，老师适时给予指导。

【分享总结】

同学们，在操作的过程中，你遇到了哪些困难、发现了哪些问题、有哪些想法，可以和大家分享一下。

【老师结语】

本次活动，我们了解并尝试制作了毛猴，但我们只是初步知道了毛猴怎么做，毛猴艺术是很高级的，任何一门艺术，都是需要长期摸索、实践和练习的。如果同学们对毛猴艺术感兴趣，可以在空闲时间多加实践，这样既培养了动手能力又增添了生活情趣。

（三）课后

了解什么叫非物质文化遗产，并通过互联网了解当地的非遗有哪些。

三、学生评价表

学生评价表

评价维度	评价				
	评分内容	分数	自评	互评	师评
劳动观念	认同劳动最光荣、劳动最崇高、劳动最美丽	20			
劳动能力	劳动项目无缺失	10			
	按流程完成任务，符合标准要求	10			
	使用工具熟练，操作过程有效率	10			
	保质保量完成操作	10			
劳动习惯	做到工完场清，完成活动后清理台面、清洗工具、垃圾分类处理	5			
	爱护工具、设备，及时回收，使用后有序存放	5			
	积极参与总结与讨论，学生手册填写清晰、完整	5			
	积极回答问题，有合作意识，劳动氛围融洽	5			
劳动精神	具有崇尚劳动、热爱劳动、辛勤劳动、诚实劳动的精神	20			
总分		100			

四、知识链接

毛猴为什么会成为北京的非遗，主要是源于老北京文化中善于自我解嘲及对生活的幽默。北京还出现过专门的毛猴手艺人——毛猴汪和毛猴钱。他们制作毛猴时的辅件考究精细，如老北京系列中的物件，都力求模仿历史实物；有时也要独具巧思，如一个未燃尽的烟头就可以当作毛猴作品中的火灾现场。行里有句话叫“七成的道具，三成的毛猴”。一根牙签，穿上几颗红珠子，就成了一串“冰糖葫芦”；一根铜丝左弯右弯，就做成了一把“小椅子”。

传统手工制作——福字剪纸

一、课程概况

（一）课程时长

2课时。

（二）学习目标

1. 劳动观念：感受中国传统文化的魅力，培养学生劳动创造美好生活的劳动观念。

2. 劳动能力：掌握剪福字的基本技法，并在制作过程中培养学生的动手能力与审美能力。

3. 劳动精神：感受精细劳动的魅力，体悟工匠精神的伟大并培养工匠精神。

4. 劳动习惯：在操作过程中注意安全，按照老师的步骤与规范操作，操作结束将材料清洁后放在相应位置，把台面整理干净。

（三）学习重点

掌握剪福字的技巧。

（四）学习难点

了解福字的相关知识。

二、教学设计

（一）课前

物品准备：红宣纸、瓦楞纸板、红绳、红流苏、剪刀、双面胶。

安全提示：规范使用工具，使用剪刀时不要戳到自己或者他人，轻拿轻放，注意安全。

（二）课中

【课程引入】

同学们，你们贴过“福”字吗，是正着贴还是倒着帖？你们知道我们为什么贴“福”字吗？

【课程讲解】

春节是我国最隆重、最热闹的传统节日。每年的春节，我们都会买对联和“福”字或者自己写对联和“福”字。

商·殷墟甲骨文

唐·颜真卿·多宝塔碑

“福”字约有3000年历史，是最古老的文字之一。古人用酒象征生活富裕，甲骨文的“福”字就是装酒器具的样子，是古时候人们对于幸福生活的期许。

现今的“福”字，由示、一、口和田组成。示，指神祇；田，指耕地、打猎。“福”字表现了像神祈求给予我们土地、猎物，满足温饱需要的愿望。人们对幸福生活的需要基于吃饱穿暖。宋代吴自牧的《梦粱录》中曾记载：“士庶家不论大小家，俱洒扫门间，去尘秽，净庭户，换门神，挂钟馗，钉桃符，贴春牌，祭祀祖宗。”“贴春牌”，是指把“福”字写在红纸上贴在大门前。

春节贴“福”字是一种中国劳动人民对幸福生活的美好愿望，希望新的一年万事顺顺利利，家人健健康康。大家的新年祝词也大多和“福”字相关，如福气满满、家庭幸福。贴“福”字的时间应该在年三十的下午，太阳尚未落山之前，先贴抬头福，再贴门福，最后贴倒福，意味着一年的福气都要从外面流进来。

如今，我们已经全面建成小康社会，物质生活有了质的飞跃，可以说同学们这一代没有人饿过肚子，那你们在贴“福”字的时候有什么样的祈求呢？

“福”字为什么要倒着贴呢？看甲骨文，“福”字还是正着的呀。民间传说，是朱元璋想用“福”字作暗记准备杀人。马皇后为了避免这场灾祸，就让全城的人都在自己家的门上贴了“福”字。当朱元璋派人去查探的时候，发现家家门上都贴了“福”字。其中有户人家不识字，竟把“福”字贴倒了。于是，就想下令杀了这家人。马皇后为了解救无辜之人，灵机一动，便对朱元璋说：“那家人知道您今日来访，故意把

‘福’字贴倒了，这不是‘福到’的意思吗?”皇帝一听也有道理，便不在追究。从此，人们便将“福”字倒贴起来，一求吉利，二为纪念马皇后。当然，也有人不认同倒贴“福”字，“倒”和“到”是两个意义截然不同的字，倒贴“福”字等于是把福倒掉了，而不是福来到了。故宫里的“福”字，没有一个是倒贴的，也不允许出现倒的“福”字。无论如何贴“福”字，都是人们祈求幸福生活的一种形式，表达的是美好的愿望，也为传统节日增添了喜庆的气氛。当我们看到红红彤彤、金灿灿的“福”字已经贴好了，就说明春节来了。

除了贴“福”字，春节还有哪些习俗和仪式呢?

春节前夕会祭神祭祖，也是为了祈求神灵保佑风调雨顺、大吉大利。扫尘，大家希望通过扫尘，把一切穷运、晦气统统扫地出门。除夕夜守岁，就是在除夕夜里，大家整夜不眠，以待天明。年长者守岁是为了辞旧岁，有珍惜光阴的含义；年轻人守岁，是为了祈求父母健康长寿。

今天，老师就教大家制作有着美好象征的“福”字吧。

【淬炼操作】

1. 我们将红宣纸裁剪成一个正方形，再将正方形的两边对折。
2. 两边反向中间对折。

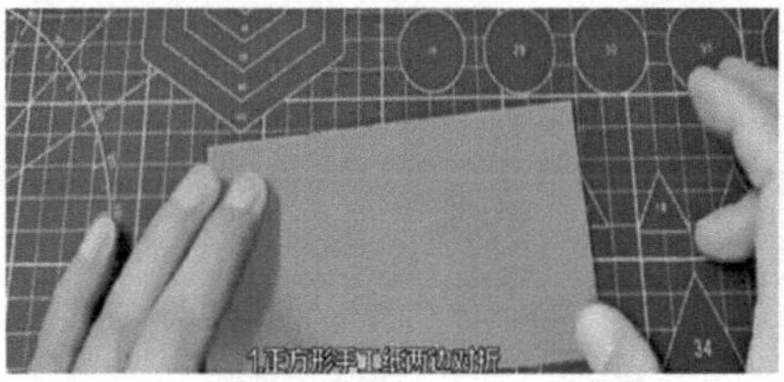

3. 将两短边对折。
4. 下边向中间对折。

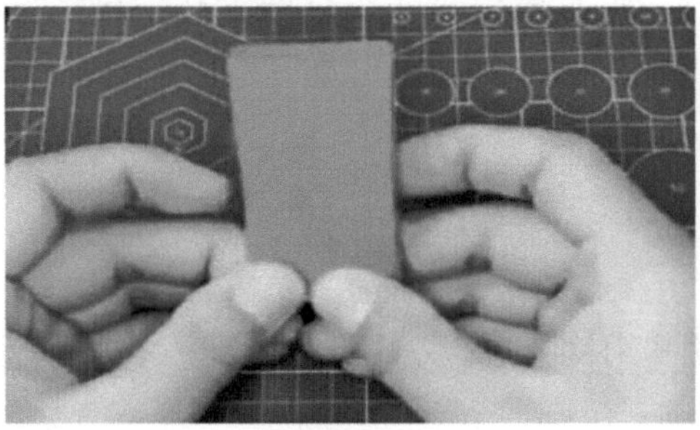

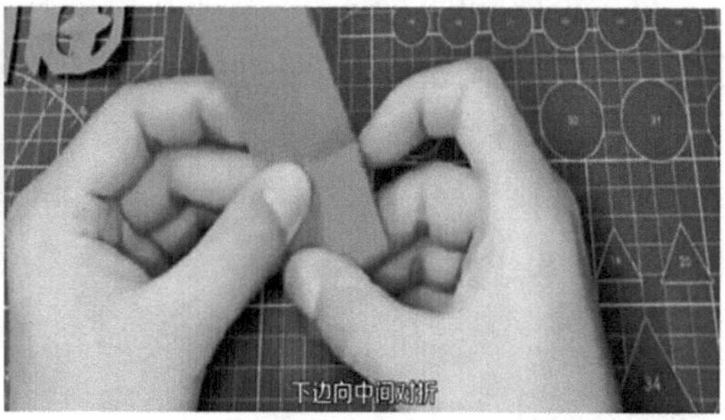

5. 上面一半三等分对折。
6. 剪出一个小斜角。

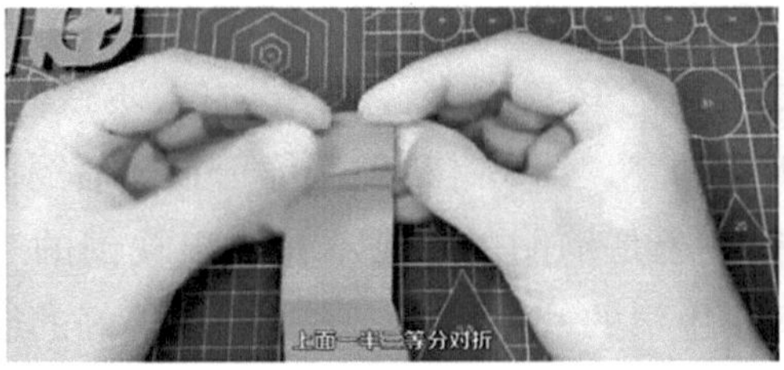

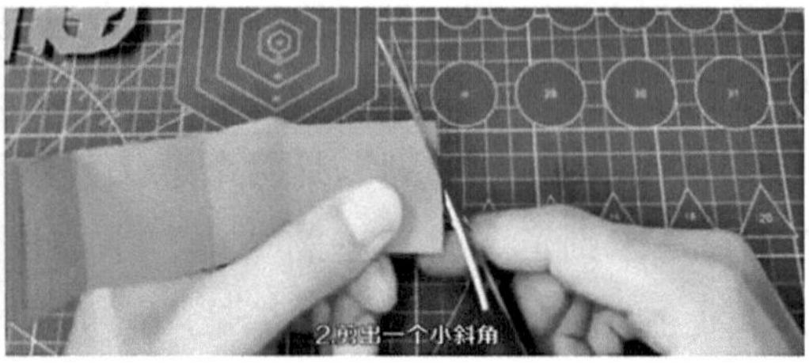

7. 第一折痕对折后剪小角。

8. 画好“福”字的右半部分。

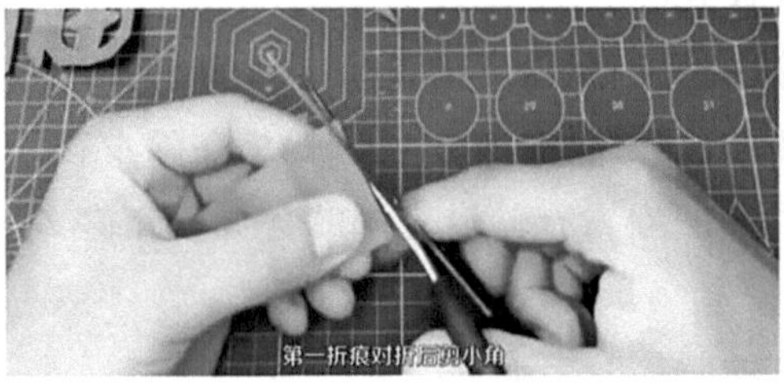

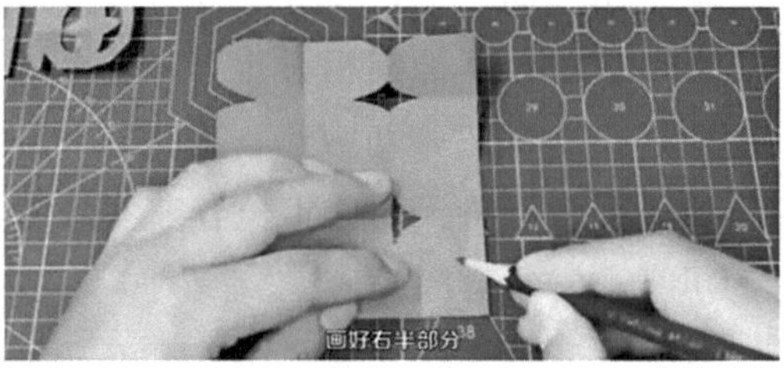

9. 剪出“福”字的右半部分。

10. 左边剪去中间约 1/3 到第二折痕，“福”字就剪好了。

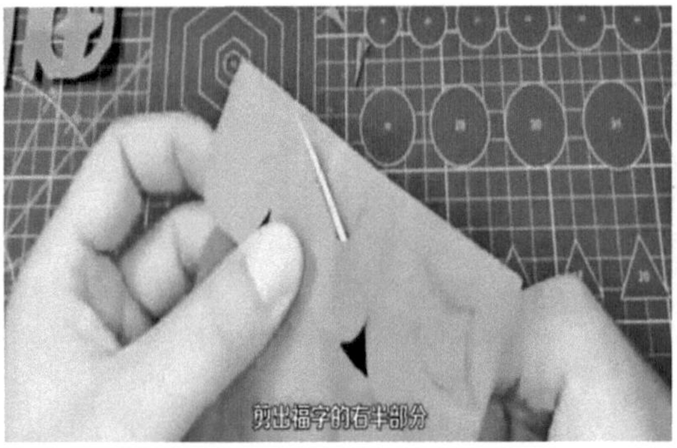

11. 将剪好的“福”字贴在瓦楞纸片上，在上端和底端各打两个孔，将红绳和流苏绑上。一个漂亮的可以悬挂的“福”字就做好了。

【实践体验】

分发材料，学生操作，老师适时给予指导。

【分享总结】

同学们，在操作的过程中，你遇到了哪些困难、发现了哪些问题、有哪些想法，可以和大家分享一下。

【老师结语】

通过本次活动，同学们了解了春节的习俗、“福”字的起源及贴“福”字的意义和方法，并亲手制作了可以悬挂的“福”字。贴“福”字，蕴含着中华民族对美好生活的祈愿，愿我们制作的“福”字能为我们带来幸福的生活。

（三）课后

请在家中剪一些“福”字送给朋友和亲人。

三、学生评价表

学生评价表

评价维度	评价				
	评分内容	分数	自评	互评	师评
劳动观念	认同劳动最光荣、劳动最崇高、劳动最美丽	20			
劳动能力	劳动项目无缺失	10			
	按流程完成任务，符合标准要求	10			
	使用工具熟练，操作过程有效率	10			
	保质保量完成操作	10			
劳动习惯	做到工完场清，完成活动后清理台面、清洗工具、垃圾分类处理	5			
	爱护工具、设备，及时回收，使用后有序存放	5			
	积极参与总结与讨论，学生手册填写清晰、完整	5			
	积极回答问题，有合作意识，劳动氛围融洽	5			
劳动精神	具有崇尚劳动、热爱劳动、辛勤劳动、诚实劳动的精神	20			
总分		100			

四、知识链接

中华民族有5000年的文明史，周边的国家几乎都受到了中华文化的影响，有些国家甚至和我们一样过农历春节，它们分别是朝鲜、韩国、新加坡、日本、马来西亚、印尼、菲律宾、印度和越南。其中，朝鲜、韩国、新加坡及日本四个国家将农历初一到初三定为法定节日；马来西亚的春节时间为初一到初二；越南的春节是从初一到初六。

传统工艺制作——永清秸秆扎刻

一、课程概况

（一）课程时长

2 课时。

（二）学习目标

1. 劳动观念：树立劳动创造美、劳动改变生活的劳动观念。

2. 劳动能力：掌握秸秆风车的原理和制作方法，通过制作秸秆风车，培养学生的动手能力和认真学习、积极实践生活技能的能力。

3. 劳动精神：通过秸秆风车的制作，感受劳动人民精益求精的劳动精神。

4. 劳动习惯：在操作过程中注意安全，按照老师的步骤与规范操作，操作结束将材料清洁后放在相应位置，把台面整理干净。

（三）学习重点

秸秆风车的扎法。

（四）学习难点

秸秆钻孔的方法。

二、教学设计

（一）课前

物品准备：风车杆、铁丝、竹签、塑料圈、彩纸条、皮筋、小鼓、挡板、小红旗、双面胶。

安全提示：规范使用工具，轻拿轻放，注意安全。

（二）课中

【课程引入】

同学们，请看老师手中的风车，你们知道这主要是用什么材料制作的吗？

【课程讲解】

这款风车的主要材料是高粱秸秆和纸片。

高粱是我们现在不太常见的一种杂粮，但在几十年前，高粱是很常见的农作物。说起高粱，清代有文人墨客撰写了“芳名传蜀黍，嘉种遍辽东。盛夏千竿绿，当秋万穗红”“高颗大穗有光华，万垄参差斗晚霞。贡向东都充玉食，岂唯有米号桃花”的经典诗句。

在民间，高粱因口感不太好被视为粗粮。高粱的食用方法多样，在粮食紧缺的时代也是普通家庭的救命粮，不仅可以食用，还可以制糖、酿酒，高粱秆还能做成工艺品和家居用品。

高粱秆的用途很广泛，农人一般去掉穗，称为秫秸秆。高粱秆外表光滑坚硬，里面白瓤软，经常被人们做成席子盖房子用，还有做成厨房用具的，如扫帚、盖帘等。我们现在使用的盖帘样式很多，有双层的，有八角形、圆形的等，常用于晾晒粮食、干果等，也有做缸、盆、锅盖子的。用高粱秆制作家用物品时，在民间有新旧高粱秆不能一起使用的说法，只为讨个吉祥，有“旧的不去，新的不来”之意。

秫秸秆皮被手工艺人做成了工艺品，如蝈蝈笼子、秸秆花灯等，并在此基础上逐渐发展出了高超的秸秆扎刻技艺。

秸秆扎刻是河北的特色传统手工技艺，河北廊坊永清秸秆扎刻作为传统手工技艺传承至今。

提到永清秸秆扎刻，不得不提到的一个人就是秸秆扎刻的代表性传承人徐艳丰。如今，已年逾古稀的徐艳丰从事秸秆扎刻制作已有 60 多个年头。

1963 年夏天，11 岁的徐艳丰偶然看到一位老人看菜园的窝棚上挂着一个蝈蝈笼子，他一下子就被吸引住了。这个看似普通的蝈蝈笼全部用高粱秆制作而成，并且全部是榫卯结构，十分精巧。看徐艳丰非常喜欢，老人便把蝈蝈笼送给了他。回到家后，徐艳丰便开始琢磨仿制蝈蝈笼。功夫不负有心人，经过一次次的失败，徐艳丰终于学会了制作蝈蝈笼。从一个笼到两个笼，再到四个笼、八个笼，最多做到十五个笼。

从小小的蝈蝈笼开始，徐艳丰逐渐熟练掌握了秸秆扎刻技艺。当年冬天，徐艳丰不再满足于做蝈蝈笼，他白天拾柴火，晚上点着小煤油灯研究用高粱秆制作灯笼。从四个角到六个角再到八个角，而且内部还能旋转，徐艳丰用高粱秆制作的“走马灯”精巧绝伦。

1964 年，徐艳丰 12 岁。这一年，他已经可以用自己独创的秸秆扎刻技艺制作大型花灯，最大的直径可以达到 1.5 米以上，结构巧妙，造型精美，令人称奇。看年幼的徐艳丰这么有灵气，干了一辈子木匠活儿的二爷给他讲了徐家祖辈的故事。原来，徐家祖辈曾是专做戏楼的木匠，在永清、固安、胜芳一带颇有名气，到徐艳丰这一辈已经传承了十三代。徐艳丰听了二爷的讲述，新的灵感迸发出来，那就是用祖辈流传下来的木匠技艺结合自己创新研究的秸秆扎刻技艺来制作古建筑模型。

1965 年，村里放露天电影，徐艳丰在荧幕上看到了天安门城楼，电影还没放完，他就跑回家开始琢磨制作天安门城楼的模型。说来容易做起来可是相当困难。看一遍记不住天安门城楼的细节，徐艳丰就跟着电影放映队跑了 7 个村，看了 7 遍电影。可是这么大的天安门城楼细节太多，仅从黑白电影画面中根本无法看清每一处细节。正当徐艳丰一筹莫展时，1966 年的春节，姥姥拿回来一张年画，这张画是彩色的，画上恰巧就是天安门城楼。这可把徐艳丰高兴坏了！就这样，他对着这张年画，耗时 3 年零 7 个月，终于制作完成了天安门城楼全景秸秆扎刻作品。作品包括城楼、城墙、配房、华表等，这是徐艳丰制作的第一件大型古建筑模型。那一年，他 17 岁。

通过徐艳丰不断的传承发展，被收入国家级非物质文化遗产名录的永清秸秆扎刻技艺大放异彩。2019 年，新中国成立 70 周年之际，67 岁的徐艳丰耗时 4 年多制作的特大型秸秆扎刻作品“复兴楼”在深圳文博会展出，惊艳世人。“复兴楼”长 98 厘米，宽 98 厘米，高度达到了 158 厘米，总共使用直径 1. 2—11 毫米的各种规格高粱秆 70 多万节。这是迄今为止单体规模最大的秸秆扎刻作品。北京 2022 年冬奥会期间，该作品在崇礼冬奥村展出，各国参赛人员参观后赞叹不已。

从小小的蝈蝈笼到如今的大型古建筑模型，永清秸秆扎刻声名远播，已经成为廊坊市特有的一张文化名片。

秸秆扎刻以高粱秆为原料，用各色铅笔、游标卡尺、不同型号的剪刀、刀具、锥子、竹签、树脂胶、酒精灯、各种型号的砂纸等几十种不同的工具，靠手工攒装、扎刻而成各种工艺品。

从传统的蝈蝈笼、秸秆花灯，到扎刻各类仿古建筑模型，作品通体不用一颗钉子，并且每一扇门都能开合，做工非常精细，充分展现了我国古代楼阁建筑结构的巧妙和精美。组装锁榫的过程是整个制作过程中最关键的步骤，这个过程要按照从下到上、从内到外的组装顺序，模仿传统木建结构中的榫卯技艺，遵循“六节稳固”的结构特征来进行。

2008 年，永清秸秆扎刻技艺被列入第二批国家级非物质文化遗产名录；2009 年，徐艳丰成为该项目的国家级代表性传承人。

如今，永清秸秆扎刻名扬海外。徐艳丰的扎刻艺术作品精致、美观，观赏者无不赞叹和佩服作品的巧夺天工。

今天，老师就教大家制作一款经典的秸秆风车。

【淬炼操作】

1. 制作风车彩轮。准备好塑料圈，按照已经给出的粘好的风车彩轮的纸条位置粘好双面胶。

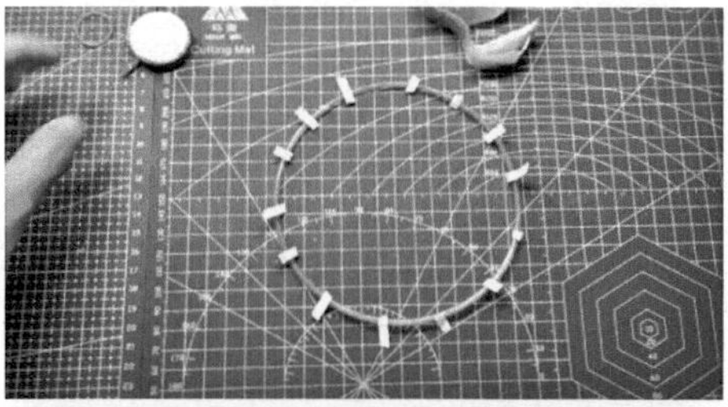
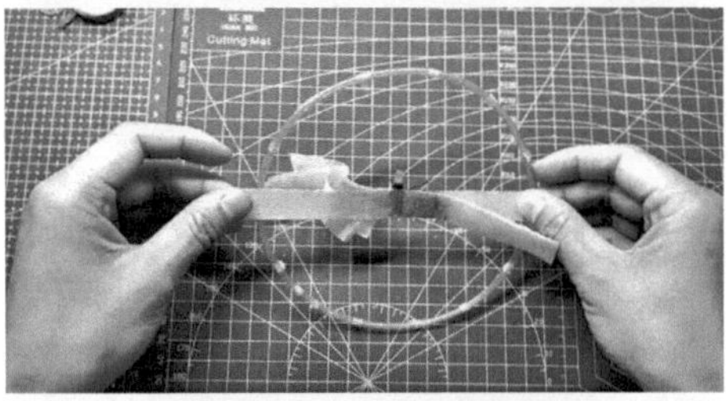

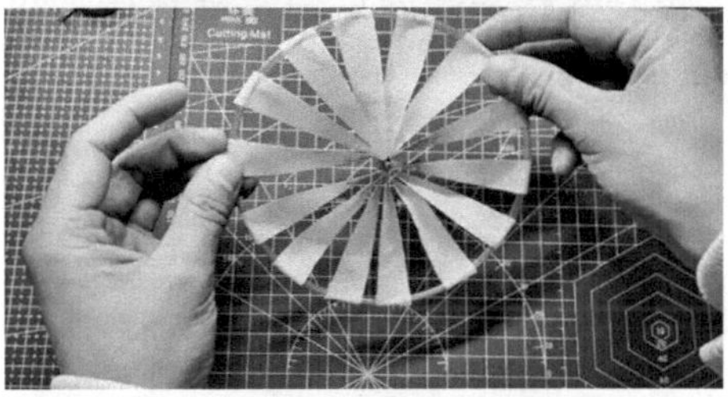

2. 将彩纸条按照顺时针方向一一粘在塑料圈上。

3. 安装挡板。取下皮筋，拿下耳朵，将挡板竹签从左边穿入小孔。

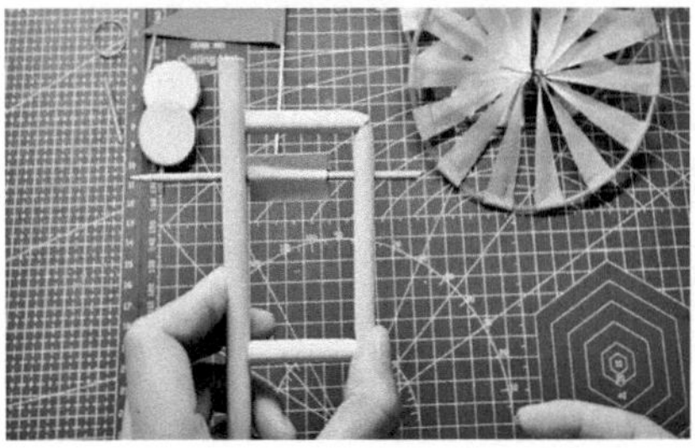

4. 套上耳朵，套上皮筋。

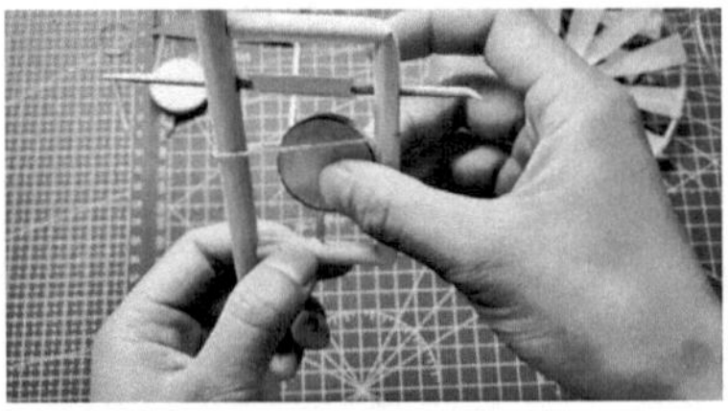

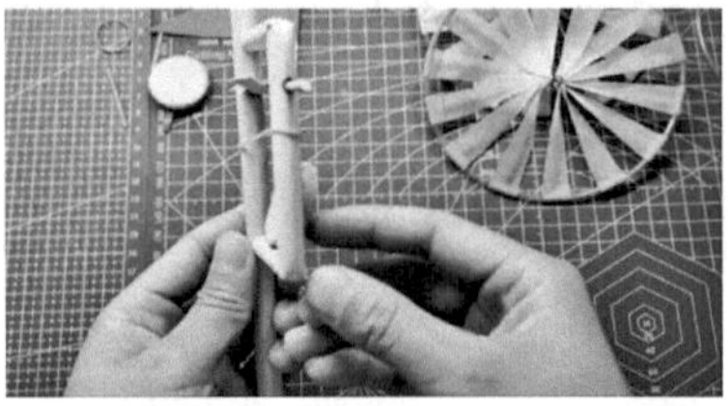

5. 安装小鼓。把小鼓鼓面朝向自己，把小鼓的把装入耳朵下面的小孔里。把露头的铁丝掰弯，防止小鼓掉落。将小鼓稍向后倾斜。

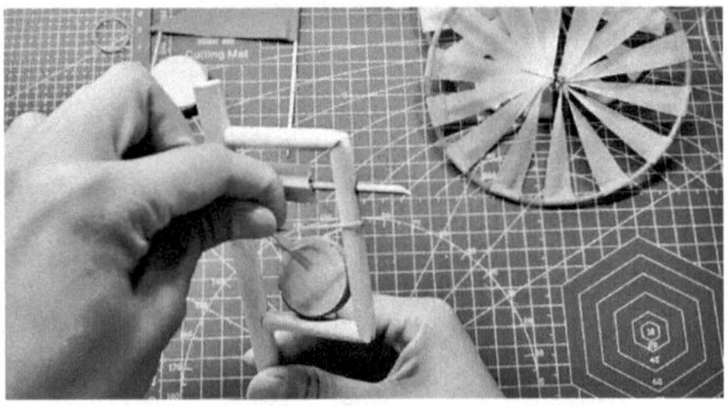

6. 安装打鼓的小棒。拿起小棒插入皮筋，顺时针转动两圈后用小鼓挡住小棒的运动方向。转动挡板，看看小棒是否能正常敲响小鼓。

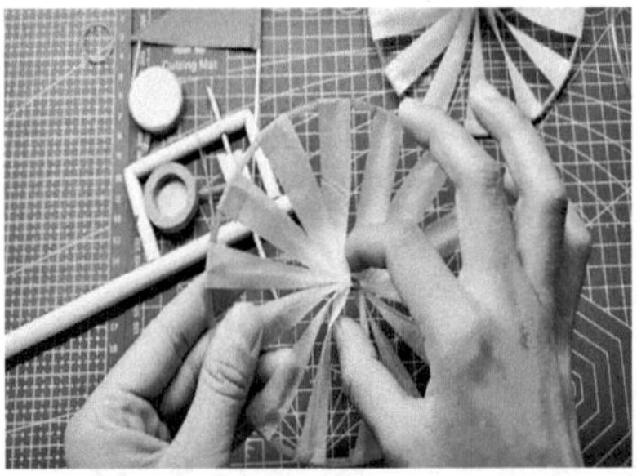

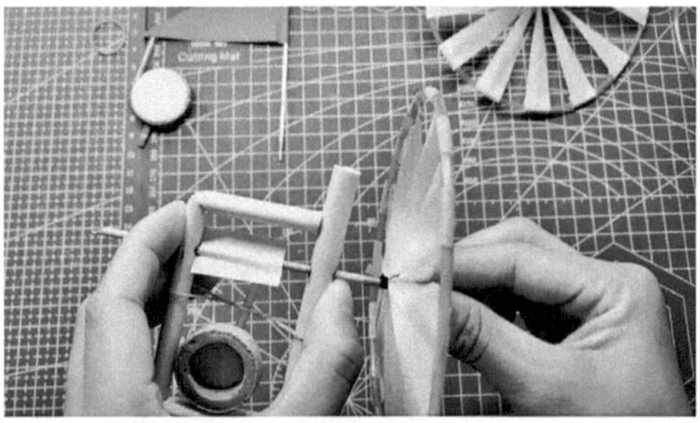

7. 安装彩轮。用手顶住竹签，将彩轮的中间的塑料管插入竹签中，稍微顶一下固定即可。

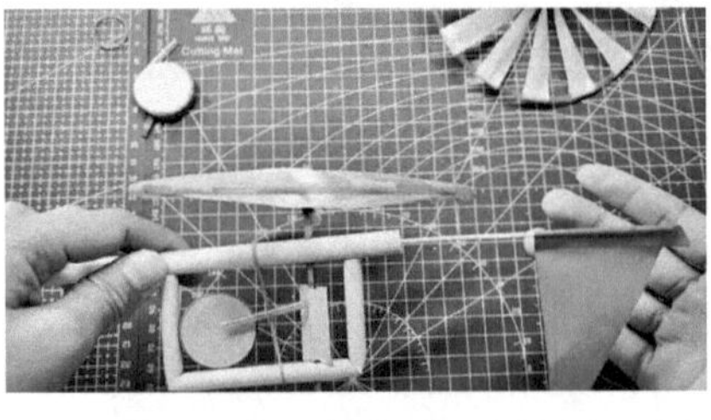

8. 安装红旗。把红旗竹签插入风车顶部的高粱秆里。

【实践体验】

学生实操制作秸秆风车，老师适时给予指导。

【分享总结】

请同学们介绍一下自己在作品制作过程中的感受和收获。

【老师结语】

高粱秸秆的价值在于技艺传承者的创造性，它是劳动人民的智慧结晶。因材料简单且工艺不复杂，所以很多北方家庭靠种植高粱和制作高粱秆用品养家糊口，这也成了脱贫致富的一种农家人手艺。

（三）课后

利用高粱秸秆制作小玩具。

三、学生评价表

学生评价表

评价维度	评价				
	评分内容	分数	自评	互评	师评
劳动观念	认同劳动最光荣、劳动最崇高、劳动最美丽	20			
劳动能力	劳动项目无缺失	10			
	按流程完成任务，符合标准要求	10			
	使用工具熟练，操作过程有效率	10			
	保质保量完成操作	10			
劳动习惯	做到工完场清，完成活动后清理台面、清洗工具、垃圾分类处理	5			
	爱护工具、设备，及时回收，使用后有序存放	5			
	积极参与总结与讨论，学生手册填写清晰、完整	5			
	积极回答问题，有合作意识，劳动氛围融洽	5			
劳动精神	具有崇尚劳动、热爱劳动、辛勤劳动、诚实劳动的精神	20			
总分		100			

五年级

❖ 生活劳动

整理与收纳——包书皮

一、课程概况

（一）课程时长

2 课时。

（二）学习目标

1. 劳动观念：了解书皮对书籍的保护作用和美观效果，树立劳动创造美、劳动改变生活的观念。

2. 劳动能力：掌握包书皮的方法，通过动手包书皮，培养学生的动手能力和对生活技能积极探索、认真实践的能力。

3. 劳动精神：通过对包书皮方法的学习，感受劳动人民的智慧和劳动创新带给生活的趣味。

4. 劳动习惯：在操作过程中注意安全，按照老师的步骤与规范操作，操作结束将材料清洁后放在相应位置，把台面整理干净。

（三）学习重点

掌握包书皮的方法。

（四）学习难点

书籍包装的实用功能与美化功能的和谐统一。

二、教学设计

（一）课前

教具准备：折页的书籍、干净整洁的书籍。

物品准备：书本、书皮纸、剪刀、透明胶、双面胶。

安全提示：规范使用工具，使用剪刀时不要扎到自己或者他人。使用胶水或胶棒时不能抹得到处都是，结束后做好清洁卫生。选择废旧纸张包书时，一定要了解纸张是否脱色、是否干净，避免使用有油污、霉点、异味，甚至有毒物质的纸张。

（二）课中

【课程引入】

大家看我手里这两本书，有什么发现？

对，一本折页、破损严重，另一本干净、整洁，这两本书给人的反差特别大，大家知道是什么原因吗？

【课程讲解】

书籍在不同的人手里有着不同的遭遇，鲁迅先生爱书如命，喜欢修补书籍，他修补书籍像装裱字画一样精细精湛；散文家孙犁也是爱书如命，对包书情有独钟，如醉如痴，他说：爱书之人，必有大爱。

书籍是知识的载体，我们要珍惜书籍、保护书籍，那我们可以怎么保护书籍呢？——包书皮就是很好的方法之一。

包书，我们叫“包书衣”，也叫“包书皮”，能起到保护书本、美化书本、题记留念的作用。我们可利用身边的资源变废为宝，如废报纸、旧挂历、牛皮纸、包装纸等无毒无害的材料，都可用于包书皮。为了更好地保护我们这学期新发的课本，今天我们就亲自动手，为自己的新书包上书皮。

首先，我们来认识书籍的构造。书籍由封面、封底和书脊构成。

其次，我们来认识材料。书皮有各种材质，不同材质的书皮有什么区别呢？

1. 塑料薄膜。现在最常用的是塑料薄膜，文具店里也最常见。优点是防水、耐用。缺点是不环保。

2. 白纸。优点是简洁、材料易得。缺点是易脏、易破。

3. 报纸或海报。优点是美观、多样。缺点是图案太花或太复杂，不适合包学习用书。

4. 牛皮纸。优点是防水、耐用、有韧性。缺点是相对不易得。

今天，我们就来用牛皮纸学习如何给书籍包书皮。

【淬炼操作】

1. 准备纸张。首先准备一张比书大两倍以上的书皮纸，纸的长、宽以大于书本5厘米以上为宜。然后，把书放在纸的右侧中部，将纸的侧面折叠，两边多出的纸需要宽度一致。

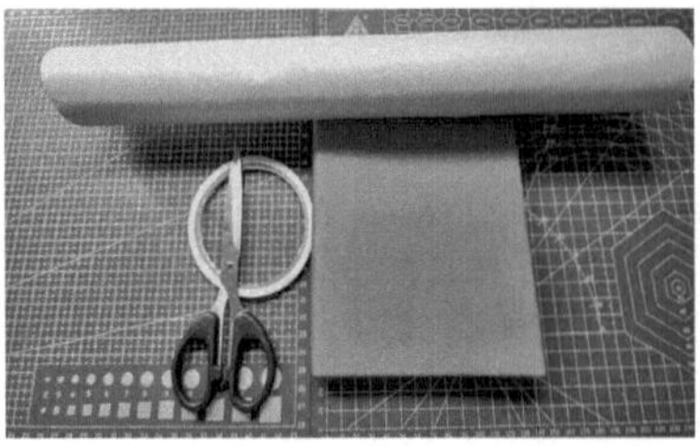

2. 对折中缝压痕。在书皮纸上按压出中缝，并沿书的边缘压出痕迹。

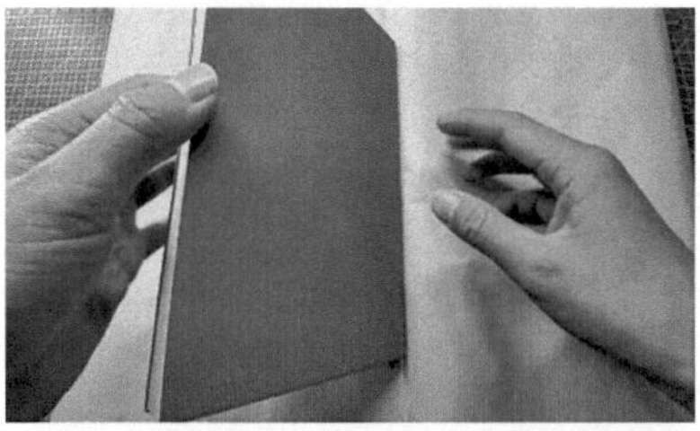

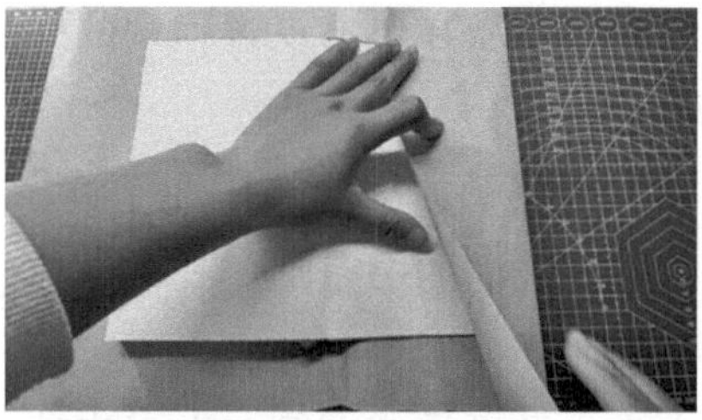

3. 剪中缝。把书取出，能看到书皮纸侧面及边缘的压痕。上下两端均剪成梯形。

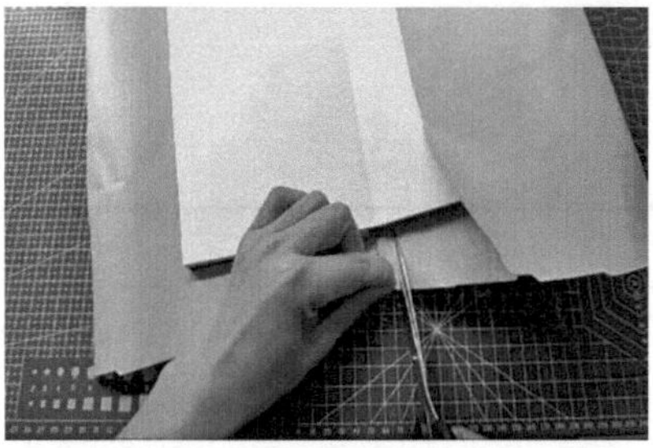

4. 将折叠好的书皮纸边缘贴上双面胶，撕开双面胶对齐书与书皮纸并进行粘贴，用同样的操作方法将同一侧的上下两端对齐，利用双面胶进行粘贴。左、右两面书皮纸都是同样的操作。

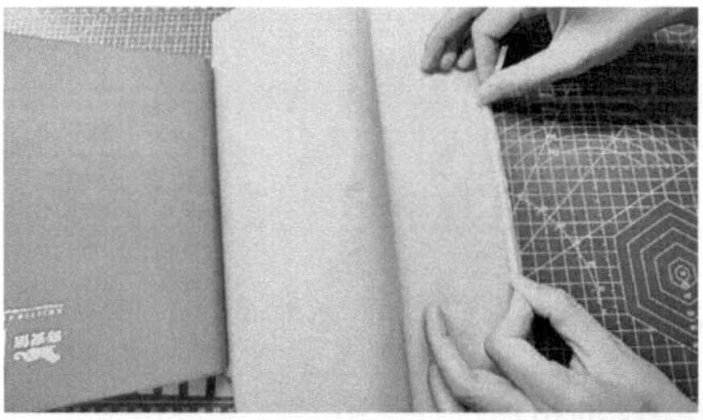

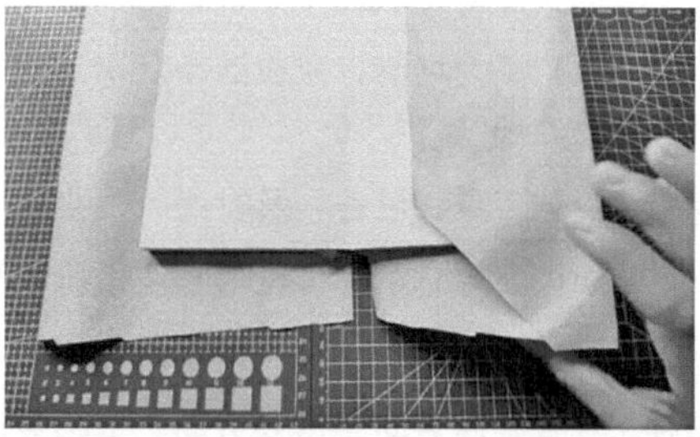

5. 可以在包好书皮的封面上写上书籍名称，并根据喜好做一定装饰。

【实践体验】

分发材料，学生操作，老师适时给予指导。

【分享总结】

请同学们介绍自己在包书皮过程中的感受和收获。

【老师结语】

千里之行始于足下，掌握知识在于读书，如果缺乏妥善的保管，精神食粮也会变质。所以，请爱护我们的书籍吧。

（三）课后

请在家中为自己喜爱的书籍包上书皮。

三、学生评价表

学生评价表

评价维度	评价				
	评分内容	分数	自评	互评	师评
劳动观念	认同劳动最光荣、劳动最崇高、劳动最美丽	20			
劳动能力	劳动项目无缺失	10			
	按流程完成任务，符合标准要求	10			
	使用工具熟练，操作过程有效率	10			
	保质保量完成操作	10			
劳动习惯	做到工完场清，完成活动后清理台面、清洗工具、垃圾分类处理	5			
	爱护工具、设备，及时回收，使用后有序存放	5			
	积极参与总结与讨论，学生手册填写清晰、完整	5			
	积极回答问题，有合作意识，劳动氛围融洽	5			
劳动精神	具有崇尚劳动、热爱劳动、辛勤劳动、诚实劳动的精神	20			
总分		100			

整理与收纳——废旧衣物变斜挎包

一、课程概况

（一）课程时长

2 课时。

（二）学习目标

1. 劳动观念：了解废旧衣物处理方法，培养勤俭节约的劳动观念。通过亲手制作斜挎包，认识到劳动创造生活。

2. 劳动能力：能够穿针引线进行缝制，能够看懂包包纸样并正确划线、裁剪。具备基本的手工劳动知识和技能，在知道正确缝法的基础上，培养学生善于思考、多角度分析问题的思辨能力。

3. 劳动精神：树立技能宝贵的时代风尚，继承中华民族勤俭节约的优良传统。

4. 劳动习惯：在操作过程中注意安全，按照老师的步骤与规范操作，操作结束将材料清洁后放在相应位置，把台面整理干净。

（三）学习重点

缝制斜挎包的手法。

（四）学习难点

针法的熟练运用。

二、教学设计

（一）课前

物品准备：针线、松紧带、剪刀、尺子、旧裤子、铅笔。

安全提示：使用工具要注意动作规范、均衡用力，注重协同配合，不规范的行为和操作要在教师指导下及时改正。工具摆放要有序整齐，下课后记得复原工具、清理废料。

（二）课中

【课程引入】

同学们，随着社会的发展我们人类的衣食住行也有着很大的改变，每当换季时，我们都免不了要收拾衣柜，收拾出来的旧衣物你们是如何处理的呢？

【课程讲解】

随着人民群众生活水平的逐渐提高，一年四季我们都不断地在“买、买、买”，人们淘汰服装的周期已经大幅缩短。新衣常买，旧衣常在，家里的废旧衣物处理成了一个不小的问题。家里的旧衣服逐渐堆积如山，塞满衣柜的各个角落。面对这些旧衣物，许多人心生“鸡肋”之感：留着占地方，扔了又可惜。今天，我们一起来学习如何利用这些资源，做到既环保又经济。

首先，可以做公益捐赠。在衣物捐赠箱内或各类捐赠形式下收集的衣物，被送到集置点后，经过清洗、消毒，整理、打包后，将用作公益捐赠送往各大慈善机构，扶贫济困，回馈社会。

其次，可以再生利用。不符合捐赠要求或由其他途径回收的废旧衣服，会按照不同的材质，分作棉类、化纤类、混纺类等，经过臭氧消毒处理后统一送往专门的工厂进行回收再加工。

最后，可以做成各类手工艺品。家有巧手的妈妈，可以利用干净的旧衣服和小朋友们一起动手，制作各类手提布艺包、布艺娃娃、拖把等。这一来，不仅锻炼了小朋友们的动手能力，还提高了孩子们的环保意识，可谓一举多得。

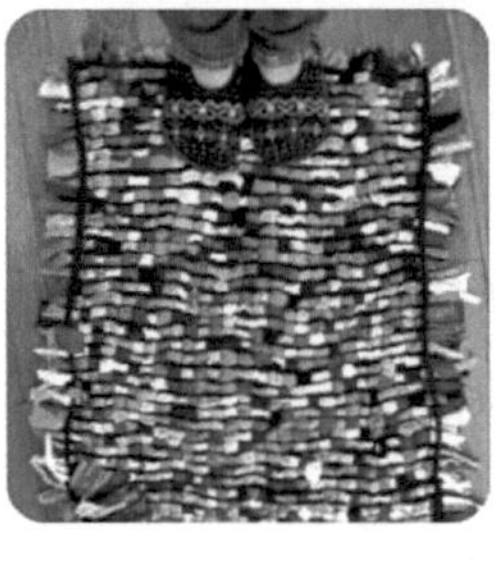

废旧牛仔裤稍经裁剪加工，就可以做成漂亮的挎包，无需添加任何装饰，所有的原料都来自一条牛仔裤。挎包巧妙利用了牛仔裤的后口袋，形成包包正面装饰，简单且独一无二，令人爱不释手。

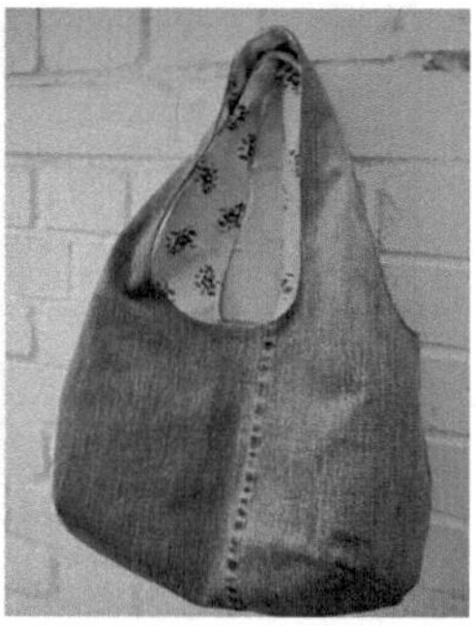

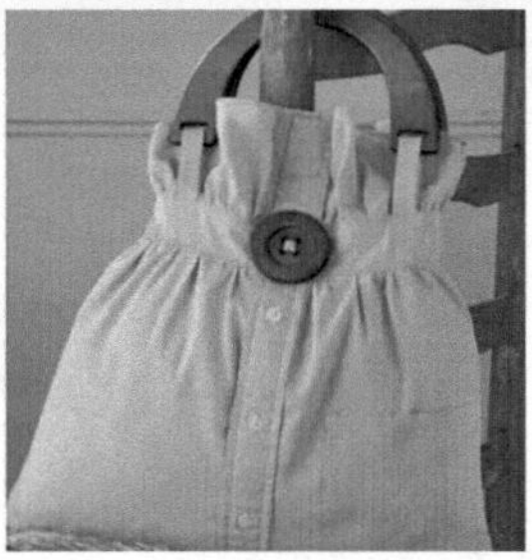

【淬炼操作】

1. 拿出准备好的材料。这次我们准备的是旧裤子。

2. 将裤腿最下方的缝合线剪掉。

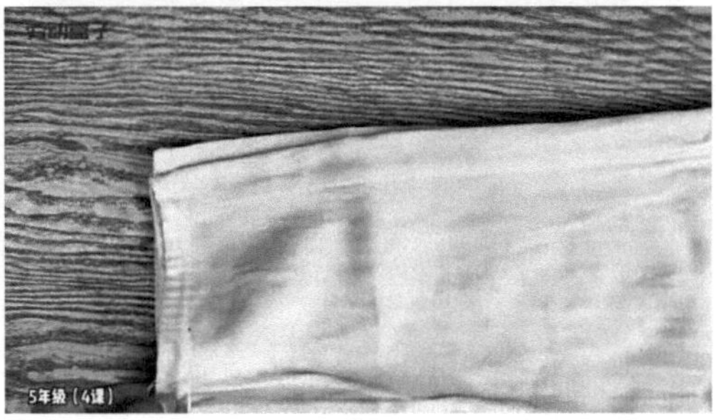

3. 从裤脚位置进行测量，这里选取的是 40 厘米。测量好之后用铅笔画一条浅线，剪刀沿线的位置剪下，两条裤腿都要剪。

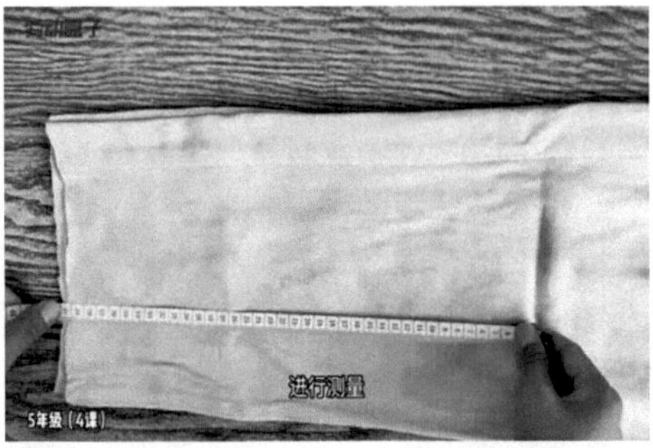

4. 将裁剪下来的裤腿一侧裤缝线的位置剪开，两条裤腿都要剪。

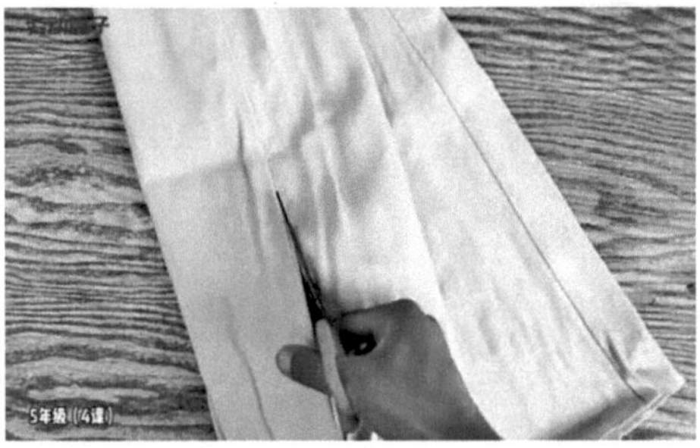

5. 将裁剪好的裤腿反向缝合，缝合三边，留一边作包口位置。

6. 将松紧带用作包带缝制在包口位置，再将整个包反过来，我们就得到了一个独一无二的包。

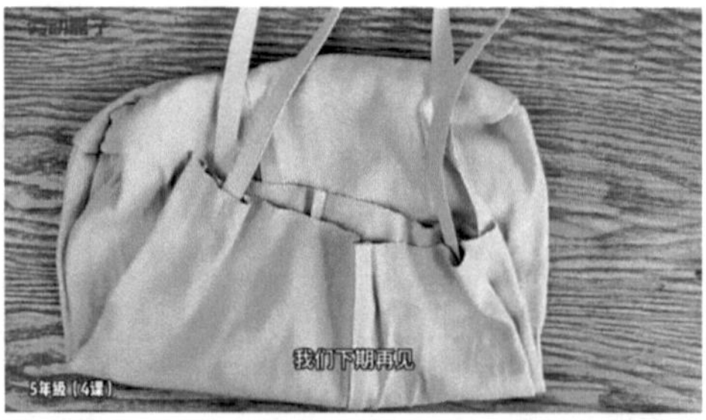

【实践体验】

分发材料，学生操作，老师适时给予指导。

【分享总结】

同学们，在操作的过程中，你遇到了哪些困难、发现了哪些问题、有哪些想法，可以和大家分享一下。

【老师结语】

包的制作需要有一定的针线活基础，因为看似简单的包，其实对针法有很高要求，不过熟能生巧，同学们回去后可以多多练习，相信手会越来越灵活，也会从你们手中诞生更多具美感与实用性的作品。

（三）课后

请继续利用一些旧衣物创作出不同的作品吧。

三、学生评价表

学生评价表

评价维度	评价				
	评分内容	分数	自评	互评	师评
劳动观念	认同劳动最光荣、劳动最崇高、劳动最美丽	20			
劳动能力	劳动项目无缺失	10			
	按流程完成任务，符合标准要求	10			
	使用工具熟练，操作过程有效率	10			
	保质保量完成操作	10			
劳动习惯	做到工完场清，完成活动后清理台面、清洗工具、垃圾分类处理	5			
	爱护工具、设备，及时回收，使用后有序存放	5			
	积极参与总结与讨论，学生手册填写清晰、完整	5			
	积极回答问题，有合作意识，劳动氛围融洽	5			
劳动精神	具有崇尚劳动、热爱劳动、辛勤劳动、诚实劳动的精神	20			
总分		100			

❖ 生产劳动

农业生产劳动——无土栽培生菜

一、课程概况

（一）课程时长

2 课时。

（二）学习目标

1. 劳动观念：通过持续的植物种植与管理，树立人人都要劳动，劳动创造财富、劳动创造美好生活的劳动观念。

2. 劳动能力：能够正确育苗、移苗与水培管理直至生菜达到食用标准。具备基本的劳动能力，能完成劳动任务并综合运用多种知识和经验解决生菜生长中出现的问题。

3. 劳动精神：通过持续性劳动实践，认识到劳动创造价值，增加劳动兴趣，培养劳动最光荣的劳动精神。

4. 劳动习惯：在操作过程中注意安全，按照老师的步骤与规范操作，操作结束将材料清洁后放在相应位置，把台面整理干净。

（三）学习重点

水培育苗。

（四）学习难点

无土栽培生菜的持续管理。

二、教学设计

（一）课前

物品准备：育苗盒、无土栽培盆、定植篮、定植海绵、生菜种子、营养液、育苗海绵、水。

安全提示：使用工具时要注意动作规范、均衡用力，不规范的行为和操作应在教师指导下及时改正，工具摆放要整齐有序，下课后记得复原工具、清理废料。

（二）课中

【课程引入】

同学们，在农业上有个种植方法叫“无土栽培”，大家知道什么是“无土栽培”吗？所有的蔬菜或农作物都能够进行“无土栽培”吗？

【课程讲解】

春季是万物生长的季节，但初春室外温度不高，土壤温度浮动大，很多农作物不适宜直接陆地播种。为了提高土地利用率，让陆地作物采收时间提前，我们可以先在温室中进行育苗，等室外温度适宜时再进行作物移栽。

育苗是将作物大田生产与苗期生产分开进行的一项农业生产工作。育苗的优点如下。

1. 延长农作物生长期。通过提早育苗，能够使农作物提早进入大田生产。

2. 节约种子，减少种子成本。苗床管理较精细，环境比大田好，种子成苗率比大田高。

3. 有利于培育健壮的苗子。苗床水肥条件好，苗子生长好。

4. 节约土地。育苗占地小，而且可以在非农业用地上通过基质进行，可以利用很少的土地培育大量的秧苗。

但是育苗也有缺点，如植物根系容易受损、移栽费工等。

大部分蔬菜都可以育苗之后再种植。那如何育苗呢？原来都是在育苗盘里进行，现在种植方法多样，既有传统的土培，也有现代化的水培、气雾培等形式。

今天，我们就来了解水培育苗。

水培是无土栽培的一种，无土栽培是以草炭或森林腐叶土、蛭石等疏松透气且营养充足的材料做育苗基质固定植株，让植物根系直接接触营养液的栽培方法。

常见的无土栽培方法主要有基质栽培、化学合成基质栽培、水培以及雾培。而水培是运用最多的，主要分为静态和动态水培。静态水培是比较简单的栽培方式，将植物养在清水中即可；动态水培则需要使用管道、栽培槽、营养液池等物品，自动化程度较高，是比较简洁的栽培方式。一般农业基地以动态水培为主，而家庭种植以静态水培为主。

今天，我们要体验的是水培，又名营养液培，其核心是将植物根茎固定于定植篮内并使根系自然长入植物营养液中。这种营养液具有清洁卫生、环保无污染等优点。

不同的植物在不同的季节、不同的生长阶段对环境的要求不一样，对营养的需求也不一样。

使用营养液需要事先对该植物的生长规律非常清楚，每个环节都不能有偏差，一旦出错就是全军覆没。尤其是微生物的繁殖，在营养液中一旦适合某种微生物生长，它会爆发式地繁殖，直到破坏原有的生态平衡，造成植物的全面死亡。

本次，我们只选用一种均衡营养液来给无土栽培的生菜提供营养。

【淬炼操作】

1. 将生菜育苗所需要的材料准备好，分别是育苗盒、生菜种子、育苗海绵和营养液。

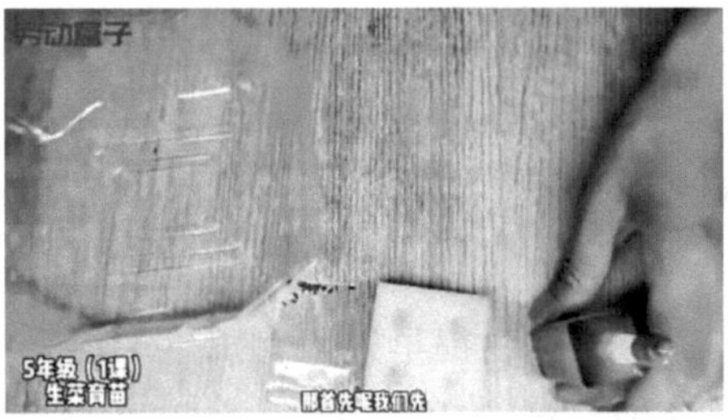

2. 拿出透明育苗盒，向育苗盒中加入 500 毫升的凉水，同时打开营养液的盖子，向育苗盒中滴入两滴营养液并搅拌均匀。

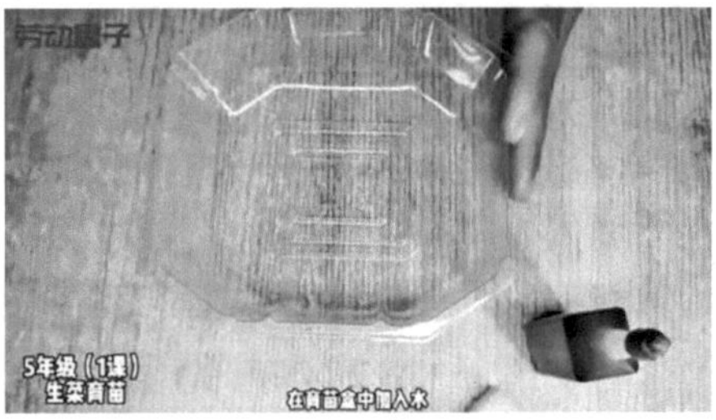

3. 将育苗海绵放入育苗盒中并向下按压使其充分吸收水分。

4. 将生菜种子放在育苗海绵中，每孔放两颗种子。

5. 将放好的种子按压到育苗海绵的每个夹缝中。

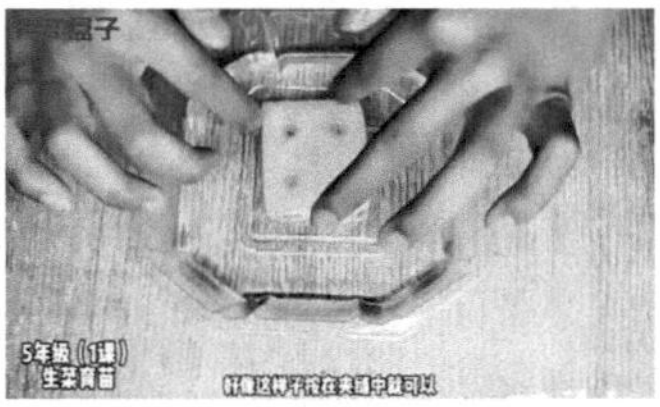

6. 将育苗的生菜放到适宜它生长的环境下，一般 5—7 天即可出芽。

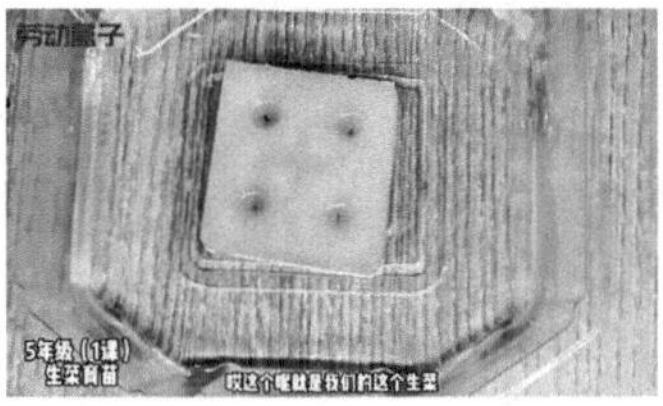

注意事项：1. 本节劳动课上完后，涉及育苗完成后的管理以及摆放问题，需要提前规划好位置让同学们有序摆放，并在自己的育苗盒与定植瓶上贴有自己名字的贴纸，方便后期管理。

2. 水培植物也需要充足的阳光，所以我们需要把植物放在阳光充足的地方。光线不足的地方需要人工补光。

出苗后管理：1. 出苗后移植到定植篮。育苗后，在 20℃的温度条件下，5—7 天可出苗。每天观察，在生菜小苗长到 8 厘米后可以进行水培定植活动。所需材料为定植篮、定植海绵、无土栽培盆。具体步骤如下。

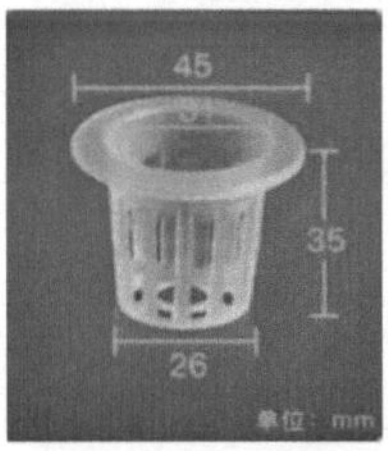

（1）将小苗从育苗盒中拿出，动作要轻，避免损伤幼苗根部。

（2）将小苗近根处的茎固定在海绵中。

（3）将定植海绵放入定植篮，让根穿过底部圆孔。

（4）在无土栽培瓶里放入水，并加入营养液。

（5）将定植篮固定在无土栽培瓶上。

2. 后期管理所需材料为营养液。具体步骤如下。

（1）一般情况下，滴一到两滴，间隔时间 5 天左右。

（2）加过营养液之后，可以轻轻晃动水培瓶 10 次左右，这样可以使营养液溶解的氧含量提升 30%左右。

(3) 加过营养液后要记得时常换水，春、秋天 5—10 天换一次水；夏天 5 天左右换一次水；冬天 10—15 天换一次水。

观察并记录生菜的生长，如果出现病虫害、萎蔫、黄叶等情况，要及时通过各途径查找原因并解决问题。

【实践体验】

分发材料，学生操作，老师适时给予指导。

【分享总结】

同学们，在操作的过程中，你遇到了哪些困难、发现了哪些问题、有哪些想法，可以和大家分享一下。

【老师结语】

每一个生命都是神奇的存在，让我们看着种子发芽、生长，去经历属于它的风风雨雨，看看它如何面对生命的未知与挑战。

（三）课后

请在生菜苗长出来后，重新利用育苗材料培育其他类型的绿叶类蔬菜。

三、学生评价表

学生评价表

评价维度	评价				
	评分内容	分数	自评	互评	师评
劳动观念	认同劳动最光荣、劳动最崇高、劳动最美丽	20			
劳动能力	劳动项目无缺失	10			
	按流程完成任务，符合标准要求	10			
	使用工具熟练，操作过程有效率	10			
	保质保量完成操作	10			
劳动习惯	做到工完场清，完成活动后清理台面、清洗工具、垃圾分类处理	5			
	爱护工具、设备，及时回收，使用后有序存放	5			
	积极参与总结与讨论，学生手册填写清晰、完整	5			
	积极回答问题，有合作意识，劳动氛围融洽	5			
劳动精神	具有崇尚劳动、热爱劳动、辛勤劳动、诚实劳动的精神	20			
总分		100			

农业生产劳动——种植韭菜

一、课程概况

（一）课程时长

2 课时。

（二）学习目标

1. 劳动观念：掌握种植韭菜的技术，体会农耕劳动的辛苦，尊重劳动及劳动人民。

2. 劳动能力：通过种植韭菜，培养学生种植与独立思考的能力。

3. 劳动精神：通过对种植韭菜，感受劳动人民种植的辛苦和劳动创新带给生活的趣味。

4. 劳动习惯：在操作过程中注意安全，按照老师的步骤与规范操作，操作结束将材料清洁后放在相应位置，把台面整理干净。

（三）学习重点

种植韭菜的方法。

（四）学习难点

韭菜种植后能坚持不断地进行管理。

二、教学设计

（一）课前

物品准备：种植盒、韭菜种子、营养土、水。

安全提示：规范使用工具，轻拿轻放，注意安全。

（二）课中

【课程引入】

同学们，我们在享受菜品时，总喜欢用色、香、味、形来评判它们的好坏，你们知道有哪些蔬菜在没有烹饪时，本身就带有独特的气味吗？

【课程讲解】

说起有独特气味的蔬菜，有洋葱、大蒜、韭菜、茴香、洋姜等，不同的人对它们的态度也不同，有人特别爱吃，有人一点儿都不吃。

独特气味的食材烹饪出酸、甜、苦、辣、咸的食物，丰富了我们的餐桌。中国人不但要吃得美味，还要吃得健康。辛、甘、酸、苦、咸五味，是中医学基于五行学说对食物和药物性味属性的归纳和认识，人们认为，在不同的时间吃不同的食物能够帮助我们保持身体健康。

古人在立春时会吃“五辛盘”，这是用五种辛味的食材做的一道菜，有葱、蒜、韭菜、茼蒿和芥菜。立春以后，阴消阳长，休眠了一个冬天的植物开始萌发，人们认为吃辛辣的食物有利于阳气生发，对身体健康有一定的好处。

五辛盘中的蔬菜都有独特的气味，今天我们要种植的就是韭菜。

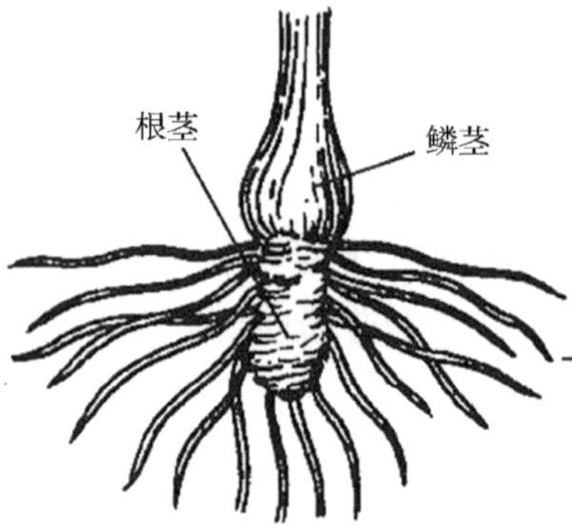

韭菜的特点如下。

1. 多年生宿根草本植物，高 20—45 厘米。

2. 为须根系，没有主侧根。着生于短缩茎基部，短缩茎为茎的盘状变态，下部生根，上部生叶。

3. 茎分为营养茎和花茎，一二年生营养茎短缩变态成盘状，称为鳞茎盘，由于分蘖和跳根，短缩茎逐渐向地表衍生生长，平均每年伸长 1—2 厘米，鳞茎盘下方形成葫芦状的根状茎。根状茎为贮藏养分的重要器官。

4. 叶片簇生，叶短缩茎上，叶片扁平带状，可分为宽叶和窄叶。

5. 伞形花序，内有小花 20—30 朵。

6. 果实为蒴果，成熟的种子为黑色、盾形，千粒重 4—6 克。

韭菜的营养价值如下。

1. 通便。韭菜通便、润滑肠道，主要是因为韭菜中含有人体需要的维生素和粗纤维，经常吃可以增加我们肠胃的蠕动，对于治疗便秘和预防肠癌都有不错的效果。

2. 杀菌消炎。韭菜中含有一种硫化物，对于我们身体出现的一些病毒和细菌有抑制作用。

3. 降血脂。韭菜具有散瘀、解毒的功效，可以适当食用。

【淬炼操作】

1. 取出种植盒，将营养土倒入种植盒内，倒入 2/3 即可。

2. 种植韭菜，我们采用条播的播种方式，即用手划出一个深 0.5 厘米的小沟，将种子均匀地撒在沟内，根据种植盒大小我们可以播种 2—3 条。

3. 轻轻地覆上 1—2 厘米厚的土。

4. 在种植盒中浇水，要充分湿润土壤层。

5. 将种植好的韭菜种子放到阳光充足的地方等待发芽。

注意事项：1. 勤浇水。韭菜喜湿，我们不能等土地干燥了再浇水，需要保证土壤的湿润。

2. 在浇水的时候，可以将肥料一起冲入水中，给韭菜浇灌肥水效果会更好。

3. 收割韭菜时，要割到土上 1 厘米处，注意不要伤到圆根部。要控制收割期限，不能低于 28 天，否则会越割越细。

4. 割完韭菜后，马上要用塑料膜将种植盆盖严，待 3 天韭菜伤口处愈合后把塑料膜撤掉，才可以浇水。

5. 韭菜要有休眠期。每年 11 月的最后一茬韭菜不要收割，让上部营养回流根部。浇透水，放在室外阴凉处，2 个月后可结束休眠，重新放在室内即可恢复健壮生长。

【实践体验】

分发材料，学生操作，老师适时给予指导。

【分享总结】

同学们，在操作的过程中，你遇到了哪些困难、发现了哪些问题、有哪些想法，可以和大家分享一下。

【老师结语】

韭菜的生命力很顽强，只要我们护理好韭菜的根部，就能够持续不断收获韭菜。割了一茬又一茬是完全可以实现的，所以好好培育我们种植的小苗吧。

（三）课后

将剩余的韭菜种子种植在学校里不同的区域，并进行定点观察。

三、学生评价表

学生评价表

评价维度	评价				
	评分内容	分数	自评	互评	师评
劳动观念	认同劳动最光荣、劳动最崇高、劳动最美丽	20			
劳动能力	劳动项目无缺失	10			
	按流程完成任务，符合标准要求	10			
	使用工具熟练，操作过程有效率	10			
	保质保量完成操作	10			
劳动习惯	做到工完场清，完成活动后清理台面、清洗工具、垃圾分类处理	5			
	爱护工具、设备，及时回收，使用后有序存放	5			
	积极参与总结与讨论，学生手册填写清晰、完整	5			
	积极回答问题，有合作意识，劳动氛围融洽	5			
劳动精神	具有崇尚劳动、热爱劳动、辛勤劳动、诚实劳动的精神	20			
总分		100			

传统手工制作——拆解鲁班锁

一、课程概况

（一）课程时长

2 课时。

（二）学习目标

1. 劳动观念：通过了解鲁班锁及榫卯结构，感受劳动人民的伟大智慧，树立崇尚劳动、热爱劳动的劳动观念。

2. 劳动能力：通过拆解鲁班锁培养学生的思维能力及合作能力。

3. 劳动精神：感受匠人精雕细琢、精益求精的精神理念，培养学生严谨敬业、耐心专注、精益求精的劳动精神。

4. 劳动习惯：培养学生工完场清的劳动习惯。

（三）学习重点

鲁班锁的拼装。

（四）学习难点

传承榫卯结构的精巧之处。

二、教学设计

（一）课前

物品准备：鲁班锁。

（二）课中

【课程引入】

同学们，你们玩儿过积木吗？我们平时玩儿的积木、魔方等都属于益智类玩具，既好玩儿还能越玩儿越聪明。你们知道古代人有哪些益智玩具吗？

【课程讲解】

传说春秋时期，鲁国工匠鲁班为了测试儿子是否聪明，用 6 根木条制作了一件可拼可拆的玩具叫儿子拆开，儿子忙碌了一夜，终于拆开了。这种玩具被后人称作鲁班锁。

还有个说法是三国时期，孔明结合八卦玄学的原理把鲁班的这种发明进行了改造，所以这种玩具也被称为孔明锁。

鲁班锁为木质结构，外观是看似严丝合缝的十字立方体。孔明锁类玩具比较多，形状和内部的构造各不相同，一般都是易拆难装。其起源于中国古代建筑中首创的榫卯结构。

关于榫卯结构，相传是中国古代盖皇宫、庙宇时不可用铁钉，必须用接榫互锁的方式进行。榫卯的源头可以追溯到7000年前的新石器时代，榫和卯几乎伴随了中国古代人用木头的整个过程，民居、宫殿都是用木头做的。中国人使用木头的高超技术和丰富经验在世界上首屈一指，自成体系并影响了日本、朝鲜、韩国、越南等国。这些成就从根本上说就是榫卯的成就。“墙倒房不塌”，就充分体现了中国建筑的神奇之处。榫卯结构既是中式家具的精髓，也是中式建筑的基础。

卯榫结构是两个木构件之间采用一种凹凸处理的接合方式进行连接的结构，凹进的部分叫卯，凸出的部分叫榫。

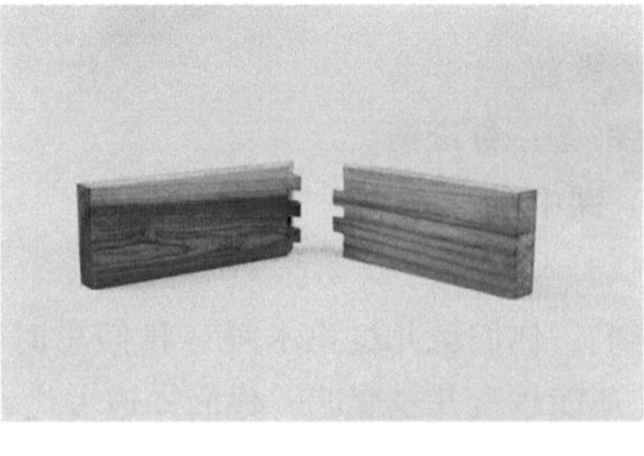

【淬炼操作】

1. 拿出准备好的鲁班锁。

2. 先试着推动每一根木条，每次只有一根木条是能够推出来的，将木条按照推出来的顺序摆放。

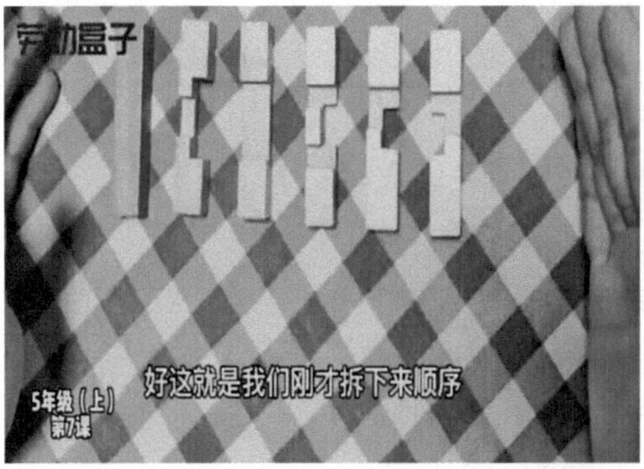

3. 将两根缺口完全一样但方向相反的木条一横一竖摆放，然后用左手拿着。

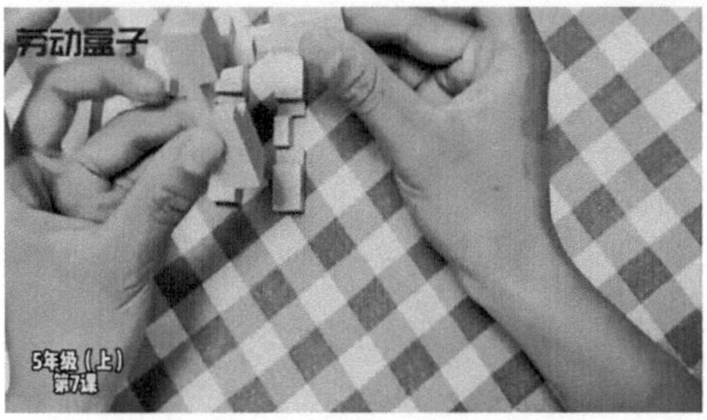

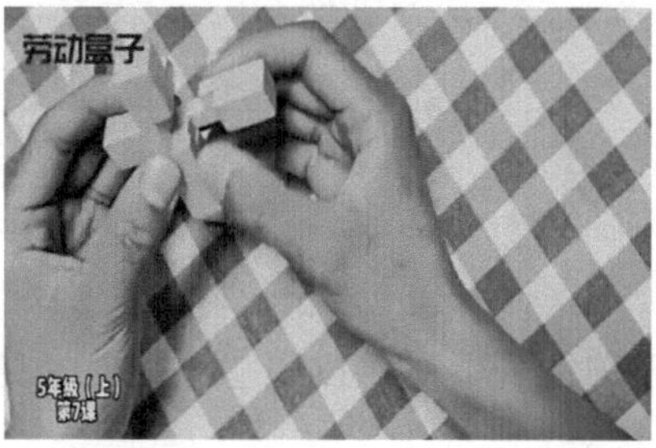

4. 将第三根木条从右下方向前两根对齐，缺口正好对齐。

5. 拿出第四根木条，也是缺口最大的一根，从右侧填入，将前三根木条固定，这时将未完成的鲁班锁放在桌上不散证明以上四根木条全部安装正确。

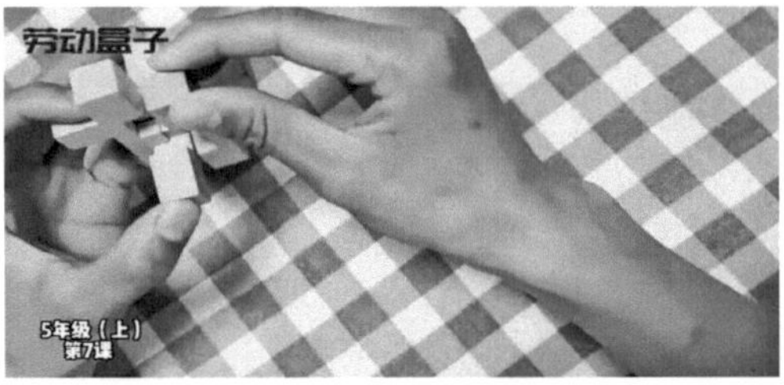

6. 将第五根木条从我们面向的正前方这一侧下放下，有缺口的一侧始终向内。

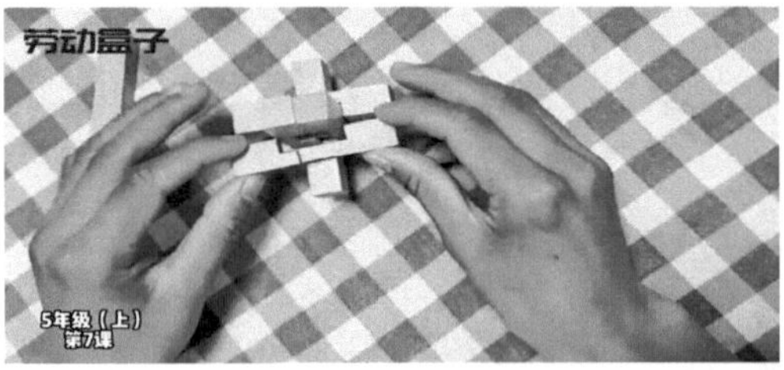

7. 将没有缺口的实心木条插入，鲁班锁就组装完成了。

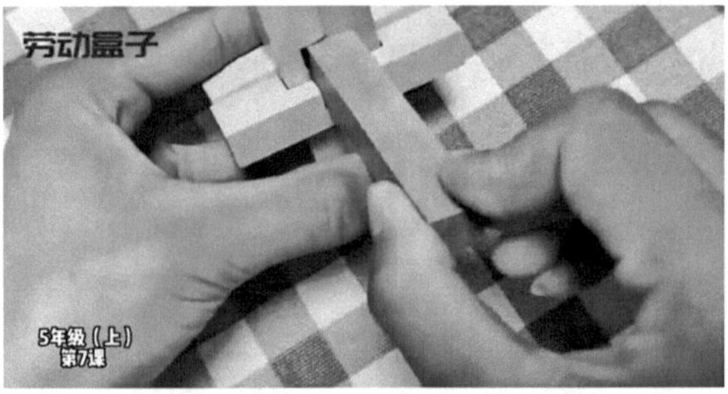

注意事项：拆装鲁班锁的顺序很重要，同学们在拆的过程中千万不要贪快，而是要将拆下来的每一根木条按照顺序摆放，这样便于组装。

【实践体验】

分发材料，学生操作，老师适时给予指导。

【分享总结】

同学们，在操作的过程中，你遇到了哪些困难、发现了哪些问题、有哪些想法，可以和大家分享一下。

【老师结语】

中华文化博大精深，一根根看似不起眼的木条竟然能够如此精妙配合。榫卯结构的背后隐藏着中国古代匠人对世界的理解和对智慧的执着，即便到了科技发达的现代，依旧对中国人有着深远的影响。

（三）课后

你还知道哪些从古至今流传下来的玩具吗？请讲讲关于它的故事。

三、学生评价表

学生评价表

评价维度	评价				
	评分内容	分数	自评	互评	师评
劳动观念	认同劳动最光荣、劳动最崇高、劳动最美丽	20			
劳动能力	劳动项目无缺失	10			
	按流程完成任务，符合标准要求	10			
	使用工具熟练，操作过程有效率	10			
	保质保量完成操作	10			
劳动习惯	做到工完场清，完成活动后清理台面、清洗工具、垃圾分类处理	5			
	爱护工具、设备，及时回收，使用后有序存放	5			
	积极参与总结与讨论，学生手册填写清晰、完整	5			
	积极回答问题，有合作意识，劳动氛围融洽	5			
劳动精神	具有崇尚劳动、热爱劳动、辛勤劳动、诚实劳动的精神	20			
总分		100			

传统手工制作——扎染

一、课程概况

（一）课程时长

2 课时。

（二）学习目标

1. 劳动观念：亲身体验扎染的制作过程，深入了解我国传统扎染文化，感受扎染令人惊叹的艺术魅力，树立劳动创造价值、创造美好生活的劳动观念。

2. 劳动能力：掌握扎染的方法，能够完成捆扎的操作过程。

3. 劳动精神：通过亲身体验增强学生的劳动意识和工匠精神，促进学生全面发展。

4. 劳动习惯：完成劳动后及时整理活动场地，养成工完场清的好习惯。

（三）学习重点

掌握绑扎方法。

（四）学习难点

扎染的原理。

二、教学设计

（一）课前

物品准备：一次性手套、蓝靛颜料、夹子、皮筋、手帕、温水、盆。

安全提示：在操作过程中注意热水的使用，浸泡蓝靛颜料和手帕时要轻拿轻放，防止颜料溅到身上。

（二）课中

【课程引入】

同学们，我们生活在一个多姿多彩的世界里，到处充斥着鲜艳的颜色，有一些颜色是自然物自带的，比如绿色的树叶、红色的花朵等。我们人类很聪明，会把我们喜欢的颜色印染到人造的东西上，比如我们的衣服、鞋子等。

那这些用于染色的颜料是从哪里来的呢？

【课程讲解】

无论是植物、动物还是矿物，自然界中的很多物体都可以提取出颜色。古人很早就开始对颜色进行探索，新石器时代的人们在应用矿物颜料的同时，也开始使用天然的植物染料。人们发现，花果的根、茎、叶、皮都可以用温水浸渍来提取染液。经过反复实践，我国古代人民终于掌握了一套使用染料染色的技术。红色类的用茜草、红花、苏枋；黄色类的用荩草、栀子、姜金和槐米；绿色类的用冻绿（亦称中国绿）；蓝色类的用蓝草；黑色类的用皂斗和乌桕；等等。它们经由媒染、拼色和套染等技术，可变化出无穷的色彩。

使用天然的植物染料给纺织品上色的方法被称为草木染。草木染是指染料材料来自草木。那么，怎么把染料的颜色染到纺织品上呢？

染色的方法很多，比如扎染、涂染等。

其中，扎染是将织物通过针缝、线绑、打结等方式阻止织物某些局部染色，形成图案效果。

扎染起源于黄河流域，有着悠久历史。据记载，早在东晋，扎结防染的绞缬绸已经被大批量生产。当时绞缬产品的花样品种已经很多。

扎染一般以棉白布或棉麻混纺白布为原料，主要染料来自苍山上生长的寥蓝、板蓝根、艾蒿等天然植物的蓝靛溶液，尤其以板蓝根居多。

以前用来染布的板蓝根都是山上野生的，属多年生草本，开粉色小花，后来用量大了，染布的人家就开始自己种植，好的可长到半人高，每年三四月间收割下来，将之泡出水，注到木制的大染缸里，掺一些石灰或工业碱，就可以用来染布。

【淬炼操作】

（一）扎染的基本方法

1. 捆扎法。将织物按照预先的设想，或揪起一点儿，或顺成长条，或做折叠处理后，用棉线或麻绳捆扎。

2. 折叠扎法。广泛使用的技法，将对折后的织物捆扎染色，使其成为对称的单独图案纹样；一反一正多次折叠后可制成二方连续图案纹样。

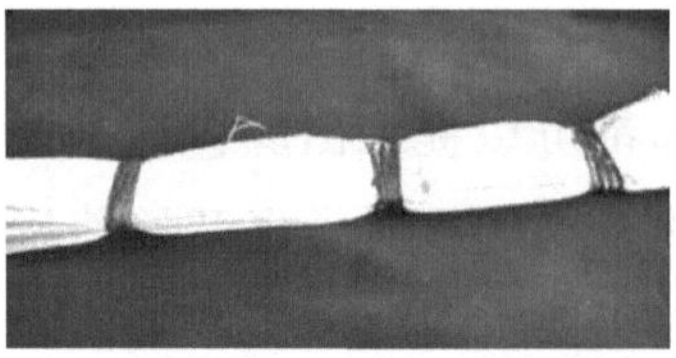

3. 打结扎法。将织物作对角折叠，防止染液渗入。

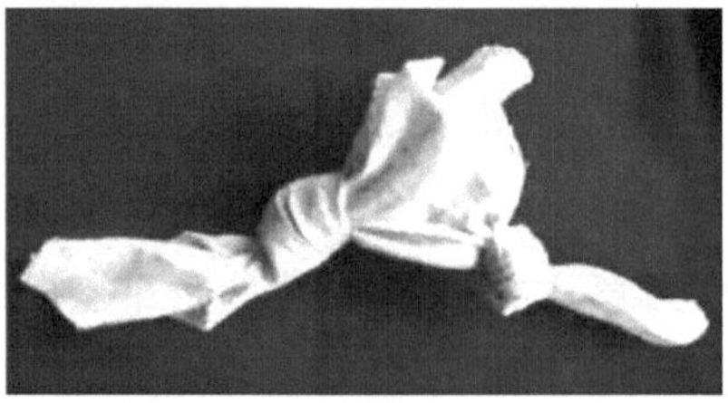

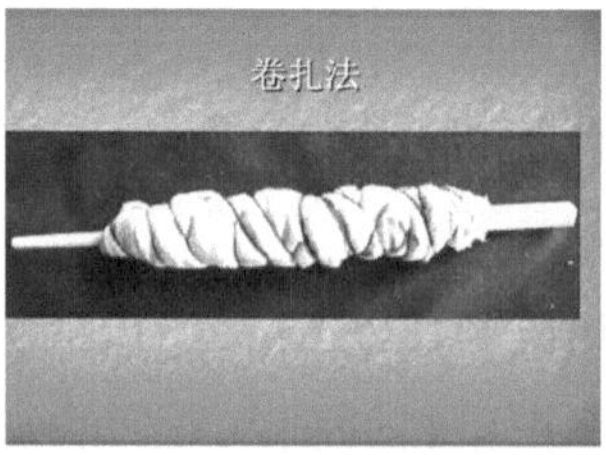

4. 卷扎法。将织物卷在木棍上然后扎紧。

（二）扎染手帕

1. 将材料包里面的材料取出。

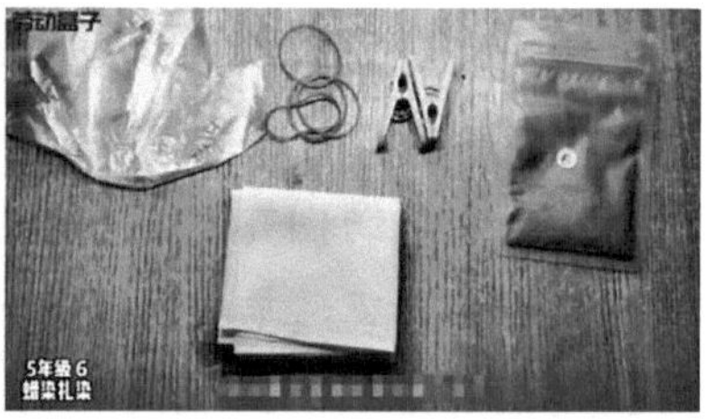

2. 将蓝靛颜料与温水混合均匀。

3. 将手帕打湿，拧干水分。

4. 将手帕根据刚才学习的捆扎方法进行捆扎。

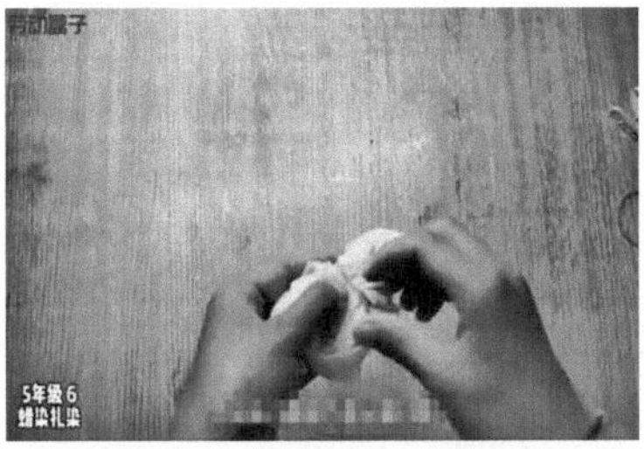

5. 将捆扎好的手帕浸泡在颜料盆里，带上一次性手套揉捏捆扎好的手帕，使其充分浸泡。

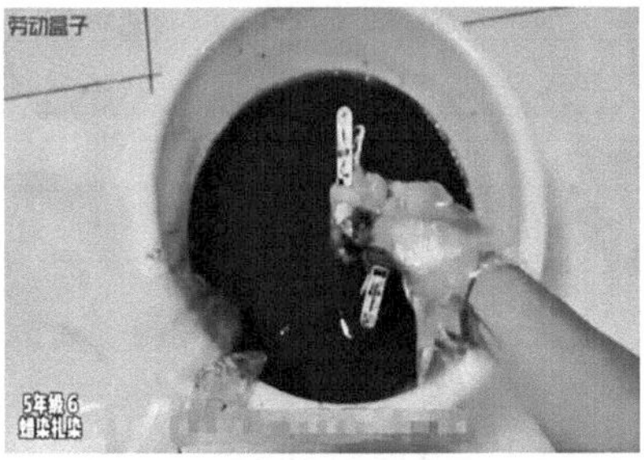

6. 浸泡半小时后，用清水将手帕洗净，晾干。手帕染好后不可以暴晒，只能阴干。

【实践体验】

分发材料，学生操作，老师适时给予指导。

【分享总结】

同学们，在操作的过程中，你遇到了哪些困难、发现了哪些问题、有哪些想法，可以和大家分享一下。

【老师结语】

我们尝试了不同的扎染方法，显现了不同的图案，每一个图案都让人惊喜。美丽本天成，妙手偶得之。世界上最美好的东西都是由劳动创造出来的。其实人生来就是劳动者，是劳动让我们创造出了这个精彩的世界，是劳动创造了我们今天的幸福生活。

（三）课后

我们可以尝试多种捆扎方法，并观察捆扎方法和松紧不同对图案的影响。

三、学生评价表

学生评价表

<table>
<tr><td rowspan="2">评价维度</td><td colspan="5">评价</td></tr>
<tr><td>评分内容</td><td>分数</td><td>自评</td><td>互评</td><td>师评</td></tr>
<tr><td>劳动观念</td><td>认同劳动最光荣、劳动最崇高、劳动最美丽</td><td>20</td><td></td><td></td><td></td></tr>
<tr><td rowspan="4">劳动能力</td><td>劳动项目无缺失</td><td>10</td><td></td><td></td><td></td></tr>
<tr><td>按流程完成任务，符合标准要求</td><td>10</td><td></td><td></td><td></td></tr>
<tr><td>使用工具熟练，操作过程有效率</td><td>10</td><td></td><td></td><td></td></tr>
<tr><td>保质保量完成操作</td><td>10</td><td></td><td></td><td></td></tr>
<tr><td rowspan="4">劳动习惯</td><td>做到工完场清，完成活动后清理台面、清洗工具、垃圾分类处理</td><td>5</td><td></td><td></td><td></td></tr>
<tr><td>爱护工具、设备，及时回收，使用后有序存放</td><td>5</td><td></td><td></td><td></td></tr>
<tr><td>积极参与总结与讨论，学生手册填写清晰、完整</td><td>5</td><td></td><td></td><td></td></tr>
<tr><td>积极回答问题，有合作意识，劳动氛围融洽</td><td>5</td><td></td><td></td><td></td></tr>
<tr><td>劳动精神</td><td>具有崇尚劳动、热爱劳动、辛勤劳动、诚实劳动的精神</td><td>20</td><td></td><td></td><td></td></tr>
<tr><td colspan="2">总分</td><td>100</td><td></td><td></td><td></td></tr>
</table>

传统手工制作——粮食画

一、课程概况

（一）课程时长

2 课时。

（二）学习目标

1. 劳动观念：了解粮食画的起源与文化价值，认识到劳动成果的珍贵，形成对劳动者的认可与崇敬之情。

2. 劳动能力：能够进行微小种子的粘贴操作，制作合格的粮食画。发挥个人创意进行画面布局与颜色搭配，培养学生的审美能力与创造能力。

3. 劳动精神：通过制作粮食画，领会粮食在人类生活中的重要价值，使学生继承中华民族勤俭节约的优良传统，学会珍惜每一粒粮食，并在制作粮食画的过程中培养工匠精神。

4. 劳动习惯：在操作过程中注意安全，按照老师的步骤与规范操作，操作结束将材料清洁后放在相应位置，把台面整理干净。

（三）学习重点

制作粮食画。

（四）学习难点

理解粮食画的寓意。

二、教学设计

（一）课前

物料准备：一次性盘子、白乳胶、各种种子、铅笔。

安全提示：使用工具时要动作规范、均衡用力，注重协同配合。要有安全意识和安全措施，不规范的行为和操作应在教师指导下及时改正。

（二）课中

【课程引入】

在很多时候，我们会在长辈的口中听到形容一个人不认识农作物就说他是“五谷不分”，那五谷指的是哪五谷，五谷杂粮又是什么呢？

【课程讲解】

“五谷”作为一个名词出现在农业相关的文献记载中，是一个漫长的历史演进过程。

《孟子·滕文公》中称五谷为“稻、黍、稷、麦、菽”。

在佛教祭祀时又称五谷为“大麦、小麦、稻、小豆、胡麻”。

李时珍在《本草纲目》中记载谷类 33 种、豆类 14 种，总共 47 种。

而今天，人们常说的粮食，是指稻谷、麦子、大豆、玉米和薯类。在现实生活中，人们习惯将大米和白面之外的粮食称作杂粮，所以五谷杂粮也泛指粮食作物。五谷杂粮是个“大家庭”，有小米、玉米、荞麦、黑豆、蚕豆、红豆、绿豆、甘薯等，其营养丰富，比起精制的大米和白面，更胜一筹。

粮食画是以各类植物种子和五谷杂粮为本体，通过粘、贴、拼、雕等手段，利用其他辅料粘贴而成的山水、人物、花鸟、卡通等画面，是运用构图、线条、明暗、色彩等造型手法，对其进行特殊处理所形成的图画。

粮食画艺术起于唐，盛于清，清乾隆时曾是重庆府敬献皇帝之贡品，是中国五谷文化的艺术写照。但粮食画历经千年沧桑，几经传承断代，已走向濒危的边缘。

粮食画是农耕时代的产物，它伴随着农耕文化的兴衰而不断演变，本身就是农业文化特征的缩影。在粮食画的背后，隐藏的便是最深厚的粮食文化，一个种子或果实在不同时代的形态、质感和功能皆可以通过一幅粮食画以不同的方式进行体现和演绎。

【淬炼操作】

1. 先在圆盘上画出自己想做的图案，然后将胶水挤在想要粘贴种子的地方。

2. 将不同颜色的粮食分别填入不同的位置。

【实践体验】

分发材料，学生操作，老师适时给予指导。

【分享总结】

同学们，在操作的过程中，你遇到了哪些困难、发现了哪些问题、有哪些想法，可以和大家分享一下。

【老师结语】

粮食画具有色彩自然、层次分明、立体感强等特点。五谷粮食画是五谷文化的艺术体现，是对五谷文化的尊重和弘扬，它的价值不仅在于其本身，更在于它所蕴含的深厚底蕴，它是和谐社会的真实写照。

（三）课后

请同学们统计下，我们现在吃的粮食种类都有哪些。

三、学生评价表

学生评价表

评价维度	评价				
	评分内容	分数	自评	互评	师评
劳动观念	认同劳动最光荣、劳动最崇高、劳动最美丽	20			

续表

评价维度	评价				
	评分内容	分数	自评	互评	师评
劳动能力	劳动项目无缺失	10			
	按流程完成任务，符合标准要求	10			
	使用工具熟练，操作过程有效率	10			
	保质保量完成操作	10			
劳动习惯	做到工完场清，完成活动后清理台面、清洗工具、垃圾分类处理	5			
	爱护工具、设备，及时回收，使用后有序存放	5			
	积极参与总结与讨论，学生手册填写清晰、完整	5			
	积极回答问题，有合作意识，劳动氛围融洽	5			
劳动精神	具有崇尚劳动、热爱劳动、辛勤劳动、诚实劳动的精神	20			
总分		100			

传统手工制作——马勺脸谱

一、课程概况

（一）课程时长

2 课时。

（二）学习目标

1. 劳动观念：通过掌握绘制马勺脸谱的技术，体会古代劳动人民的智慧，使学生善于发现、钻研和利用生活中的材料完成艺术创作。

2. 劳动能力：通过制作马勺脸谱，锻炼学生的动手能力和色彩搭配能力。

3. 劳动精神：通过制作马勺脸谱，感受劳动人民的智慧。

4. 劳动习惯：在操作过程中注意安全，按照老师的步骤与规范操作，操作结束将材料清洁后放在相应位置，把台面整理干净。

（三）学习重点

绘制马勺脸谱。

（四）学习难点

认识脸谱的艺术价值。

二、教学设计

（一）课前

物料准备：马勺、画笔、颜料、铅笔、橡皮。

安全提示：注意颜料的使用。

（二）课中

【课程引入】

同学们，今天我们来绘制马勺脸谱。马勺脸谱顾名思义是在马勺上面绘制脸谱，那马勺是什么，为什么要在上面画脸谱呢？

【课程讲解】

脸谱是中国传统戏曲演员脸上的绘画，用于舞台演出时的化妆造型。脸谱主要是用各种色彩，通过夸张、变形、象征等手法，在演员面部勾画成一定的造型、图案，借以反映人物的类型、性格、品质、身份、年龄以及生活特点、绝技特长等综合特征，并带有寓褒贬、别善恶、见气质于图案、寄爱憎于色彩的评价意味。

提起脸谱，大家往往想到的是“京剧脸谱”，那什么是马勺脸谱呢？马勺脸谱就是把人物脸谱彩绘于马勺之上的一种艺术创作，为陕西三秦地方民间所独有，距今已有1500多年的历史。

马勺原本是中国先民使用的一种生活用具，其以木材为原料，制作简便，历来为农家乡民必备。马勺脸谱最早出现在陕西三秦民间，由中国民间社火脸谱演化而来，因当地民众将神话故事中的人物形象彩绘于马勺之上而得名。

马勺脸谱的彩绘简繁皆宜，人们将其悬挂厅堂居室以表达祈福纳祥、招财进宝的美好愿望。马勺脸谱深得人们的喜爱和崇尚，经现代民间艺术工作者的继承和发展，已成为中国民间艺术中的珍品。

社火马勺脸谱传承着中华上下五千年的源远文明，记载着周秦文化最辉煌的民俗过程。社火脸谱从人物的容貌和性格特征出发，用日月纹、火纹、旋涡纹、蛙纹等纹饰的不同组合表现人物的性格；以色彩辨识人物的忠、奸、善、恶，红为忠，白为奸，黑为正，黄为残暴，蓝为草莽，绿为仪侠、恶野，金、银为神妖。

当今的社火马勺脸谱，以深厚扎实的画工配以多层次的图案，使得作品突显大红大绿的西部特色，风格稳重，意境深远。其粗犷的造型、稚拙的纹样、浓烈的色彩、奇特的想象，线条穿插变化，使得忠奸善恶各具特色，既单纯又细腻，充分显示出了广大中国劳动人民丰富的想象力和非凡的智慧。

今天，我们就来一起设计马勺脸谱。

【淬炼操作】

1. 拿出准备好的材料。

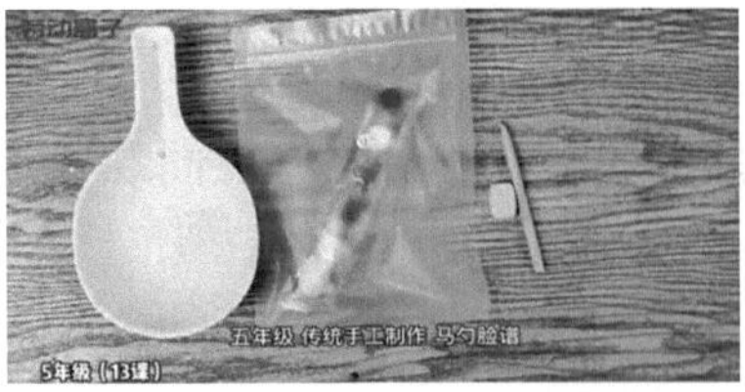

2. 将马勺反过来，在背面进行绘制。脸谱绘制最讲究左右对称，所以先用铅笔进行绘制，错了可以及时修改。

3. 绘制完成后准备涂色。

4. 给自己绘制的人物脸谱涂上对应的颜色。

5. 展示脸谱。每位同学都介绍一下自己制作的脸谱，如它代表的是哪一个历史人物。

注意：马勺脸谱的纹路要清晰，色彩要均匀，不要把其他颜色混入已完成的部分，破坏画面的美感。

【实践体验】

分发材料，学生操作，老师适时给予指导。

【分享总结】

同学们，在操作的过程中，你遇到了哪些困难、发现了哪些问题、有哪些想法，可以和大家分享一下。

【老师结语】

绘制马勺脸谱的匠人以深厚扎实的画工，配以多层次的图案，使得作品突显出大红大绿的西部特色，充分显示出了广大中国劳动人民丰富的想象力和非凡的智慧。

（三）课后

了解马勺脸谱的历史和发展历程，并用脸谱装饰家里。

三、学生评价表

学生评价表

<table>
<tr><td rowspan="2">评价维度</td><td colspan="5">评价</td></tr>
<tr><td>评分内容</td><td>分数</td><td>自评</td><td>互评</td><td>师评</td></tr>
<tr><td>劳动观念</td><td>认同劳动最光荣、劳动最崇高、劳动最美丽</td><td>20</td><td></td><td></td><td></td></tr>
<tr><td rowspan="4">劳动能力</td><td>劳动项目无缺失</td><td>10</td><td></td><td></td><td></td></tr>
<tr><td>按流程完成任务，符合标准要求</td><td>10</td><td></td><td></td><td></td></tr>
<tr><td>使用工具熟练，操作过程有效率</td><td>10</td><td></td><td></td><td></td></tr>
<tr><td>保质保量完成操作</td><td>10</td><td></td><td></td><td></td></tr>
<tr><td rowspan="4">劳动习惯</td><td>做到工完场清，完成活动后清理台面、清洗工具、垃圾分类处理</td><td>5</td><td></td><td></td><td></td></tr>
<tr><td>爱护工具、设备，及时回收，使用后有序存放</td><td>5</td><td></td><td></td><td></td></tr>
<tr><td>积极参与总结与讨论，学生手册填写清晰、完整</td><td>5</td><td></td><td></td><td></td></tr>
<tr><td>积极回答问题，有合作意识，劳动氛围融洽</td><td>5</td><td></td><td></td><td></td></tr>
<tr><td>劳动精神</td><td>具有崇尚劳动、热爱劳动、辛勤劳动、诚实劳动的精神</td><td>20</td><td></td><td></td><td></td></tr>
<tr><td colspan="2">总分</td><td>100</td><td></td><td></td><td></td></tr>
</table>

传统手工制作——木版画

一、课程概况

（一）课程时长

2 课时。

（二）学习目标

1. 劳动观念：通过制作木版画，使学生理解劳动改造生活、劳动美化生活环境。

2. 劳动能力：掌握制作木版画的方法，通过木版画的创作，培养学生的动手能力、构图能力、想象力和表达能力。

3. 劳动精神：木版画蕴含着丰厚的民间智慧与文化价值，集中反映了劳动人民的艺术才能和勤劳智慧，人们通过努力和劳动创造美好生活。

4. 劳动习惯：在操作过程中注意安全，按照老师的步骤与规范操作，操作结束将材料清洁后放在相应位置，把台面整理干净。

（三）学习重点

如何制作木版画。

（四）学习难点

创作的木版画颜色均匀，雕刻时没有破坏自己的构图。

二、教学设计

（一）课前

物品准备：木板、铅笔、刻刀、垫板、白色宣纸、油墨、滚轴、尺子。

安全提示：使用刻刀时不可随意挥舞，不使用刻刀时应将盖子盖好放置一旁，确保自己与他人的安全。

（二）课中

【课程引入】

同学们，大家看看这是什么？

这幅画，它有哪些特点呢？

【课程讲解】

什么是木版画？木版画是以木板作为刻版印画的材料，在刻成想象中的画面后，拓印于纸、布成画，也被称为木刻画。

中国民间木版画的历史，同中国印刷术的发明和利用基本上是同步而行的，即便稍晚一点儿也不会相差太远。在古代，纸、墨和毛笔的发明，给人们书写文字和图绘形象带来了极大的方便，成为人类文明的一大进步。特别是纸的制造和普及。经过了 5 个世纪左右，随着文化传播的需要，又发明了木版刻印工艺。中国的雕版印刷术，一般认为是发明于唐代或唐代之前，至唐代中期已很成熟。

【淬炼操作】

1. 拿出木板，在上面用铅笔构图作画。

2. 利用刻刀沿着铅笔画过的印记进行雕刻。

3. 在垫板上充分滚匀油墨。

4. 观察油墨是否已涂均匀。

5. 铺上印刷纸，即白色宣纸，利用尺子或手将宣纸压实。

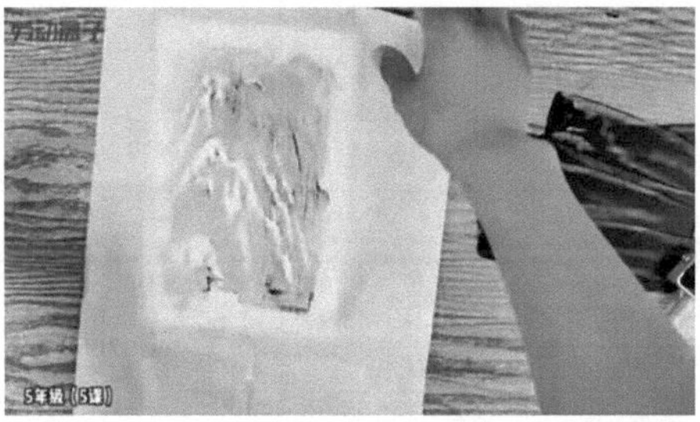

6. 揭开宣纸，木版画完成。

【实践体验】

分发材料，学生操作，老师适时给予指导。

【分享总结】

同学们，在操作的过程中，你遇到了哪些困难、发现了哪些问题、有哪些想法，可以和大家分享一下。

【老师结语】

木版画来源于真切的生活体验，长期以来形成了鲜明的艺术特征，有着广泛的生活基础、强烈的地域特色和深刻的乡土观念，表现了当地民众的民俗生活，其表现技法也呈现出多种艺术特色，蕴含着丰厚的民间智慧与文化价值，集中反映了劳动人民的艺术才能和勤劳智慧，具有巨大的历史价值和作用。今天，我们学习了如何制作木版画，快把它介绍给你身边的人吧。

（三）课后

利用不同材质的木板作画，感受不同木材纹理对版画的影响。

三、学生评价表

学生评价表

评价维度	评价				
	评分内容	分数	自评	互评	师评
劳动观念	认同劳动最光荣、劳动最崇高、劳动最美丽	20			
劳动能力	劳动项目无缺失	10			
	按流程完成任务，符合标准要求	10			
	使用工具熟练，操作过程有效率	10			
	保质保量完成操作	10			
劳动习惯	做到工完场清，完成活动后清理台面、清洗工具、垃圾分类处理	5			
	爱护工具、设备，及时回收，使用后有序存放	5			
	积极参与总结与讨论，学生手册填写清晰、完整	5			
	积极回答问题，有合作意识，劳动氛围融洽	5			
劳动精神	具有崇尚劳动、热爱劳动、辛勤劳动、诚实劳动的精神	20			
总分		100			

传统手工制作——非遗皮影

一、课程概况

（一）课程时长

2 课时。

（二）学习目标

1. 劳动观念：以趣味感知和实践操控激发学生热爱传统文化、自发传播传统文化的情感，使学生树立热爱劳动、尊重劳动人民的价值观。

2. 劳动能力：掌握皮影制作工序，了解皮影运动原理。进行小组分工合作，培养学生的沟通能力与合作能力，同时通过表演环节提升学生的自信心和创新能力。

3. 劳动精神：通过体验培养学生的工匠精神。

4. 劳动习惯：在劳动过程中养成工完场清的劳动习惯。

（三）学习重点

完成皮影戏的创意与演绎。

（四）学习难点

皮影角色活动关节的制作。

二、教学设计

（一）课前

物品准备：仿皮材料、双脚钉、操纵杆、打孔器、剪刀、彩笔。

安全提示：使用工具时不可与同学争抢，应正确地操作和使用工具。用完的工具或材料要及时放到指定位置。

（二）课中

【课程引入】

同学们，大家都喜欢看电影吧？

在电影出现之前，古人也有一种娱乐方式和看电影很像，你们知道是什么吗？

【课程讲解】

皮影戏在我国的发展历史比较久远，据不完全记载，至今已有2000多年的历史。皮影戏起源于唐山，在古时候又被叫作“灯影戏”或者“驴皮戏”。皮影戏以叙事为主，以通俗易懂的表演形式将故事展现在人们眼前。在20世纪五六十年代的时候，电影还没有普及，皮影戏就是当时人们的主要娱乐项目。用几十根短毛竹、一块白色的屏幕布、几条凳子，就搭成了一个简易的皮影戏台。表演的人员在三到五人左右，具体情况根据剧情需要安排。

皮影戏与现代的电视剧、电影和动画有很多的相似之处，可以说电视剧和电影就是由皮影戏而来的。在很多影视作品中，我们都看到了皮影戏的参与，特别是在一些悬疑类的影视作品中，光与影、真实与虚无，将悬疑剧中的场景设计得惊心动魄。古老的皮影艺术与动画艺术具有天然的契合性。在艺术形象的感知方式上，两者都属于视听艺术，是集绘画、音乐、文学等艺术门类于一身的综合艺术，两者在艺术表现上都注重运动的表现形式。

廊坊本地也有自己的皮影世家，皮影传承人仿照传统戏曲的习惯，将皮影人物划分为生、旦、净、丑四种角色。每个皮影人物大多由头、上身、下身等11个部分连缀组成，操作者通过控制人物脖领前的一根主杆和两手掌握的两根手杆来使人物做出各式各样的动作。

从人物制作到成形上戏，皮影制作最少需要八道工序。

一是选皮。将驴皮或牛皮用工具去除脂肪晾干压制。

二是画稿。画出需要制作的人物和山水、花草，画稿中有人物的活动关节。

三是雕刻。用刻刀和蜡版进行雕刻，雕刻多以线刻见长，刀法犀利多变。

四是上色。皮影是透明的，要用红、黄、黑三种主色，用毛笔轻轻绘制。

五是脱水。是指皮子上的水分和颜料上的水分都要晾干，使颜色“吃”进皮子，这样颜色更加绚丽。

六是上油。把皮影的各个部位用透明漆均匀涂抹，目的是保护皮影，防止受潮和褪色。

七是缝缀连接。皮影道具制作都是以部位进行雕刻，再把每个部位用针线进行连接，才能做成一个完整的皮影人物。

八是装杆。皮影人物缝合后，需要在皮影人物的脖子和双手处装上操纵用的杆子。缝在脖子上的一根杆子叫脖杆也叫头杆，缝在双手上的两根杆子叫手杆。皮影艺人操纵这三根杆子，就能变现出皮影人物喜怒哀乐、坐立行走等百般姿态。

今天，我们就自己制作皮影人物，编排皮影故事，进行皮影表演。

大家先看老师手里的皮影样品。要想创作一个皮影人物，需要有以下几个步骤。

一是选定人物形象。可以是人物，也可以是动物、植物等其他形象。

二是画出身体部位。

三是剪出需要运动的身体部位，并将其用双脚钉链接起来。

大家可以看看老师手里的皮影人物是怎么动起来的。

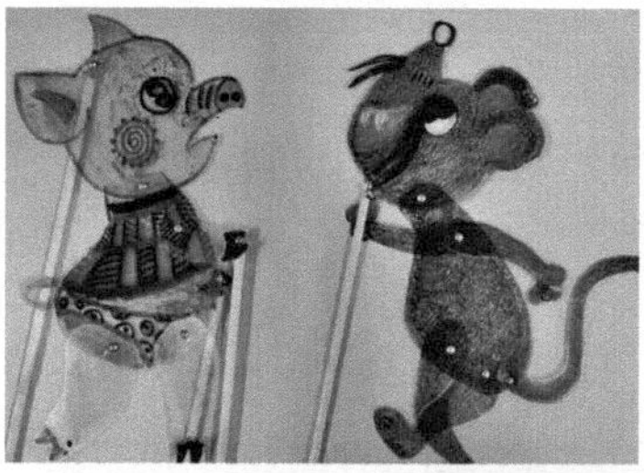

【淬炼操作】

1. 开始制作皮影人物之前先进行分组，小组成员一起讨论故事情节，并根据情节所需设计皮影人物，最后进行表演。

2. 拿出准备好的材料。

3. 在仿皮材料上画出自己要制作的图案。

4. 把画好的图案剪下来。

5. 将剪下的图案涂上自己喜欢的颜色。

6. 利用打孔器打出动物四肢拼接的孔。

7. 利用双脚钉把动物的四肢拼接上。

8. 连接操纵杆，皮影制作就完成了。

9. 表演皮影。分组讨论皮影戏的剧情和人物，可以参考传统的皮影戏进行改编。表演时，应在白色幕布后面，一边儿操纵皮影人物，一边儿讲述故事。

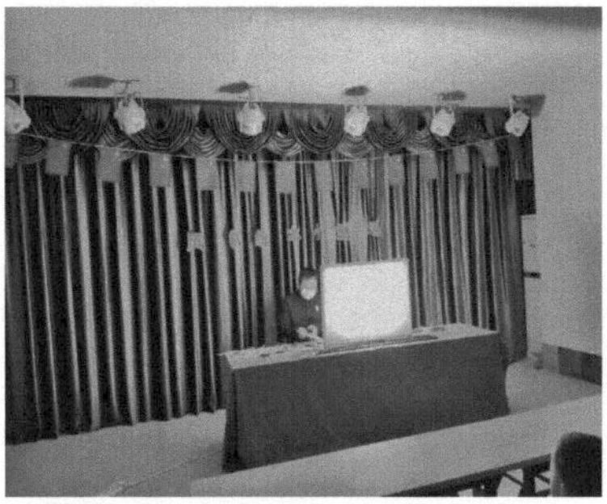

【实践体验】

分发材料，学生操作，老师适时给予指导。

【分享总结】

同学们，在操作的过程中，你遇到了哪些困难、发现了哪些问题、有哪些想法，可以和大家分享一下。

【老师结语】

皮影艺术是我国民俗文化的活化石，它来源于生活，服务于人民，从一定程度上反映了各个时代的社会背景、各个地区人们的生活态度以及风土人情等。它有着自身独特的审美价值，不仅能够娱乐观众，使观众放松心情、舒缓工作压力，还能使表演者沉浸其中。皮影艺术是我国传统文化中的宝贵财富之一，它的传承与发展具有重要意义。

（三）课后

随机分配新的小组，给同学们 10 分钟的时间去准备新的故事并进行表演。

三、学生评价表

学生评价表

评价维度	评价				
	评分内容	分数	自评	互评	师评
劳动观念	认同劳动最光荣、劳动最崇高、劳动最美丽	20			
劳动能力	劳动项目无缺失	10			
	按流程完成任务，符合标准要求	10			
	使用工具熟练，操作过程有效率	10			
	保质保量完成操作	10			

续表

评价维度	评价				
	评分内容	分数	自评	互评	师评
劳动习惯	做到工完场清，完成活动后清理台面、清洗工具、垃圾分类处理	5			
	爱护工具、设备，及时回收，使用后有序存放	5			
	积极参与总结与讨论，学生手册填写清晰、完整	5			
	积极回答问题，有合作意识，劳动氛围融洽	5			
劳动精神	具有崇尚劳动、热爱劳动、辛勤劳动、诚实劳动的精神	20			
总分		100			

传统工艺制作——固安柳编

一、课程概况

（一）课程时长

2 课时。

（二）学习目标

1. 劳动观念：通过学习柳编，让学生感受到手工编织的乐趣和中华传统文化的独特魅力；通过亲身体验感受到编织的不易，培养学生正确的劳动观念。

2. 劳动能力：在编织的过程中可以锻炼学生的耐性和敏捷性，促进大脑发育，培养观察力，使学生可以在玩中学、玩中做，从自己的探究成果中体验到劳动的乐趣。

3. 劳动精神：培养学生专注编织的工匠精神。

4. 劳动习惯：使学生养成及时整理工具、专注做事等劳动习惯。

（三）学习重点

柳编的方法。

（四）学习难点

编织角度的变换。

二、教学设计

（一）课前

物品准备：柳条、剪刀、绳子。

安全提示：规范使用工具，使用剪刀时轻拿轻放，注意安全。

（二）课中

【课程引入】

同学们，在没有塑料及金属制品之前，人们都是利用自然物来满足自己的生活所需，比如用各种柔韧的自然物来编织。大家知道哪些物品是由自然物编织而成的吗？

【课程讲解】

编织是我国一项优秀的传统工艺，从我们的祖先用芦苇编出第一张芦席，享受“席地而坐”的快乐开始，至今已有7000多年的历史。编织是利用纤维或其他材料，以交错、穿插、勾结等手法，制作出各种实用或装饰性物品的技艺。编织技艺可以追溯到新石器时代，当时的人们就已经开始使用植物纤维编织简单的物品。随着时间的推移，编织技艺不断发展和完善，逐渐形成了丰富多样的编织品种和风格，其成品也被广泛应用于生活的各个方面。从日常用品如衣物、鞋子、篮子到建筑装饰如篱笆、屏风等，编织无处不在。

值得一提的是，编织自出现之日起就是一项专业性、技术性极强的工艺，千百年来我国的编织工艺已经覆盖了以生产（如编筐、编席）和欣赏为目的（如竹编艺术）的领域。它不仅是一种实用的技艺，更是一种文化的传承和艺术的表达。

当然，更专业点说，我们可以把“编”和“织”分成两部分：一是“编”，涉及竹编、藤编、草编、葵编、柳编、棕编等，因为硬度不同，所以对应的编法也完全不同；二是“织”，被分为梭织、针织、编织、刺绣4个方面，梭织和针织的原理与织法也不一样。

今天，我们主要学习“编”里的柳编。

固安柳编有着悠久历史，相传起源于宋代。据《固安县志》载：宋代时，河南杞县知县调任固安，便把杞柳移植到固安，并带来柳编技师，把柳编工艺教给了当地人民。

明代，固安所出“柳器，屈柜柳所为，如升、斗、簸箕、栲栳之类”。固安柳编的特点是构造简单、色调柔和、朴雅大方。

清末以后，固安柳编产品发展到上百种，由自编、自用开始销往河南、山西、山东等地。

固安柳编技法多样，装饰花纹层次多层套层、花套花、环套环，色调柔和，民间传统风格浓厚。

2011年，柳编（固安柳编）经中华人民共和国国务院批准列入第三批国家级非物质文化遗产名录，项目编号Ⅶ—55。

固安县是中国柳编主要产地之一，其历史悠久，宋代已有，明末清初更是多达150多个品种，素称“柳编之乡”。固安柳编以固安县的杞柳为主要原料，产品分青、白货两类。青柳货有背篮、土篮、提篮、筷子篓、八角筐、提箱等；白柳货以较细的柳条精编，色泽洁白，主要有茶具套、方盒、小筐、花瓶、宫灯、小花篮、相框，以及具有传统特色的仿唐坐墩、地毯等。

固安柳编的特点是构造简单、色调柔和、朴雅大方，尤其是仿唐坐墩和草地毯等工艺品深受用户欢迎。其在技巧上继承了传统做法，具有浓厚的古典传统风格。

固安柳编以当地的杞柳为主要原料，柳编的“编”，即是将较宽长的条子，通过交叉排列的方式组合而成，主要是经纬柳条或柳条与麻绳等通过相互挑、压和反、正绞编等形成固定形态的工艺。在编织技术上分两大类：一是线编，二是条编。线编的，如管箩、簸箕、安全帽等，是以大麻线绳为辅料，网锁条杆而成；条编的，如菜浅（一种盛放蔬菜、面食的用具，一般比箩要浅）、果筐、纸篓等，是以条杆自身交叉编网而成，不用任何辅料。

【淬炼操作】

1. 编织底部。选取两根短的柳条交叉放好，再取一根长的柳条放在之前两根柳条的底部。

2. 取长的柳条的一边围绕之前的辐条穿编，一条在上、一条在下，继续这种方法绕着5根辐条编织。在编织过程中，要保证柳条每一次扭曲朝着同一方向。编织紧凑一些，这样行与行的间距会近一些。

3. 编织侧面。把之前余出来的柳条弯折，使其围在篮子侧面，并垂直底部。

4. 取一根橡皮筋在柳条头上扎紧，固定住篮子的侧面形状。

5. 取一根细长的柳条，将其插入篮子侧面，沿着一个方向，一上一下穿编，完成侧面的编织。

6. 剪掉穿插在周围多出来的柳条，使之与篮子的上面平齐。

7. 再取一根细长的柳条，插入侧面，继续绕着篮子上面进行编织，最后固定好柳条。

8. 制作把手。找一根厚的柳条作为基础，将其在篮子上方折弯。

9. 用手固定住柳条的一头，把另一头穿入篮子中，调整好把手长度，将余下的柳条像丝带一样缠绕住把手，直到绕到把手的另一侧。在缠绕时，要确保柳条平顺地排列在一起，然后把柳条的末端插入织好的篮子边缘。

【实践体验】

学生尝试柳编，老师适时给予指导。

【分享总结】

请同学们介绍柳条编织制作过程中的感受和收获。

【老师结语】

在新时代，传统编织技艺不断发展，编织技法、材料等也不断创新。当传统工艺与现代技术相融合，再一次焕发出了蓬勃的生命力和无限的可能性。好的编织作品的诞生，不仅仅需要大家投入感情和精心的构思，更需要静下心来耐心制作。在丝线缠绕、编织成形的过程中，加强了我们对中华优秀传统文化的理解和认同，使我们既进一步感受到传统技艺的魅力，又感受到劳动人民的智慧和无限创造力。

（三）课后

请同学们看看家里有哪些物品是用自然物编织而成的。

三、学生评价表

学生评价表

评价维度	评价				
	评分内容	分数	自评	互评	师评
劳动观念	认同劳动最光荣、劳动最崇高、劳动最美丽	20			
劳动能力	劳动项目无缺失	10			
	按流程完成任务，符合标准要求	10			
	使用工具熟练，操作过程有效率	10			
	保质保量完成操作	10			
劳动习惯	做到工完场清，完成活动后清理台面、清洗工具、垃圾分类处理	5			
	爱护工具、设备，及时回收，使用后有序存放	5			
	积极参与总结与讨论，学生手册填写清晰、完整	5			
	积极回答问题，有合作意识，劳动氛围融洽	5			
劳动精神	具有崇尚劳动、热爱劳动、辛勤劳动、诚实劳动的精神	20			
总分		100			

六年级

❖ 生活劳动

烹饪与营养——包饺子

一、课程概况

（一）课程时长

2 课时。

（二）学习目标

1. 劳动观念：了解饺子在中国饮食文化中的寓意，树立劳动创造美、劳动改变生活的劳动观念。

2. 劳动能力：掌握饺子的制作方法，通过动手包饺子，培养学生的动手能力和对中国传统饮食文化的兴趣，启发学生分析问题和解决问题的能力。

3. 劳动精神：通过小组合作，发挥集体智慧，培养学生互帮互学、共同提高操作技能的团结精神。通过对饺子制作方法的学习，感受劳动人民的智慧和劳动创新带给生活的趣味。

4. 劳动习惯：在操作过程中注意安全，按照老师的步骤与规范操作，操作结束将材料清洁后放在相应位置，把台面整理干净。

（三）学习重点

饺子的制作方法。

（四）学习难点

各种包饺子的方法。

二、教学设计

（一）课前

物品准备：菜板、擀面杖、面团、干面粉、饺子馅、筷子、勺子、塑料切面刀、电磁炉、锅、漏勺、一次性口罩、一次性头套、饺子盘。

安全提示：规范使用工具，轻拿轻放，注意安全。

（二）课中

【课程引入】

同学们，如果让大家评选我国最有特点的传统食品，你会选择什么呢?

【课程讲解】

饺子，是我国常见的传统食品，神州大地上从东到西，由南到北，流传甚广，影响颇大。

俗话说“送客饺子迎客面”“上马饺子下马面”，现在逢年过节亲友们齐聚一堂，仍然会以包饺子、吃饺子作为一种乐事，并以这种特有的形式增进感情和友谊。

饺子是中国的传统面食，也是中国人最喜爱的美食之一。饺子的历史可以追溯到2000多年前的汉代，关于它的传说丰富多彩。

关于饺子的起源有多种说法，其中最有影响力的是关于张仲景的故事。张仲景是东汉时期的名医，他曾经在冬至那天看到许多穷苦百姓因为耳朵冻伤而痛苦不堪，于是他便想出了一种食疗方法，就是用面皮包上羊肉和药材，煮熟后给百姓吃，同时还给他们喝了热汤。这种食物形状像耳朵，所以被叫作“娇耳”。后来，这种食物就演变成了饺子，并成为冬至的必吃食物。

除了张仲景的故事，还有一些其他的说法，比如说饺子是由古代的角黍演变而来，或者是由古代的馄饨发展而来。无论如何，饺子都是一种源自于中国的古老食物，具有悠久的历史和深厚的文化底蕴。

饺子从汉代开始流行起来，到了唐宋时期，已经成为一种非常普遍的食物。唐代诗人杜甫就曾经在诗中写道：

冬至阳生昼渐长，家家户户爆竹声。

欢娱夜永无眠意，笑语盈盈皆娇耳。

宋代诗人苏轼也曾经在诗中写道：

冬至夜长无眠倦，起来开门月满天。

忽闻邻舍响铜锅，知是家家煮娇耳。

这些诗句都反映了饺子在唐宋时期已经成为冬至时节的必备佳肴，体现了人们对于饺子的喜爱和赞美。

到了元明清时期，饺子不仅在冬至吃，还在其他节日和日常生活中吃。比如，在元宵节吃元宵饺子、在清明节吃青团饺子、在端午节吃粽子饺子、在中秋节吃月饼饺子等。这些都是根据不同的季节和习俗，对饺子进行了创新和改良。

随着时间的推移，饺子从最初的耳朵形状到后来的各种造型，经历了很多的变化和创新。现在饺子的造型可以说是花样繁多，有圆形的、有方形的、有三角形的、有长条形的、有花朵形的、有动物形的，各具特色。

从做法上看，饺子在不同地区形成了不同的风味和特色，有水煮的、有煎的、有炸的、有蒸的、有烤的、有烙的，比如，北京的水饺、山东的煎饺、四川的锅贴、广东的云吞、福建的扁食等，这些都是根据不同的地域和口味，对饺子进行了调整和适应。

饺子的馅料更是千变万化，有肉类的、有菜类的、有海鲜的，有甜的、有咸的、有酸的、有辣的，应有尽有。

饺子的变化和创新既是人们对于饺子的探索和尝试，也是人们对于饺子的喜爱和赞扬。饺子因为变化而丰富，因为丰富而美味，因为美味而受欢迎。

今天，我们就一起制作饺子。

【淬炼操作】

制作饺子首先是和面和剁馅，今天我们给大家准备了已经醒好的面团和拌好的馅料，现在只需要完成擀皮、包饺子、煮饺子的过程。

1. 擀饺子皮。先在已经醒好的面团上用刀切下一小块揉成一团，再将面团揉搓成直径 2—3 厘米长的条状，然后用刀切成大小均匀的面团。

2. 撒干面粉将小块面剂子搓圆，并用手掌心将面剂子压平。

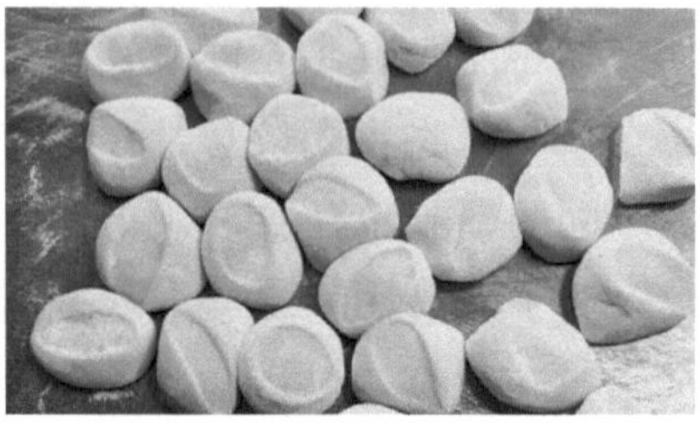

3. 撒些干面粉，然后用擀面杖将剂子擀成中间厚边缘薄的圆形的饺子皮。

4. 在饺子皮中放入饺子馅，然后包饺子。饺子可以包成各种形状，如斗饺、月牙饺等。

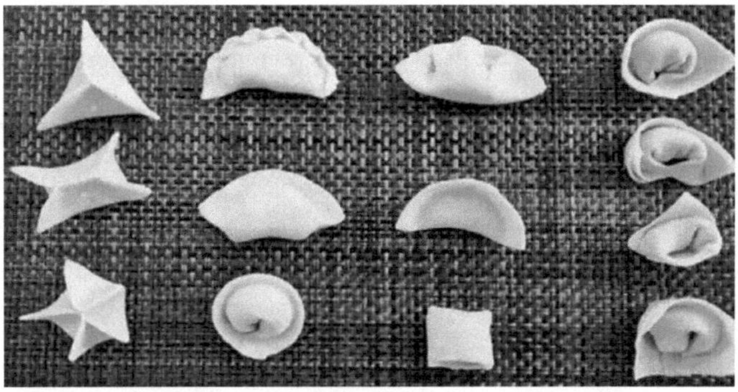

(1)“斗饺”的操作要领。

①拿起饺子皮，手弯成窝形，放入适量馅；

②将饺子皮对折成半圆，捏牢中间；

③将饺子皮由两边向中间封口，用双手拇指和食指按住边缘。

(2)“月牙饺”的操作要领。

①拿起饺子皮，手弯成窝形，放入适量馅；

②将饺子皮对折成半圆，捏牢中间；

③将饺子的右端边角捏住，右手拇指向外轻推内侧皮，食指将外侧皮形成褶折；

④右手拇指将褶折捏紧；

⑤重复步骤至左端饺边，并将两端封口处捏牢。

包饺子时馅要放在饺子皮的正中间，要放得不多不少，太少的话味道不足太多的话就把饺子皮撑破了。

大家也可以根据想象创造自己的饺子形状。

5. 煮饺子。水烧开之后把饺子轻轻地放入，防止被热水烫伤。用漏勺在锅底轻轻翻动水饺，防止粘锅。待饺子全部浮在水面上翻滚时，加少许冷水继续煮，让饺子熟透，等饺子再次浮出水面翻滚时就熟了。

【实践体验】

学生制作饺子，老师适时给予指导。

注意事项：1. 放馅不能过多也不能过少，应以轻松将饺子皮捏住为准。

2. 如果饺子皮不好捏，可在饺子皮的边缘抹上点儿水。

3. 先捏中央，再捏两边，然后由中间向两边将饺子皮边缘挤一下，这样饺子下锅煮时就不会漏汤了。

4. 饺子不能随便放，要在放饺子之前撒上点干面粉，这样饺子就不会黏了。

【分享总结】

请同学们介绍饺子制作过程中的感受和收获。

【老师结语】

饺子是一种源自中国，发展于中国，传播于世界，且深受人们喜爱和赞美的美食。饺子从汉代到现代经历了漫长且精彩的岁月，有了多样而丰富的发展和变化。现在，饺子不仅是一种食物，更是一种文化和艺术。今天，让我们一起感受饺子带给我们的味觉和视觉上的享受吧。

（三）课后

请同学们在家中与家长一起制作饺子。

三、学生评价表

学生评价表

评价维度	评价				
	评分内容	分数	自评	互评	师评
劳动观念	认同劳动最光荣、劳动最崇高、劳动最美丽	20			
劳动能力	劳动项目无缺失	10			
	按流程完成任务，符合标准要求	10			
	使用工具熟练，操作过程有效率	10			
	保质保量完成操作	10			
劳动习惯	做到工完场清，完成活动后清理台面、清洗工具、垃圾分类处理	5			
	爱护工具、设备，及时回收，使用后有序存放	5			
	积极参与总结与讨论，学生手册填写清晰、完整	5			
	积极回答问题，有合作意识，劳动氛围融洽	5			
劳动精神	具有崇尚劳动、热爱劳动、辛勤劳动、诚实劳动的精神	20			
总分		100			

❖ 生产劳动

农业生产劳动——种植草莓

一、课程概况

（一）课程时长

1 课时。

（二）学习目标

1. 劳动观念：亲自体验农耕劳动的过程，树立尊重劳动果实及劳动人民、珍惜食物不浪费的劳动观念。

2. 劳动能力：掌握种植草莓的关键技术，锻炼科学观察记录的能力。

3. 劳动精神：引导学生崇尚劳动、尊重劳动，培养劳动最光荣、劳动最崇高、劳动最伟大、劳动最美丽的劳动精神。

4. 劳动习惯：在养护过程中要按要求、有规律地管理草莓，养成耐心、持续的劳动习惯。

（三）学习重点

种植草莓的方法。

（四）学习难点

种植草莓后的管理工作。

二、教学设计

（一）课前

物品准备：草莓种子、种植盆、营养土、喷壶。

安全提示：规范使用工具，轻拿轻放，注意安全。

（二）课中

【课程引入】

同学们，大家平时喜欢吃什么水果呢？

很多同学都说到了草莓，草莓被誉为世界上最受欢迎的三种水果之一，另外两种分别香蕉和苹果。今天，我们的主角就是草莓。

【课程讲解】

中国是世界第一草莓种植大国，世界草莓总量的 40%左右产自中国，但其中 99%以上的草莓都被咱们自己消费掉了，可见在咱们国家草莓非常受欢迎。

“莓”是一种常见水果，指某些果实很小，聚生在花托上的植物。除了草莓，大家还知道有什么“莓”？——有蓝莓、蔓越莓、野草莓、树莓、蛇莓、黑莓等。

观察草莓，你会发现草莓和别的水果很不同，它的“种子”是裸露在外的，而不是像其他果实一样被包裹起来。你知道这是为什么吗？

其实，我们吃的草莓并不是它的果实，草莓表面的“种子”也不是它的种子，草莓的果肉实际上是一个花托，而每一颗所谓的“种子”才是草莓植株真正的果实。草莓为了能够更好地传播种子，把自己的花托发育成了肉质的部分，以此吸引动物来传播它们的种子。

下图中有草莓果实的横截面，它太小了，所以靠种子发育草莓植株的话周期很长。

我们都知道苹果是秋天成熟的水果，但草莓好像一年四季都能买到，那它到底是春天的水果、夏天的水果，还是冬天的水果呢？

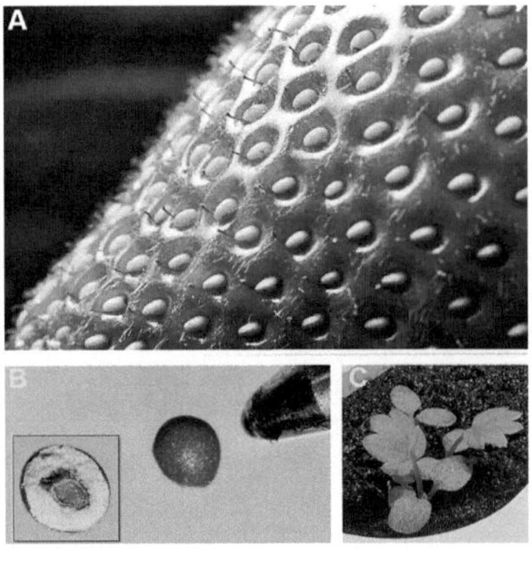

其实，传统露天栽种的草莓，上市时间应该是 6 月初。在自然条件下，一般选择秋天种植，冬天进入休眠期，春天开花结果，赶在夏天高温到来之前采收。由于草莓比较娇弱，天稍微一热就很难保存和运输，所以我们夏天吃到的，大部分都是本地或附近地区的草莓。

但这么美味的水果，每年只吃短短的一个季节怎么够。

改良选种、引入温室栽培技术，使草莓的果体变得更坚强且经得住长时间运输，生长的光照和温度也更可控，5—6 月播种，12 月初成熟，此时农民就能卖个好价钱。经过科研人员的不懈努力，草莓终于从“夏日限定”变成了冬天的“反季水果”。

今天，我们一起来尝试种植草莓。

【淬炼操作】

1. 将营养土填入种植盆。

2. 将草莓种子分散放在营养土上。

3. 再覆盖一层薄薄的营养土。

4. 用喷壶喷水，将盆土浸湿。

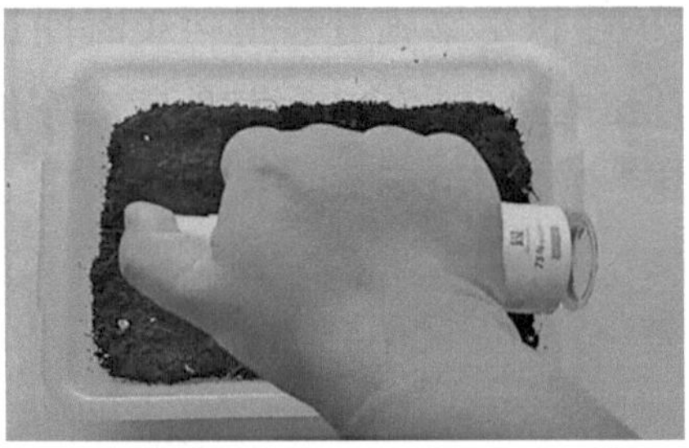

【实践体验】

学生尝试种植草莓，老师适时给予指导。

【分享总结】

同学们，在操作的过程中，你遇到了哪些困难、发现了哪些问题、有哪些想法，可以和大家分享一下。

【老师结语】

种植草莓容易，养护难、结果难，这中间需要大家的精心照料。回去后请大家按照管理提示精心养护我们种植的草莓，包括浇水、施肥、通风、晒太阳，让我们一起期待草莓硕果累累的时刻。

（三）课后

后期管理提示：1. 草莓出苗前要每天喷水，保持盆土表面湿润。

2. 将种植盆放在温暖通风的地方，等待 1—2 周的时间，种子就会发芽。

3. 待小苗长到五六片真叶时，就可以放到太阳下增加光照了。

4. 待叶片长到八九片时，可加入冲施肥，给草莓苗增加营养。

5. 叶子长多了以后需要打老叶，就是在草莓苗生长阶段，我们要适当摘除多余的叶子。一般一株苗保持七八片新叶就可以了，这是因为叶子太多的话反而会和根系抢夺养分。

6. 另外，老叶、枯叶、病叶也要及时摘除。在摘除叶子的时候，我们要一只手扶住小苗，另一只手将叶子握住向下掰扯。

注意事项：1. 草莓种子破壳发芽前千万别多浇水，只需要稍微喷一点儿水即可，否则盆土可能会霉变，影响种苗质量。

2. 后期浇水的原则是不干不浇，浇就浇透。

草莓生长过程记录表

时间	叶子	花	果实	其他

三、学生评价表

学生评价表

评价维度	评价				
	评分内容	分数	自评	互评	师评
劳动观念	认同劳动最光荣、劳动最崇高、劳动最美丽	20			
劳动能力	劳动项目无缺失	10			
	按流程完成任务，符合标准要求	10			
	使用工具熟练，操作过程有效率	10			
	保质保量完成操作	10			
劳动习惯	做到工完场清，完成活动后清理台面、清洗工具、垃圾分类处理	5			
	爱护工具、设备，及时回收，使用后有序存放	5			
	积极参与总结与讨论，学生手册填写清晰、完整	5			
	积极回答问题，有合作意识，劳动氛围融洽	5			
劳动精神	具有崇尚劳动、热爱劳动、辛勤劳动、诚实劳动的精神	20			
总分		100			

传统手工制作——素坯彩绘

一、课程概况

（一）课程时长

2 课时。

（二）学习目标

1. 劳动观念：了解有关陶艺的知识，体会古代劳动人民的智慧与非凡的创造力。

2. 劳动能力：掌握素坯彩绘的基本方法，通过素坯彩绘的创作锻炼学生的动手能力，提升其绘画与审美和对传统文化的理解能力。

3. 劳动精神：通过素坯彩绘创作，感受劳动人民的创造力，使学生善于利用生活中的材料创造美好生活。

4. 劳动习惯：在操作过程中注意安全，按照老师的步骤与规范操作，操作结束将材料清洁后放在相应位置，把台面整理干净。

（三）学习重点

素坯彩绘的制作方法。

（四）学习难点

了解陶艺文化，制作美观的素坯彩绘。

二、教学设计

（一）课前

物品准备：素坯盘、铅笔、颜料、画笔、纸巾。

安全提示：颜料不可入口。

（二）课中

【课程引入】

同学们，我们都知道英文单词 China 的含义——中国。但你知道当把字母 C 小写时，单词 china 的含义吗？

答案是瓷器、瓷质的。中国是世界上第一个烧出瓷器的国家。

你对陶瓷有多少了解呢？

它们在我们的生活中扮演着什么样的角色呢？

【课程讲解】

瓷器是由陶器发展而来的，大约在商代，我们的祖先就已经能够烧造原始瓷器了。而真正成功烧造瓷器是在东汉时期。烧制陶器、原始瓷器和瓷器，三者之间最为重要的区别就是温度。陶器的烧制温度是 700℃—1000℃，原始瓷器的烧制温度是1100℃—1200℃，瓷器的烧制温度是 1200℃以上。

东汉时，还只有青瓷和黑瓷两种，很单调。到了三国两晋南北朝时期，瓷器家族终于迎来了一位新人——白瓷。这里的青瓷、黑瓷和白瓷，并非完全单指一种颜色，青瓷里面包含了青绿、青黄、青褐、青灰等，黑瓷里面包含了褐、酱等，白瓷也有可能略黄或略青。

隋代时，青瓷的“话语权”越来越大，但是刚来的白瓷不甘示弱，它正在慢慢积蓄能量让自己越来越白，厚积而薄发。发展到了唐代，白瓷终于成功地站起来了，达到可以跟青瓷抗衡的地步，形成了“南青北白”的局面。南方代表是来自浙江的越窑，北方代表是来自河北的邢窑，所以也有“南越北邢”的说法。

唐代还有一个特别著名的“唐三彩”。但是，唐三彩其实不是瓷器，它是一种低温烧造的陶器。尽管如此，唐三彩也是非常有价值的，因为它有多个颜色，并且价格较高。到了宋代，瓷器真正开始百花齐放。

宋代时，发生过一件不大不小的事情。宋真宗赵恒有 5 个年号——咸平、景德、大中祥符、天禧、乾兴，宋真宗在他用景德年号的期间，赐一个烧造青白瓷的原名叫

“昌南镇”的地方为“景德镇”。

从元代开始，瓷器的百家争鸣时代结束了，变成了由景德镇一枝独秀的局面。景德镇在元代时期，在之前青白瓷的基础上烧成了卵白釉瓷。卵白，顾名思义，就是像卵一样白，具体白的程度可以参照鹅蛋。

这是烧制瓷器的一次里程碑式的跳跃。从此，青花瓷成为主流，走入了千家万户，走向了世界，甚至在后来成了一首唱遍了大江南北的歌。除了蓝色的青花，他们还做出了红色，叫釉里红，而红蓝搭配，叫青花釉里红。

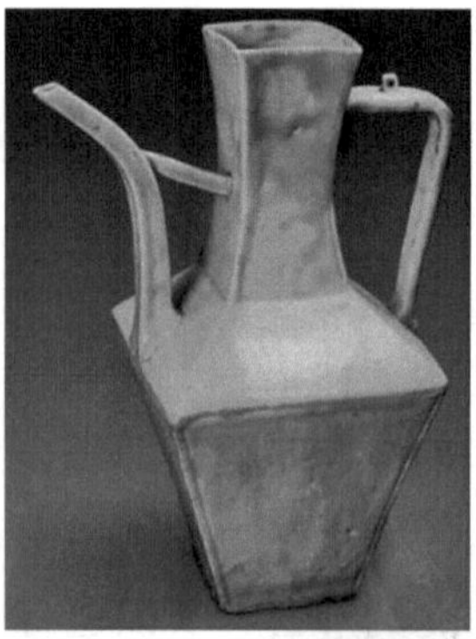

青花　　釉里红　　青花釉里红

景德镇的一家独大并没有让它停滞不前。到了明代，景德镇更加发力，烧制出了各种颜色的瓷器，可分为四个大类：釉下彩、釉上彩、斗彩和颜色釉。

前面我们说到的青瓷、黑瓷、白瓷，在这时都成了景德镇颜色釉中的一种。以铁为着色剂，烧出来就是青色，铁含量的不同会形成不同的颜色；以铜为着色剂，则是红色；以钴为着色剂，就是蓝色，青花瓷就是用钴来画的。在这个阶段，瓷器烧制技术已经大大地超越了从前，景德镇的工匠几乎已经可以完全调控色彩，技术也达到新的水平，审美标准随之更进一层，此时脱颖而出的是霁青、霁红和甜白。

这三个好像文艺青年名字的釉彩也被称为“三大上品”，是千金难买之物，其中霁红和霁青还被称为宝石红和宝石蓝。霁青釉，虽然看起来已经和青没有什么关系了，但是古人在瓷器上喜好青这种颜色，凡蓝、绿都叫作青。所以，霁青釉又叫霁蓝釉，而且霁蓝釉这种叫法更准确一些。霁蓝、霁红，还可以叫作祭蓝、祭红，因为这种瓷器过于宝贵，因此使用它们的时候都是在最重要的场合，古代最重要的场合是什么呢？——祭祀，所以它们又叫祭蓝、祭红。

素坯彩绘是用颜料在素烧的花瓶、碗、盘子、罐等器物（素坯）上绘画，也是陶艺的一个环节。

今天，老师就教大家制作一款素坯彩绘。

【淬炼操作】

素坯彩绘是在素坯盘上自由发挥绘画，制作完成后，简单的盘子也会变得非常有生命力。

1. 绘画前，先用纸巾湿润素坯盘。

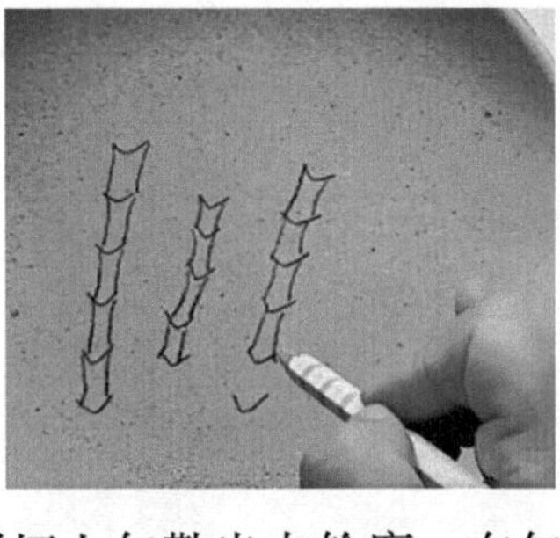

2. 素坯盘补水完成后，可用铅笔在泥坯上勾勒出大轮廓。在勾型的过程中，铅笔

使用力道不宜太重，轻轻勾勒即可，此方法可避免在素坯上出现线条的印迹。

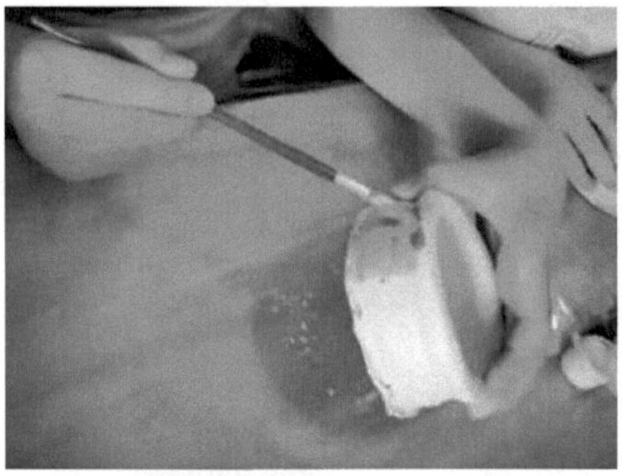

3. 开始勾线，画笔的吸料最佳状态，是在素坯上能呈现出厚度均匀的线条。线条勾勒完成后，可以继续蘸料上色。

4. 在上色的过程中，画笔的笔触应顺着图形的走向，不要胡乱涂。持笔的手需要稳、快，这样可以尽量减少笔触的出现。

【实践体验】

分发材料，学生操作，老师适时给予指导。

【分享总结】

同学们，在操作的过程中，你遇到了哪些困难、发现了哪些问题、有哪些想法，可以和大家分享一下。

【老师结语】

在本次活动中，大家对哪个环节印象最深刻？通过这节课，大家对陶艺有了一定认识，并体验了陶艺创作中的素坯彩绘，从中我们会发现从泥巴到瓷器，蕴含着工匠的无限智慧，我们年轻人要通过不断改进和创新，让传统工艺流传下去。

（三）课后

尝试制作陶艺作品并让作品融入日常生活中，使更多的家人了解陶艺的知识。

三、学生评价表

学生评价表

评价维度	评价				
	评分内容	分数	自评	互评	师评
劳动观念	认同劳动最光荣、劳动最崇高、劳动最美丽	20			
劳动能力	劳动项目无缺失	10			
	按流程完成任务，符合标准要求	10			
	使用工具熟练，操作过程有效率	10			
	保质保量完成操作	10			
劳动习惯	做到工完场清，完成活动后清理台面、清洗工具、垃圾分类处理	5			
	爱护工具、设备，及时回收，使用后有序存放	5			
	积极参与总结与讨论，学生手册填写清晰、完整	5			
	积极回答问题，有合作意识，劳动氛围融洽	5			
劳动精神	具有崇尚劳动、热爱劳动、辛勤劳动、诚实劳动的精神	20			
总分		100			

传统手工制作——纸艺荷花灯

一、课程概况

（一）课程时长

2 课时。

（二）学习目标

1. 劳动观念：认识到劳动创造美好生活，生活之美来源于劳动。

2. 劳动能力：了解荷花灯的由来。掌握制作荷花灯的基本方法，通过制作荷花灯，锻炼学生的动手能力。

3. 劳动精神：感受中国劳动人民工艺的高超，树立崇尚劳动、尊重劳动、尊重劳动人民的劳动精神。

4. 劳动习惯：在操作过程中注意安全，按照老师的步骤与规范操作，操作结束将材料清洁后放在相应位置，把台面整理干净。

（三）学习重点

学会制作荷花灯。

（四）学习难点

掌握荷花灯制作的立体感。

二、教学设计

（一）课前

物品准备：绿色卡纸、粉色卡纸、电子灯、流苏、红绳、打孔器、铅笔、剪刀、双面胶、灯笼杆。

安全提示：使用工具时要注意安全。

（二）课中

【课程引入】

同学们，你们知道我们的传统节日——元宵节有哪些习俗吗？

有耍龙灯、赏花灯、猜灯谜、吃元宵、走百病、踩高跷……

【课程讲解】

在古代，各种传统节日里都少不了灯火的助兴，在众多的灯笼里有一种极盛行的灯彩艺术——荷花灯，其取水族动物形状，以荷花灯衬托，灯下系一乌龟，龟游水中，灯飘水面，穿梭往来，时静时动，灯光水影，交相辉映。

荷花灯也叫河灯，是对民间灯彩艺术的传承。放荷花灯是我们中华儿女多年来的传统习俗。因为谐音，荷花灯也叫“和”灯或者“合”灯，寓意着团圆和美。人们常常会在某些节日以在河边放荷花灯的形式进行祈愿祝福，有的荷花灯寄托着在世者对逝者的缅怀和思念，有的荷花灯意在祈求愿望达成、诸事顺利，有的荷花灯则被人们视为祈福、消灾的吉祥物。

千百年来，荷花灯承载着华夏民族的美好祝愿，是中国彩灯文化历史中浓墨重彩的一笔。现如今，荷花灯亦成为盛世佳节里一道流光溢彩的风景线，不仅出现在一些传统节日中，而且还应用在婚庆、出游、约会等场所。

随着人们对生活品质要求的提高，以及对文化产品的精神追求，荷花灯已从当初的节庆用品变换为家居装饰品及文化爱好者的收藏品。2006 年，荷花灯作为秦淮灯彩代表性品种，入选国家邮票并向大众发行。

荷花灯制作考究、工序复杂。如今，荷花灯在品种、类别、材质等方面都有了广阔的发展，其规格全、材质新、色彩艳丽又不失淡雅。随着时代的进步，在保留传统的纸质竹篾骨架荷花灯的同时，绢布、蜡光纸、丝绸、纱质等新型材质的荷花灯也纷纷面世，为广大老百姓提供了更多的选择。

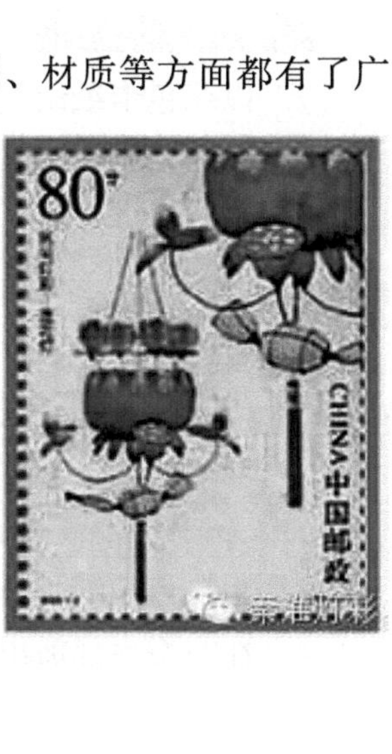

作为我国传统灯彩艺术的重要流派之一，荷花灯彩客观地反映了民间灯彩由自然之火、生活之火、祭典之火到艺术之火的历史演变进程。它将地方传统民俗加以融汇，从古韵悠远的秦淮民间工艺中开发出富于吸引力、感染力和商业价值的新型文化产品，为传统文化的现代转型做了

很好的示范。

今天，老师就教大家制作一款荷花灯。

【淬炼操作】

1. 取出所有材料。

2. 以绿色卡纸绘制荷叶的形状，并用剪刀剪下。

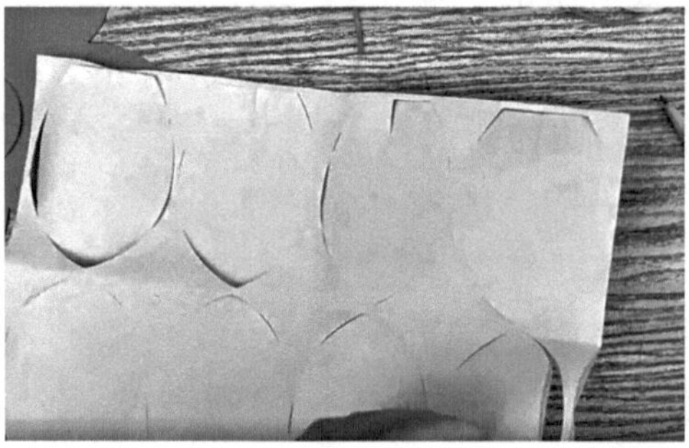

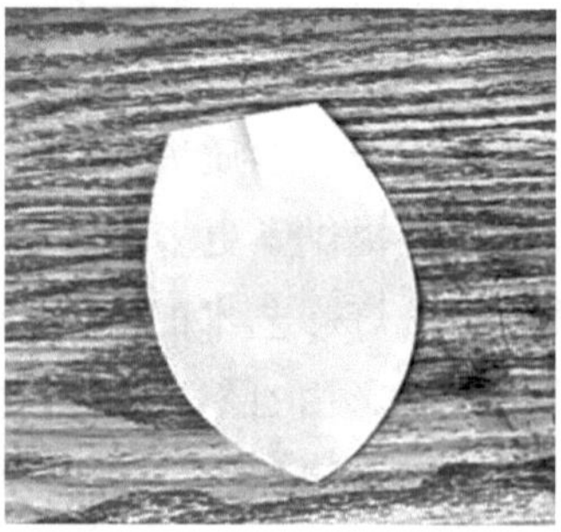

3. 用粉色卡纸画出花瓣的形状，然后剪出荷花灯的花瓣。

4. 在花瓣底部剪出一条缝，交叉粘贴，形成花瓣的立体感。

5. 分别将荷花花瓣如下图黏合。将各个花瓣从外到里依次粘贴在底座上。

6. 在荷叶的中心打一个洞。

7. 剪一小段红绳，一端打结，穿过荷叶底部的洞，固定流苏。

8. 用绿色卡纸剪出一个圆形，圆形中间打三个孔，剪三小段红绳，每个孔穿过一根红绳。

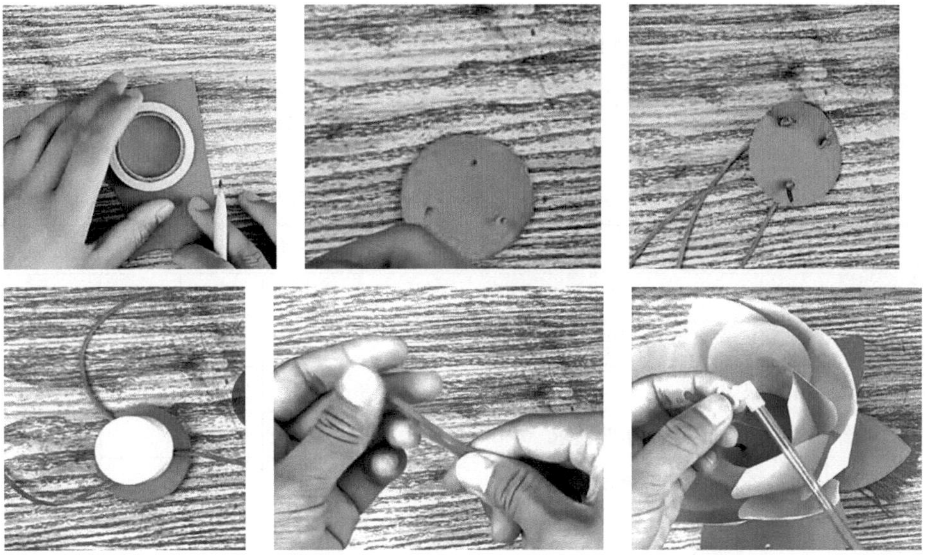

9. 在圆形中心用双面胶固定荷花花灯。

10. 将电子灯用双面胶固定在荷花的底面。

11. 在绳子顶端挂上灯笼杆。

【实践体验】

分发材料，学生操作，老师适时给予指导。

【分享总结】

同学们，在操作的过程中，你遇到了哪些困难、发现了哪些问题、有哪些想法，可以和大家分享一下。

【老师结语】

在中国的传统佳节，人们放荷花灯寄托自己的愿望，成千上万的荷花灯汇聚成璀璨的光影，映在荷塘中，流光溢彩，有着说不出的美丽。正是有了这些传统的节庆活动和手工活动，使我们的生活更加丰富多彩。大家课后可以尝试用多种方法来制作荷花灯，我们可将制作好的荷花灯在夜晚来临的时候打开，感受荷花灯之美。

（三）课后

尝试以其他方法制作各式的灯笼。

三、学生评价表

学生评价表

评价维度	评价				
	评分内容	分数	自评	互评	师评
劳动观念	认同劳动最光荣、劳动最崇高、劳动最美丽	20			
劳动能力	劳动项目无缺失	10			
	按流程完成任务，符合标准要求	10			
	使用工具熟练，操作过程有效率	10			
	保质保量完成操作	10			

续表

评价维度	评价				
	评分内容	分数	自评	互评	师评
劳动习惯	做到工完场清，完成活动后清理台面、清洗工具、垃圾分类处理	5			
	爱护工具、设备，及时回收，使用后有序存放	5			
	积极参与总结与讨论，学生手册填写清晰、完整	5			
	积极回答问题，有合作意识，劳动氛围融洽	5			
劳动精神	具有崇尚劳动、热爱劳动、辛勤劳动、诚实劳动的精神	20			
总分		100			

传统手工制作——钩针小花朵发卡

一、课程概况

（一）课程时长

1 课时。

（二）学习目标

1. 劳动观念：了解针织的历史和基本的针织手法，掌握制作钩针小花朵发卡的方法，体会传统手工艺劳动者的智慧。

2. 劳动能力：通过制作钩针小花朵发卡锻炼学生的动手能力和对传统工艺的理解能力。

3. 劳动精神：通过制作钩针小花朵发卡，感受劳动人民的创造力，使学生善于利用生活中的材料创造美好生活。

4. 劳动习惯：在操作过程中注意安全，按照老师的步骤与规范操作，操作结束将材料清洁后放在相应位置，把台面整理干净。

（三）学习重点

学会制作钩针小花朵发卡。

（四）学习难点

制作美观且实用的钩针小花朵发卡。

二、教学设计

（一）课前

物品准备：发卡、钩针、细毛线、剪刀、胶水。

安全提示：规范使用工具，不要随意丢弃针线。

（二）课中

【课程引入】

同学们，提到针织大家最先会想到什么？

【课程讲解】

中国的纺织技术在很长的时间里是一骑绝尘般的存在。不过，我国曾主要流行与发展的是由互相垂直的经线、纬线交织而成的梭织面料，如今在我们生活里十分普遍的针织面料并不在此列。

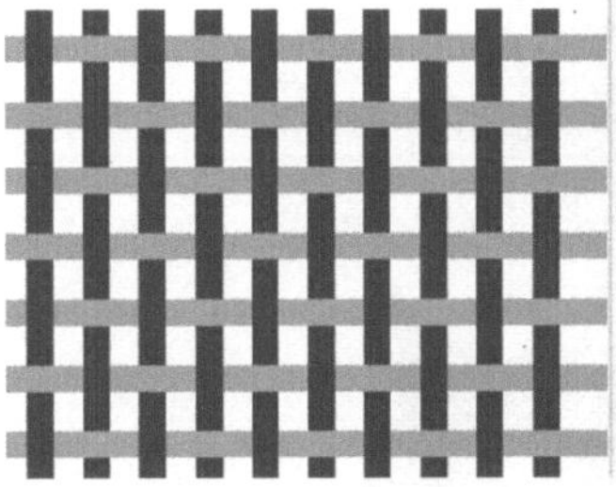
梭织平纹织物

梭织面料

纬编针织面料

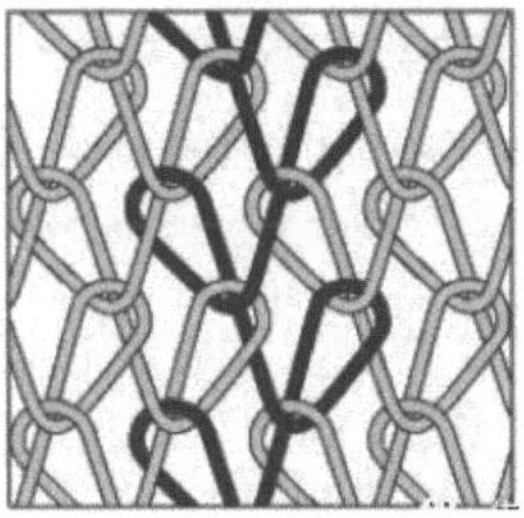
经编针织

所谓针织，自然是与梭织相对的，它没有明显的经纬方向，纱线往往呈现环环相套的线圈，面料松软而有弹性。

针织法是利用织针把各种原料和品种的纱线构成线圈，再经串套连接成针织物的工艺过程。针织作为一种源自民间的技艺，历史久远。从考古学的角度来说，中东是针织品的发源地。早期的针织品以手工编织为主，其使用的工具非常简单，有细棍、骨头针、木制品等，成品有袜子、手套等。大约在 13 世纪，意大利形成了比较完整的编织针法体系，在美洲大陆开始有欧洲移民的时候，这些工艺被带到美洲，后来传播到世界各地。

针织物质地松软，有良好的抗皱性与透气性，并有较大的延伸性与弹性，穿着舒适。针织产品还可用于工农业、医疗卫生及国防等领域。针织分手工针织和机器针织两类，手工针织历史悠久，技艺精巧，花形灵活多变。

钩针是针织的一种，简单易学，工具也不复杂，只需一根钩针再加上毛线等就行。

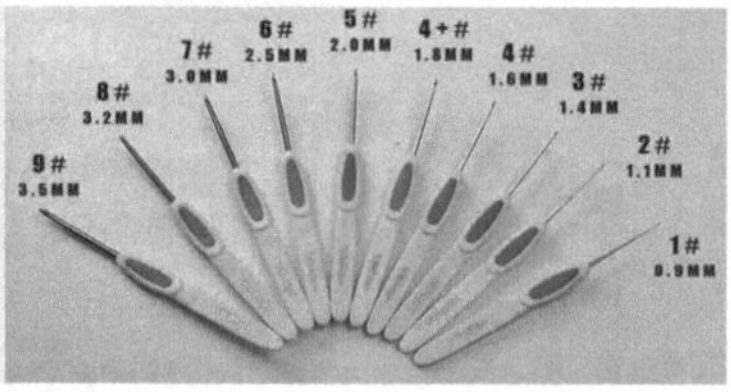

仔细观察上面的图片，你能发现钩针钩出的物品有哪些特点吗？

【淬炼操作】

1. 拿出准备好的材料，圈起。

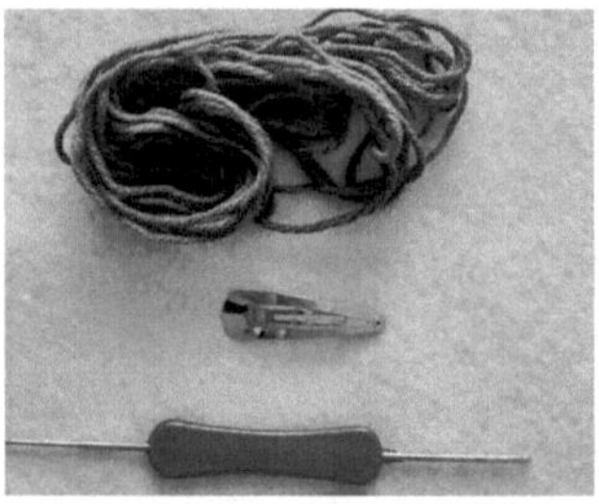
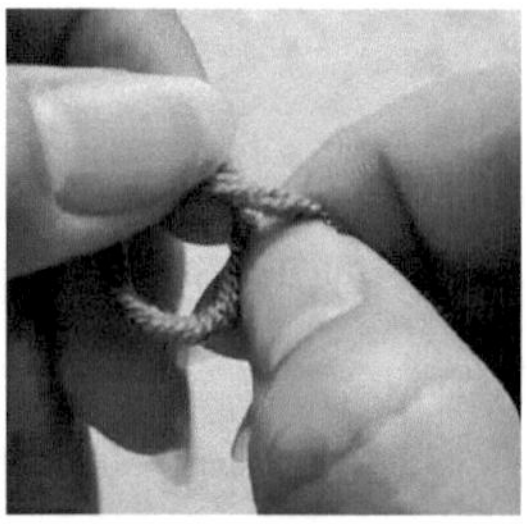

2. 用短针的方法在圈上钩一圈。

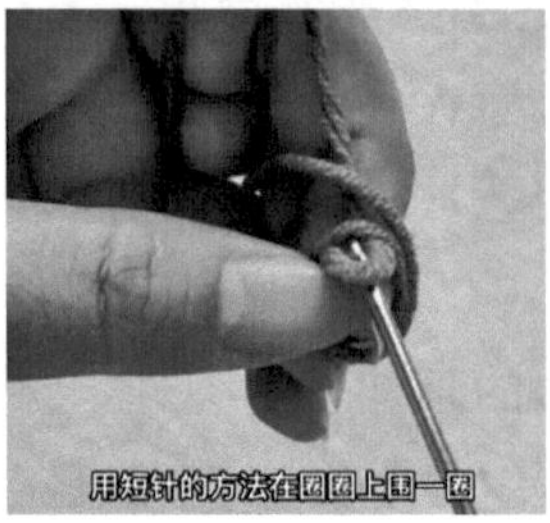

3. 一圈后锁针。

4. 同孔 1 个未完成的中长针。
5. 同孔再来 1 个未完成的中长针。
6. 一次将前面钩的全部带过。
7. 同孔 1 个引拔针，1 个花瓣就好了。

8. 一共钩 5 个花瓣。
9. 将花瓣背面点上胶水粘在发夹上，小花朵发夹就完成了。

【实践体验】

分发材料，学生操作，老师适时给予指导。

【分享总结】

同学们，在操作的过程中，你遇到了哪些困难、发现了哪些问题、有哪些想法，可以和大家分享一下。

【老师结语】

今天，我们学习了如何制作钩针发卡，这个手工是相对比较难的，考验大家的耐心和技巧。所谓熟能生巧，勤能补拙，在劳动的过程中我们不可能马上就可以熟练地掌握一门技术，也没有什么捷径可走，都需要我们多次练习才可以掌握劳动的技能和方法，并总结出一套自己的经验。大家可以在下课后多加练习，期待大家的新作品。

（三）课后

我们的生活中有哪些针织物品？请总结针织与梭织织物的区别。

三、学生评价表

学生评价表

评价维度	评价				
	评分内容	分数	自评	互评	师评
劳动观念	认同劳动最光荣、劳动最崇高、劳动最美丽	20			
劳动能力	劳动项目无缺失	10			
	按流程完成任务，符合标准要求	10			
	使用工具熟练，操作过程有效率	10			
	保质保量完成操作	10			
劳动习惯	做到工完场清，完成活动后清理台面、清洗工具、垃圾分类处理	5			
	爱护工具、设备，及时回收，使用后有序存放	5			
	积极参与总结与讨论，学生手册填写清晰、完整	5			
	积极回答问题，有合作意识，劳动氛围融洽	5			
劳动精神	具有崇尚劳动、热爱劳动、辛勤劳动、诚实劳动的精神	20			
总分		100			

传统手工制作——传统扇子

一、课程概况

（一）课程时长

1 课时。

（二）学习目标

1. 劳动观念：感受制作扇子的工艺中蕴含的匠人精神和职业素养，树立只有不断钻研、精益求精才能不断进步的劳动观念。

2. 劳动能力：能够理解扇子各部分的工作原理，能够动手完成扇面与扇骨的结合工作，获得初步的加工体验，形成初步的职业意识。

3. 劳动精神：感受传统工艺技术的精湛，形成传承并发扬传统工艺的意识。感受工匠精神，形成精益求精的劳动精神。

4. 劳动习惯：在操作过程中注意安全，操作结束将公共材料清洁后放在相应位置，把台面整理干净。

（三）学习重点

扇子的结构与制作方法。

（四）学习难点

了解扇子的象征意义与文化价值。

二、教学设计

（一）课前

物品准备：风扇布（纸）、扇骨、白乳胶、画笔。

安全提示：使用工具时要动作规范、均衡用力，注重协同配合。

（二）课中

【课程引入】

同学们，夏天到了天渐渐热了起来，人们都穿上了薄薄的短袖，电风扇、空调也都开始运转起来为我们降温，那在古代，古人有哪些降温的方法呢？

【课程讲解】

扇子，夏日引风物品。

若溯其源，扇子发明的初衷并非扇风祛热，扇子的原始功能很简单，就是出行时遮挡太阳、遮蔽风尘，功能类似伞，因此又被称为“障日”“障扇”，多用于封建皇族和高官的仪仗之中。它们由侍者手擎，以障尘蔽日，更多的是一种身份与地位的象征。

后来，扇子逐渐衍化为多种类型，如羽扇、蒲扇、团扇、折扇等。

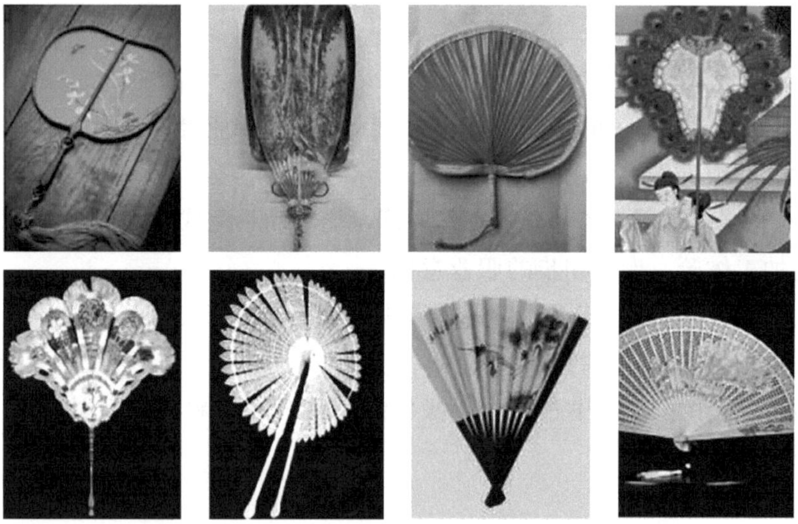

上图中不同种类的扇子你都认识吗，可以说出它们的名字吗？

到了明代，折扇成了扇子的主流，制扇作坊遍布各地。

在中国的文人墨客眼中折扇是身份的象征，也寄寓着个人的文化意趣，开合之间，诗文浮现，水墨流连自己与旁人眼眸之间，谈笑风生中仿佛也氤氲着诗书之气、水墨之姿，实在风流雅致，收放自如。明清时期的读书人，审美形象往往是头戴方巾，手摇折扇。

至于骚人墨客等风雅之士，讲究扇面书画，使之更近于工艺品。

扇面赏析

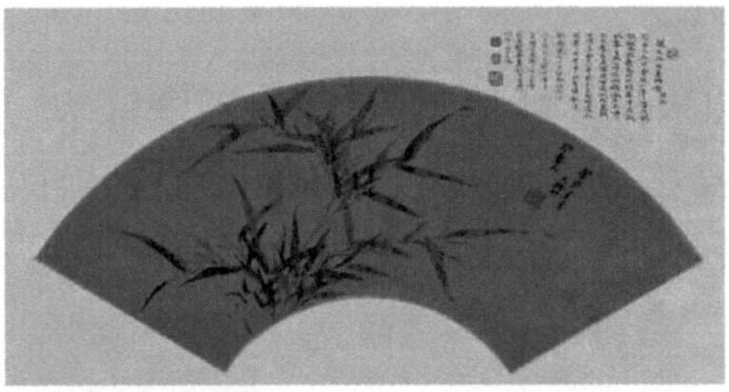

倪元璐画竹扇面

居节蓝图扇页

任颐花鸟图扇页

唐寅秋葵图扇页

孙克弘梅花图扇页

一把小小的扇子，不但是融实用价值与美学价值于一体的精美工艺品，也是友谊的纽带。在唐代时，扇子就被作为赠送给邻国的礼品，各国间互遣大使进行扇文化交流，直到今天，我国领导人到国外访问时也会把扇子作为馈赠礼品。

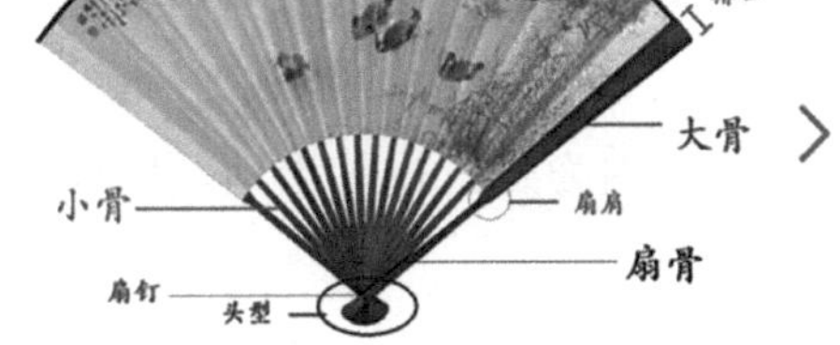

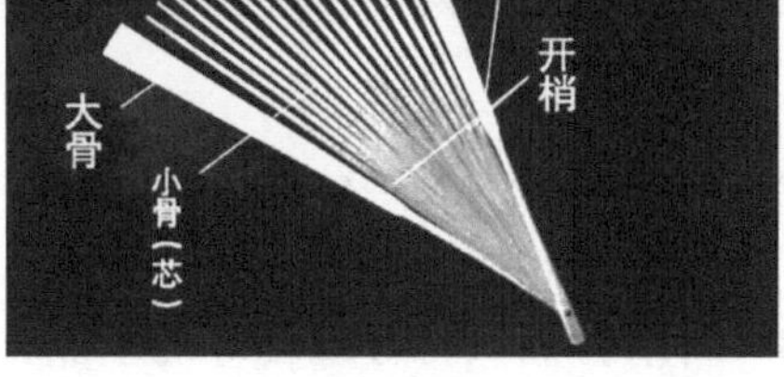

一把折扇主要由扇骨、扇页和扇面三部分构成。普通的折扇，一般用竹木做扇骨，韧纸做扇面。讲究一点儿的，扇面上还要题诗作画。高级的折扇，扇骨和扇叶往往要用象牙制作。

手工折扇的制作是非常复杂的，特别是一把好的折扇，不但制作工序繁杂，而且非常费功夫，需要精细的操作才能做出一把精品折扇，尤其是扇架竹子或木料的处理非常复杂。

扇子由扇骨、扇面和扇钉组成。

扇骨，是支撑保护扇面的部件，包括边骨和芯骨两部分。边骨就是位于最外边的两片宽扇骨，起到保护扇面的作用。一些雕刻家喜欢在边骨上雕刻，使其更加美观。芯骨是夹在边骨里面的若干条窄扇骨，起到支撑扇面的作用。扇骨主要有竹质和木质两种。

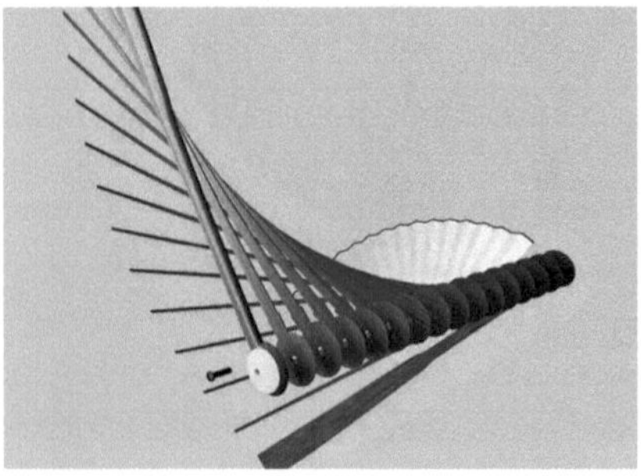

扇面，位于折扇的上半部分，一般由3—4层纸黏合而成。扇面除了有扇风的作用外，还是书画家书写绘画的载体。扇面主要使用宣纸、绢布、丝绸等材料。

扇钉，是扇子上一个必不可少的零件，它是固定扇骨的轴。扇子的开合完全靠扇钉将边骨和芯骨聚拢。随着时代的发展，扇钉对折扇的装饰作用越来越明显，它们为整个折扇起到了画龙点睛的作用。因此，扇钉的优劣直接影响到折扇的收藏价值。扇钉主要有牛角和塑料等材质，较常用的是牛角钉。

【淬炼操作】

为了让大家能体验折扇制作，我们省略了前面庞杂的步骤，只做最后几步。

1. 拿出准备好的材料。

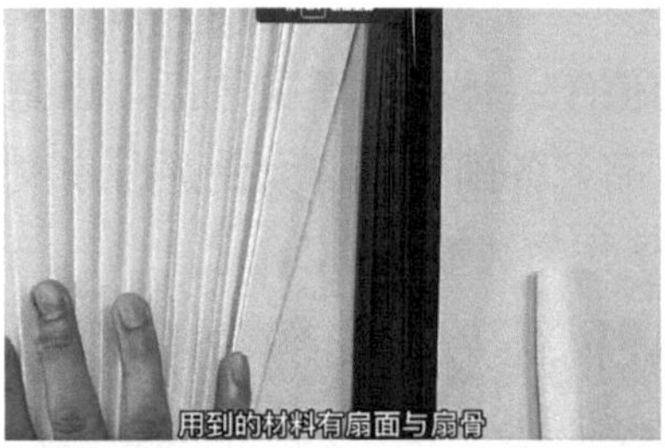

2. 区分扇面的两面，一面是洒金生宣，一般用来写字，另一面是纯白熟宣，用来绘画。

3. 大家可以写或画，自己创作个性的扇面作品。因为是折过的扇面，所以在写或画时，可以用书或镇纸铺平扇面。

4. 将扇骨插入写好或画好的扇面。

5. 将扇小骨向内推，推到合适的位置。

6. 穿好扇骨，把扇子合起来看下边缘是否整齐，不齐的活可以稍微磕一下。

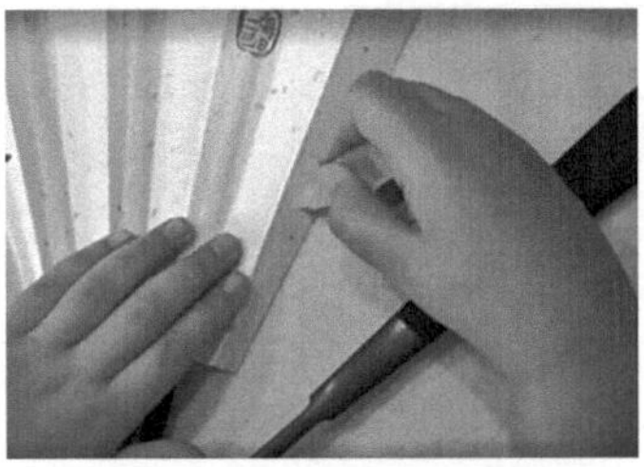

7. 用白乳胶固定扇大骨。

8. 用夹子夹住扇大骨，防止未粘牢之前位置发生偏移，等待白乳胶干燥。

【实践体验】

分发材料，学生操作，老师适时给予指导。

【分享总结】

同学们，在操作的过程中，你遇到了哪些困难、发现了哪些问题、有哪些想法，可以和大家分享一下。

【老师结语】

扇文化之深厚，寥寥几语实在难以说清，这指间轻轻摇动的物体像是眉间微蹙，又似嘴角轻笑，或是耳鬓黑发轻拂，是中国人心中浓稠得化不开的寄托。

（三）课后

作为一个传统的国画扇面作品还需要印章，你可以给自己设计一个印章。

根据你对生活的观察，了解到生活中的扇子有几类呢？它们长什么样子、是什么材质、有哪些特征呢？

三、学生评价表

学生评价表

评价维度	评价				
	评分内容	分数	自评	互评	师评
劳动观念	认同劳动最光荣、劳动最崇高、劳动最美丽	20			
劳动能力	劳动项目无缺失	10			
	按流程完成任务，符合标准要求	10			
	使用工具熟练，操作过程有效率	10			
	保质保量完成操作	10			

续表

评价维度	评价				
	评分内容	分数	自评	互评	师评
劳动习惯	做到工完场清，完成活动后清理台面、清洗工具、垃圾分类处理	5			
	爱护工具、设备，及时回收，使用后有序存放	5			
	积极参与总结与讨论，学生手册填写清晰、完整	5			
	积极回答问题，有合作意识，劳动氛围融洽	5			
劳动精神	具有崇尚劳动、热爱劳动、辛勤劳动、诚实劳动的精神	20			
总分		100			

传统手工制作——绒花 DIY

一、课程概况

（一）课程时长

1 课时。

（二）学习目标

1. 劳动观念：了解绒花的作用，感受古代劳动人民的智慧，理解劳动创造美好生活。

2. 劳动能力：掌握制作绒花的方法，通过制作绒花锻炼学生的动手能力和创造力。

3. 劳动精神：感受劳动人民对美好生活的追求，理解生活之美源于劳动。

4. 劳动习惯：在操作过程中注意安全，按照老师的步骤与规范操作，操作结束将材料清洁后放在相应位置，把台面整理干净。

（三）学习重点

绒花的历史及制作方法。

（四）学习难点

制作不同类型的绒花。

二、教学设计

（一）课前

物品准备：扭扭棒、花蕊、剪刀。

安全提示：规范使用工具，轻拿轻放，注意安全。

（二）课中

【课程引入】

在北京 2022 年冬奥会和冬残奥会百余场颁奖仪式中，颁奖礼服上的绒花和与奖牌一起颁发给获奖运动员的一束束特别精致的手捧绒花成为两大亮点，你对它们有印象吗？它们的制作工艺是什么样的呢？

【课程讲解】

在北京 2022 年冬奥会和冬残奥会百余场颁奖仪式中，与奖牌一起颁发给获奖运动员的一束束特别精致的手捧绒花成为一大亮点，向世界递出了一张展示中国非遗文化的名片。

北京冬奥会的颁奖花束不但设计清新、自然，凸显了鲜明的冰雪运动特色，而且还寓意温暖、祥和，可永久保存，被称为“永不凋谢的奥运之花”。两场赛事的颁奖花束均含有玫瑰、月季、铃兰、绣球、月桂和橄榄 6 种寓意美好的花形，分别象征着友爱、坚韧、幸福、团结、胜利与和平；在冬残奥会的颁奖花束中，还增加了一枝蓝色波斯菊，象征着坚强。

绒花是一种以蚕丝为主要原料的丝绒造型的民间手工艺品。佩戴绒花的风俗和古代簪花的妆饰习俗息息相关。

它是从什么时候开始流行的呢？在阶层上有没有讲究呢？

通过对典籍、考古发现、画作、诗词歌赋、小说等资料的梳理和分析可知，最迟秦汉以后就有了簪花饰的风俗，《中华古今注》中就记载了秦始皇让他的妃子“插五色通草苏朵子”。

到了唐代，绒花的制作愈加精美，并作为贡品进入宫廷，被世人称作“宫花”，于是美丽的绒花就成为嫔妃以及宫女头上的簪花，以助粉黛云鬓之美。

唐中宗李显在每年立春时都要令侍从从宫内取来绒花，赏赐在场的每人一枚，以迎新春。绒花因其花开不败，象征着青春永驻，同时它又与荣华谐音，因此佩戴绒花的习俗在宫廷内迅速风靡。

到武则天时期，绒花被列为扬州地区的皇室贡品，成为王公贵族才能消费的奢侈品。

到了宋代，民间绒花的制作仍以头戴花和装饰花为主，这一时期就连男士也喜欢在服饰上佩戴绒花作为首饰，无论男女老少都以绒花为美，因此社会上对绒花的需求量之大超过了当时任何一种工艺品，从而促进了绒花生产行业的繁荣。

宋代、清代是簪花饰的两个高峰。《红楼梦》第七回中，李纨将“宫里做的新鲜样法堆纱花儿”送给大观园中每一位姑娘，这里的“堆纱花儿”就是绒花。簪花妆饰的盛行催生了假花的产生和发展，假花相较于鲜花具有物美价廉、经久耐用、不受时空限制等优点。最早出现的假花应为通草花，后发展出绢花、绒花等其他材质的像生花种。

传统绒花制作需经过十几道甚至几十道工序方能制作完成。主要工序包括煮丝、着色、砰丝、披丝、熏活、拴拍、剪撮、刀绒、刹形、熨烫、组装等多个复杂工艺。

【淬炼操作】

今天，我们就来制作绒花。我们用的绒丝也叫扭扭棒。

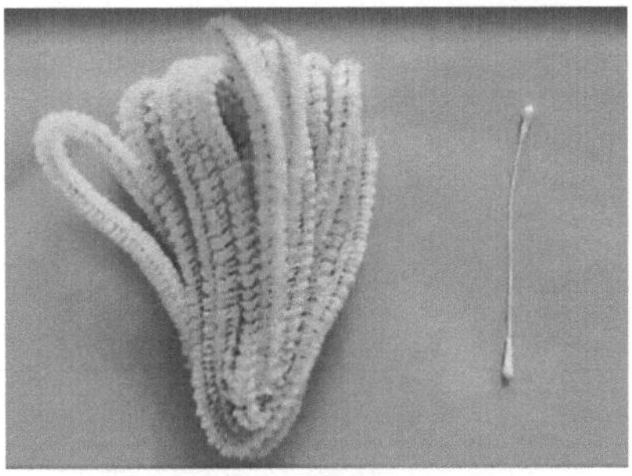
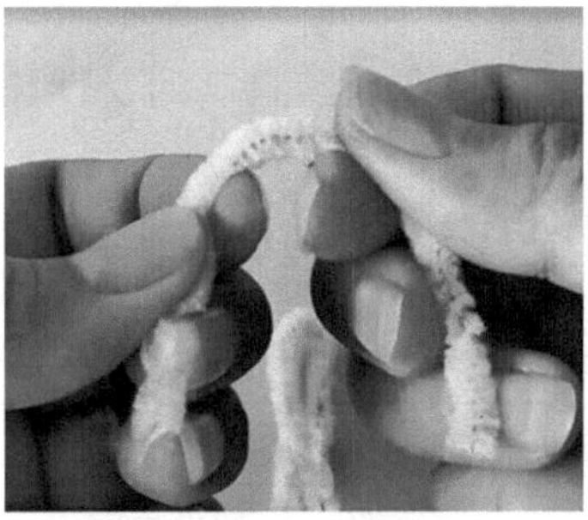

1. 将扭扭棒剪成需要的长度。
2. 将剪好的扭扭棒弯曲成花朵的形状（可自己创作）。

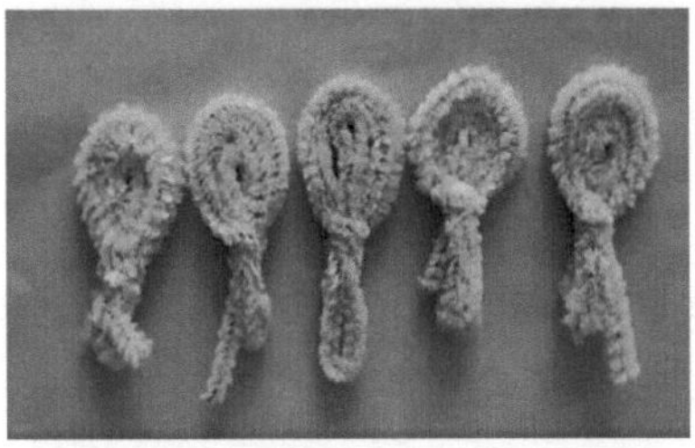

3. 将花瓣组合在一起，将花蕊放入中间。

4. 最后在底部固定花瓣和花蕊。一朵漂亮的绒花就制作完成了。

【实践体验】

分发材料，学生操作，老师适时给予指导。

【分享总结】

同学们，在操作的过程中，你遇到了哪些困难、发现了哪些问题、有哪些想法，可以和大家分享一下。

【老师结语】

绒花制作工艺复杂而精巧，是历代劳动人民、工匠艺人的智慧结晶。它的产生与人民的生活密不可分，是生活与美学和艺术相结合的产物，再次验证了一切劳动源于生活，生活之美源于劳动。

（三）课后

尝试制作不同的绒花送给自己的女性长辈。

三、学生评价表

学生评价表

评价维度	评价				
	评分内容	分数	自评	互评	师评
劳动观念	认同劳动最光荣、劳动最崇高、劳动最美丽	20			
劳动能力	劳动项目无缺失	10			
	按流程完成任务，符合标准要求	10			
	使用工具熟练，操作过程有效率	10			
	保质保量完成操作	10			
劳动习惯	做到工完场清，完成活动后清理台面、清洗工具、垃圾分类处理	5			
	爱护工具、设备，及时回收，使用后有序存放	5			
	积极参与总结与讨论，学生手册填写清晰、完整	5			
	积极回答问题，有合作意识，劳动氛围融洽	5			
劳动精神	具有崇尚劳动、热爱劳动、辛勤劳动、诚实劳动的精神	20			
总分		100			

传统手工制作——麦秆编织

一、课程概况

（一）课程时长

1 课时。

（二）学习目标

1. 劳动观念：了解麦秆编织的相关知识，使学生体会到古代劳动人民的智慧与非凡创造力，培养劳动创造美好生活的劳动观念。

2. 劳动能力：掌握麦秆编织的基本方法，通过麦秆编织创作锻炼学生的动手能力、钻研能力和对传统文化的理解能力。

3. 劳动精神：通过刺绣创作感受劳动人民的创作力，学会用普通原料打造诗意生活。

4. 劳动习惯：在操作过程中注意安全，按照老师的步骤与规范操作，操作结束将材料清洁后放在相应位置，把台面整理干净。

（三）学习重点

学习麦秆编织的技巧。

（四）学习难点

感受劳动者用普通原料打造诗意生活的劳动精神。

二、教学设计

（一）课前

物品准备：麦秆、软铁丝、剪刀。

安全提示：规范使用工具，轻拿轻放，注意安全。

（二）课中

【课程引入】

同学们，大自然里的很多材料都可以成为劳动人民手中制作工艺品的素材，你想到了哪些材料呢？在我们的生活中，你还发现了哪些由它们加工而成的物品呢？

【课程讲解】

我们的先辈们对自然材料的加工和利用体现在衣食住行各个方面。在穿衣打扮上，上到绫罗绸缎下到斗笠蓑衣，包括给布料染色的材料都来自植物。高大的树木、坚韧的竹子被用作建筑材料，柔韧的稻草和柳条被用作编织材料，在生活器具上编织工艺更是随处可见。

编织品根据原材料的不同，可以分为藤编、竹编、柳编、草编和棕编。

藤编，是以藤条为原料加工编织的实用工艺品。

竹编，是把竹子加工成柔软的竹篾、篾丝后编织的工艺品，主要产于我国南方。

柳编，是以柳条（包括葛条、白蜡条、荆条等）为原料加工编织的工艺品。

棕编，是汉族传统手工技艺之一，是以棕榈树叶为原料编制的工艺品。

草编，是以各种柔韧草类植物为原料加工而成的工艺品。

今天，我们要用的材料是麦秸，也就是小麦的秸秆。

麦秆是小麦收获后植株剩余部分的统称，一般包含叶、茎、节、根等器官。作为农业废弃物，麦秆目前主要的处理方式是直接返田，也可以作为工业原料、饲料、菌菇培育基料等使用。现在，麦秆作为一种可再生生物质资源被广泛利用。

麦秸编织工艺是历史悠久的传统手工技艺。在中国麦秸工艺已有2000余年历史。麦秸工艺品是以麦秆为原料，经过选料、染色、裱平、设计，纯手工制作而成。经过剪、贴、熨烫等工艺，制作出惟妙惟肖、栩栩如生的动物、花鸟、亭台楼阁等工艺品，产品色泽鲜艳、种类繁多、大小规格不一，有成套的、有单个的，形状不同，图案千变万化，无毒、无污染，绿色环保。其高超的技术水平和不朽的艺术价值，充分体现了劳动人民的卓越才能和艺术创造力。

【淬炼操作】

今天，老师教大家做一款用麦秆编织的挂件，朴实大方又不失美感，可以送给爸爸妈妈，会是非常有意义的小礼物。

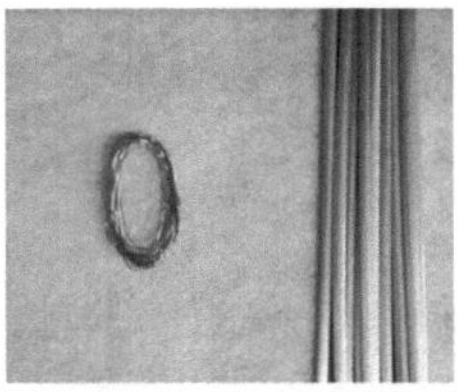

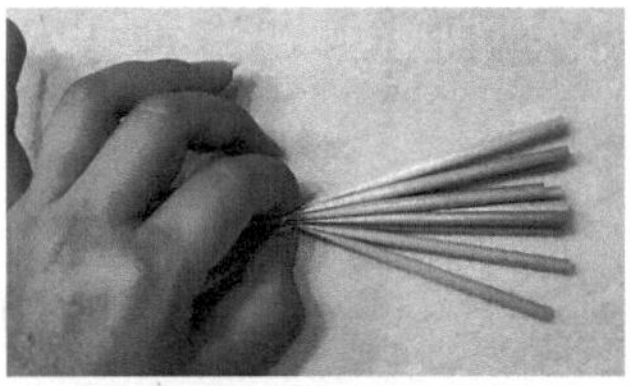

1. 将麦秆排整齐，从中间位置捏紧，用铁丝固定并扎紧。

2. 在距离中心 2 厘米处，将每根麦秆用两根软铁丝交叉捆绑固定。

3. 做到一半，调整一下麦秆的间距，使每两根间距相等。
4. 然后再做另一边，做完调整好麦秆的间距，让间距尽量相等。

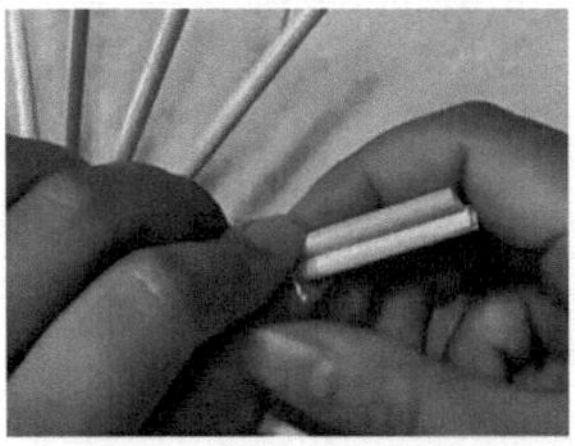

5. 将每两根麦秆在距离顶端 3 厘米处用软铁丝固定。
6. 固定好后，用剪刀修剪一下麦秆顶端，使顶端呈规则的三角形。

【实践体验】

分发材料，学生操作，老师适时给予指导。

【分享总结】

同学们，在操作的过程中，你遇到了哪些困难、发现了哪些问题、有哪些想法，可以和大家分享一下。

【老师结语】

麦秆编织物柔软、光洁、润滑，是装点家居、美化生活的理想装饰品，让我们在生活中发现美、创造美，用自己的双手编织美好的生活。

（三）课后

想一想，生活中还有什么自然材料可以用来做手工呢？

三、学生评价表

学生评价表

评价维度	评价				
	评分内容	分数	自评	互评	师评
劳动观念	认同劳动最光荣、劳动最崇高、劳动最美丽	20			
劳动能力	劳动项目无缺失	10			
	按流程完成任务，符合标准要求	10			
	使用工具熟练，操作过程有效率	10			
	保质保量完成操作	10			
劳动习惯	做到工完场清，完成活动后清理台面、清洗工具、垃圾分类处理	5			
	爱护工具、设备，及时回收，使用后有序存放	5			
	积极参与总结与讨论，学生手册填写清晰、完整	5			
	积极回答问题，有合作意识，劳动氛围融洽	5			
劳动精神	具有崇尚劳动、热爱劳动、辛勤劳动、诚实劳动的精神	20			
总分		100			

传统手工制作——刺绣

一、课程概况

（一）课程时长

2 课时。

（二）学习目标

1. 劳动观念：了解刺绣的历史及有关知识，体会古代劳动人民的智慧与非凡创造力，培养劳动光荣的劳动观念。

2. 劳动能力：掌握制作刺绣的基本方法，通过刺绣创作锻炼学生的动手能力、钻研能力和对传统文化的理解的能力。

3. 劳动精神：通过刺绣创作，感受劳动人民的创作力，并善于利用生活中的材料创造美好生活。

4. 劳动习惯：在操作过程中注意安全，按照老师的步骤与规范操作，操作结束将材料清洁后放在相应位置，把台面整理干净。

（三）学习重点

学会刺绣的操作手法。

（四）学习难点

理解刺绣文化。

二、教学设计

（一）课前

物品准备：针线、绣绷、水消笔、布料。

安全提示：针容易扎手，要小心使用。

（二）课中

【课程引入】

在我们周围越来越多的人开始对汉服、汉风服饰乃至中华风 Lolita 服饰感兴趣，传统服饰开始越来越多地进入大众视野，大家觉得传统服饰和我们的“便装”有什么不同呢？

大家可以从面料、配色、纹样等方面来进行比较。是的，这些都是我国传统服饰的特点。在我们传统服饰的工艺中有一项最常见、最容易营造出历史感和奢华感的元素，那就是刺绣。

【课程讲解】

刺绣是以绘画为稿本，以针线为绣材的艺术再创作，在其传承和发展过程中，无数绣娘、绣郎以精益求精的工匠精神，于丝缕针带间传达着绘画作者的创作理念和作品神韵，彰显着丝质特有的天然光泽和柔美，赋予作品翰墨所不能及的风采，使之发展为极具观赏性的中华艺术瑰宝。

刺绣是中国民间传统手工艺之一，在中国至少有二三千年的历史。

刺绣作为早期的装饰元素之一，它以独特的精致感从大面积的平铺到小细节的装点，在服装搭配中随处可见。作为装饰元素，刺绣相对于印花而言更加立体、饱满。

在我们的生活中，床单、被套、手机链、钥匙扣、水杯、靠垫等生活用品都应用了刺绣工艺。

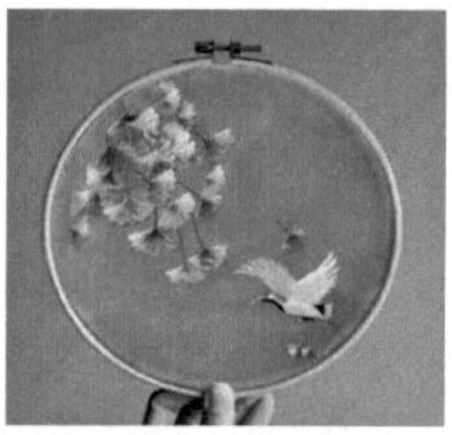

在原始社会，人们用文身、文面来进行装饰。自从有了麻布、毛纺织品、丝织品，人们就开始在上面刺绣图腾等各式纹样。

在古代，能够穿着刺绣衣衫的人定是达官贵族。因为在当时，服饰刺绣有着一套严格等级规范标准。皇帝绣龙、皇后绣凤、文官绣鹤、武官绣虎，不同的刺绣符号代表着不一样的身份地位，并以此来区分出富贵尊卑。

刺绣发展到汉代，工艺开始有飞跃的进步。汉代都城长安（今陕西西安）设织室，管理纺、织、染等手工业，刺绣在生活中的应用范围更加广泛，除服饰之外亦有家居品及车舆、帐帷等用品。刺绣的主题也丰富多样，花鸟虫鱼、山石草木，大自然的一切美好事物都可以用刺绣来表现。

刺绣也是古代女孩子的必修课。在古代，女孩子是不能抛头露面出去工作的，但绣娘是她们在家里就能从事的工作。

刺绣没有画画那么难，不需要讲究很多的功法和技巧，是每个人都会做的事。古代的衣裳都是女孩子自己制作的，想要穿得与众不同，就需要她们自己能够绣出精致的花样。

刺绣是一个很大且复杂的门类，以针线为工具在织物上做的多种装饰工艺都可以归类于刺绣。

中国刺绣又称丝绣、针绣，是中国优秀的民族传统工艺之一。中国四大名绣分别是苏绣、粤绣、湘绣、蜀绣。

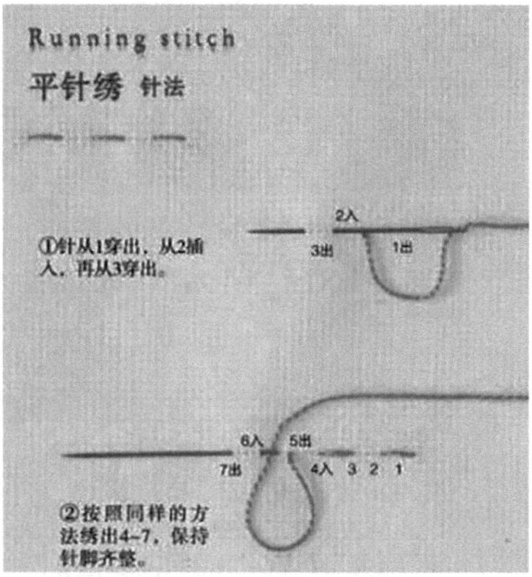

手工绣作具有明显的高下之分，色彩、做工、构思等都成为评判一幅绣作最基本的要素，好的绣作有粗细分明的针法，那些密密麻麻的线头、线结被藏匿得无影无踪，而独立优美的神韵更决定了绣品最灵魂的部分。

今天，我们就来学习刺绣的方法。

所谓平针绣，就是缝直针，一针穿过布料从前方穿出，就是完整的一针，如右图所示。

【淬炼操作】

1. 刺绣雏菊花时，将印有图案的面料固定在绣绷上，调整绣绷上的螺丝松紧，让面料保持平整。

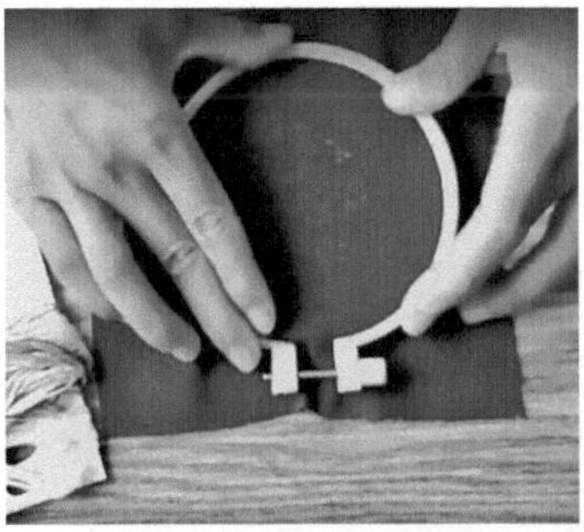

2. 按下图标示的针法找到对应的绣线，绣线太粗时要按照需要分成细股，这里我们取 2 股线。

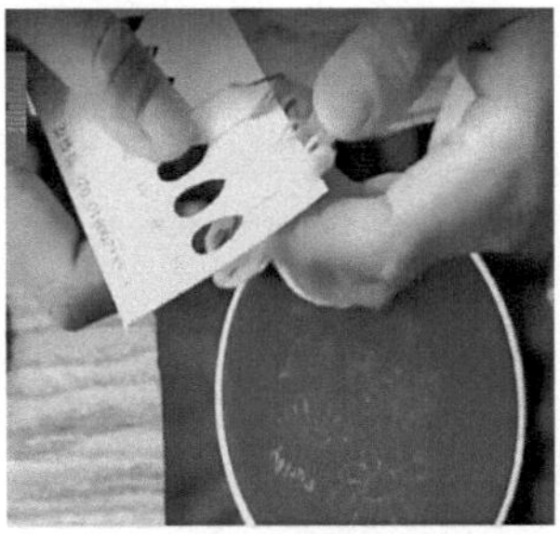
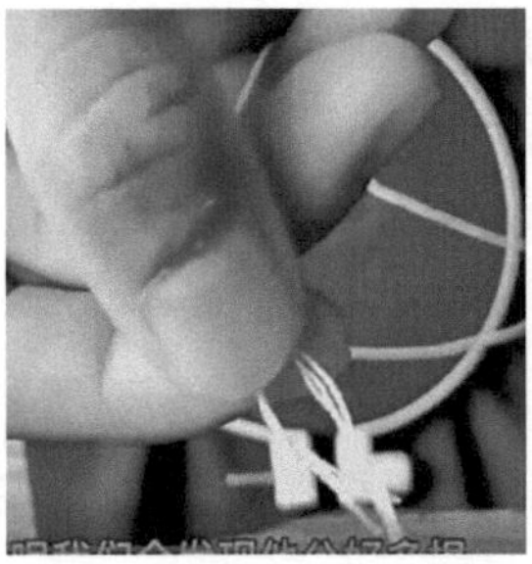
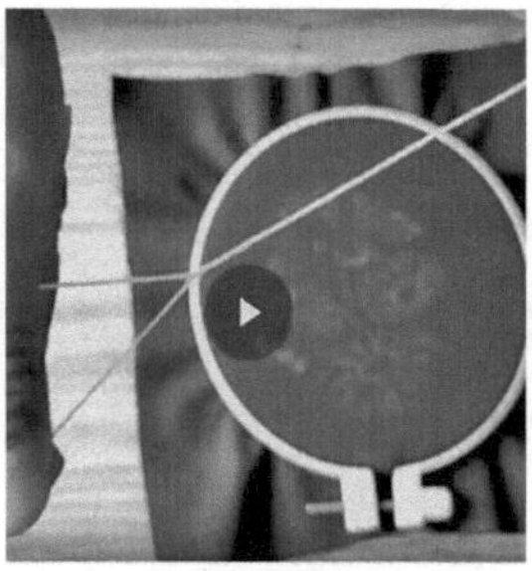

3. 不同的部位用不同的针法进行刺绣。

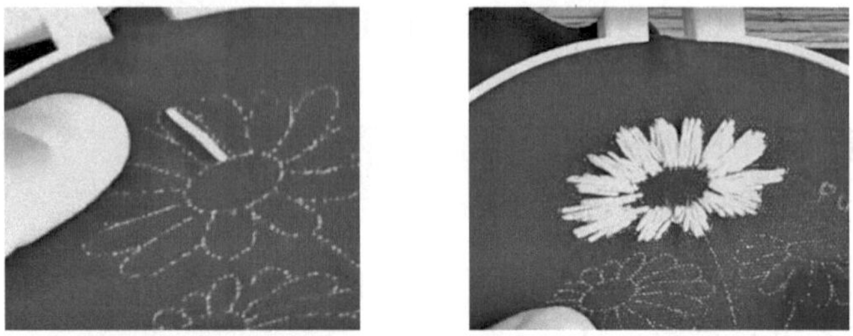

4. 用缎面绣绣出雏菊的花瓣。

5. 用法式结粒绣绣出雏菊的花蕊。

6. 用 3 号线绣轮廓，绣出雏菊的茎。

7. 用 3 号线或 4 号线采用叶子绣法，绣出雏菊的叶子。

8. 用 2 股线回针绣绣出英文字母。

【实践体验】

分发材料，学生操作，老师适时给予指导。

【分享总结】

同学们，在操作的过程中，你遇到了哪些困难、发现了哪些问题、有哪些想法，可以和大家分享一下。

【老师结语】

古代中国人凭借勤劳和智慧，发明了世界领先的纺织技术、印染工艺，从而保障了中国人衣着服饰的丰富多彩和民族特色。

刺绣源自民间、源于生活，不仅是人类生活中的实用品，更是一种反映中国人民智慧和审美的艺术品。从情感角度上看，那一针一线早已经成了情感的代表，成了华夏民族可以传递温暖的朴实语言之一，这是一门古老而温情的手工技艺，需要我们的细心和耐心。

（三）课后

尝试制作更多刺绣作品，让作品融入生活，在有条件的情况下让更多的家人学习刺绣。

三、学生评价表

学生评价表

评价维度	评价				
	评分内容	分数	自评	互评	师评
劳动观念	认同劳动最光荣、劳动最崇高、劳动最美丽	20			
劳动能力	劳动项目无缺失	10			
	按流程完成任务，符合标准要求	10			
	使用工具熟练，操作过程有效率	10			
	保质保量完成操作	10			
劳动习惯	做到工完场清，完成活动后清理台面、清洗工具、垃圾分类处理	5			
	爱护工具、设备，及时回收，使用后有序存放	5			
	积极参与总结与讨论，学生手册填写清晰、完整	5			
	积极回答问题，有合作意识，劳动氛围融洽	5			
劳动精神	具有崇尚劳动、热爱劳动、辛勤劳动、诚实劳动的精神	20			
总分		100			

传统手工制作——竹节人

一、课程概况

（一）课程时长

2 课时。

（二）学习目标

1. 劳动观念：感受劳动带来幸福感，树立爱劳动、懂劳动、会劳动的劳动观念。

2. 劳动能力：掌握竹节人的制作方法，通过亲手制作竹节人，培养学生的动手能力；通过大胆尝试，培养学生善于思考、多角度分析问题的能力。

3. 劳动精神：通过对竹节人制作方法的学习，感受劳动人民的智慧和劳动创新带给生活的乐趣。

4. 劳动习惯：在操作过程中注意安全，按照老师的步骤与规范操作，操作结束将材料清洁后放在相应位置，把台面整理干净。

（三）学习重点

竹节人制作与组装的方法。

（四）学习难点

制作的竹节人身体结构匀称、活动自如。

二、教学设计

（一）课前

物品准备：竹子、绳子、扣子、木棍。

安全提示：规范使用工具，轻拿轻放，注意安全。

（二）课中

【课程引入】

同学们，你们最喜欢的玩具是什么？为什么最喜欢这个玩具？

【课程讲解】

四五十年前的小孩子们几乎所有的玩具都是自己做的，比如木枪、弹弓、陀螺、毽子、风车等。在语文课本中有一篇叫《竹节人》的文章，写的就是玩儿自制玩具竹节人的体验，相信大家对这篇课文都记忆犹新。

大家对《竹节人》中的哪些描写印象比较深刻？制作竹节人的过程、玩儿竹节人的乐趣、为了制作竹节人而丢失的毛笔，还是自己玩儿竹节人的老师？

大家印象最深刻的是制作竹节人的过程吗？

文章中对制作过程的描写看似并不复杂，一会儿大家制作时可以亲身体会一下。

是玩竹节人的乐趣吗？

作者的描写诙谐幽默、不乏夸张色彩，生动传达出了传统玩具给人们带来的乐趣，表现出孩子们对竹节人的投入、痴迷与喜爱。

是为了制作竹节人而丢失的毛笔吗？

毛笔与竹节人一样，都是用竹子制作而成的，都利用了竹子空心且坚硬的特点。竹子在生活中用处多多。

是自己玩儿竹节人的老师吗？

老师也有童心未泯、活泼亲切的一面。

大家是否都玩儿过竹节人呢？

今天，我们就从制作到玩耍，深度体会课文中讲述的内容，亲身体验一下玩儿竹节人的乐趣。

【淬炼操作】

1. 拿出准备好的材料。

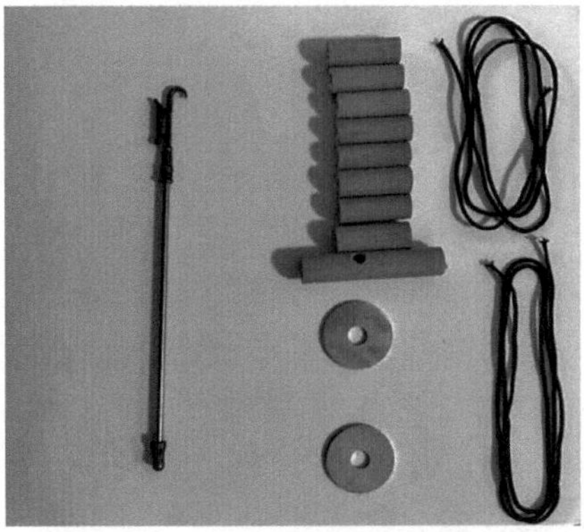

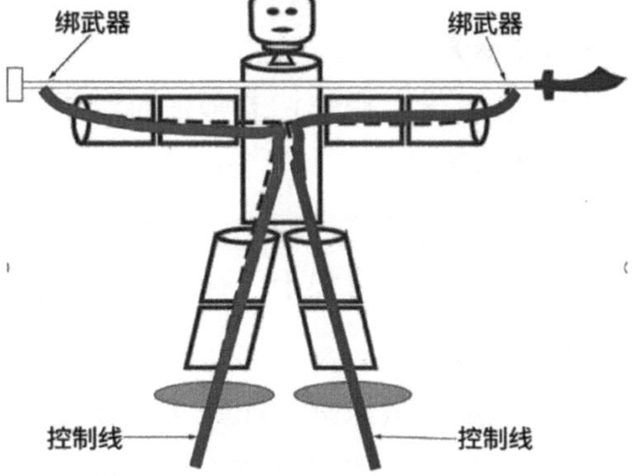

2. 穿绳子。长的竹节有钻好的两个孔，这是连结手和脚的通道。将绳子从孔中穿入，从竹节下方穿出，可以用钩针辅助。

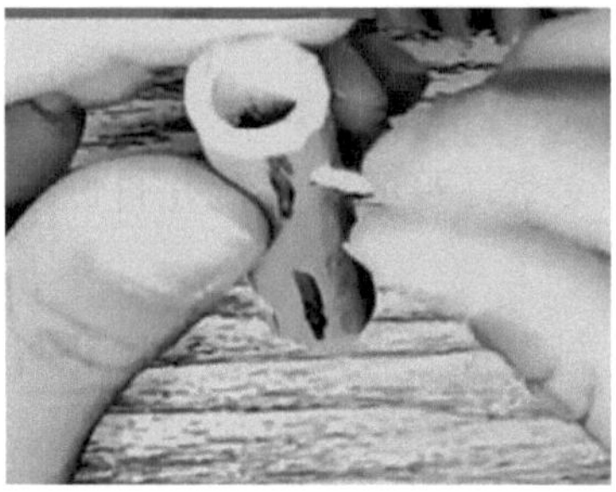

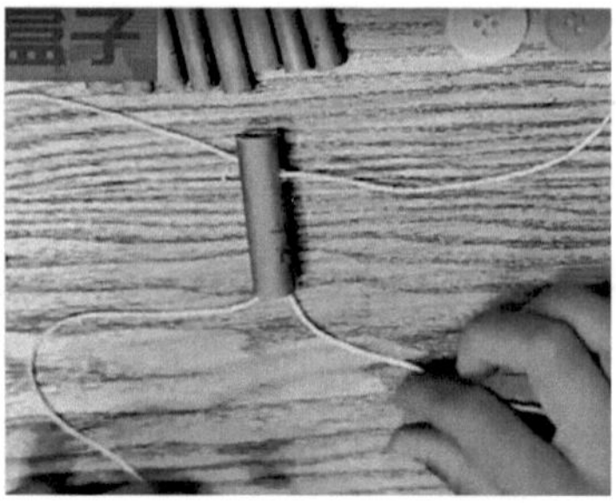

3. 按照要求用绳子连接竹节人的胳膊和腿，两节竹子做手臂、两节竹子做腿。

4. 在手和脚的末端用绳子穿过扣子并打结，防止线从竹节中间脱出。

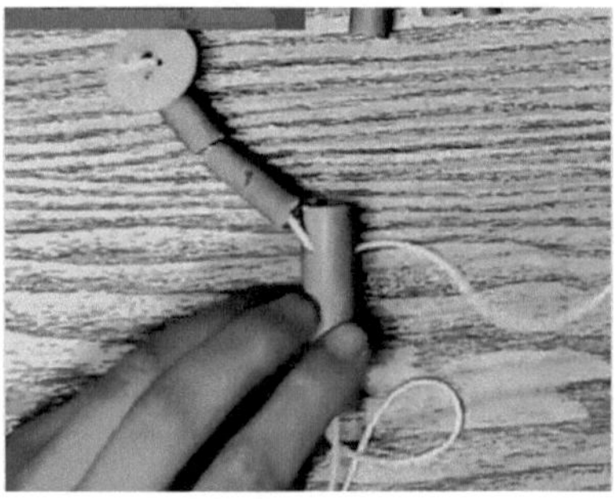

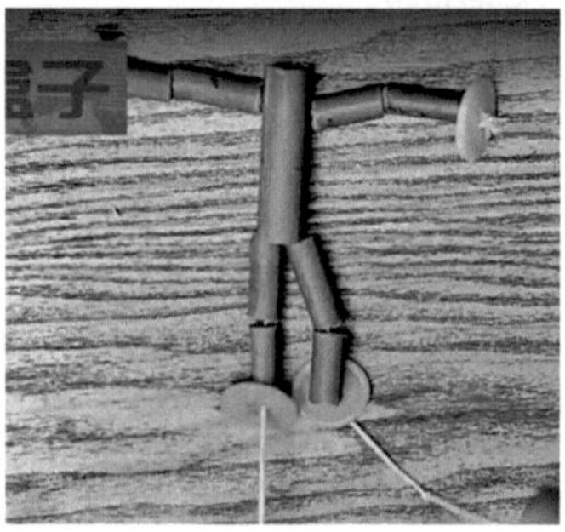

5. 固定武器。武器可以用小木棍制作，两根绳子都绑在一根棍子上，或者把一些新奇的东西当武器，如铃铛，切月饼的小刀、小叉等都行。

6. 给自己的竹节人取名字、设角色，什么脾气秉性、什么衣着打扮，想让自己的竹节人“呆头呆脑”还是“神气活现”，是优雅的女侠，还是飞天的神仙都可以。有了角色，用表情、衣着来突出角色身份，展现角色性格。可以寻找废旧材料来给竹节人做装扮。

7. 与同学合作编写剧本，排练后进行表演。

【实践体验】

分发材料，学生操作，老师适时给予指导。

【分享总结】

想一想，在运动的过程中，哪些因素决定了竹节人是否灵活？

在玩儿竹节人的过程中，你有哪些发现？

【老师结语】

最好的理解、最深刻的印象都是亲身经历之后自己总结出来的，相信在大家尝试了整个制作过程后再读《竹节人》一定会有不一样的体会。

（三）课后

发挥你的想象力，发明创造一个利用自然材料做成的玩具吧。